VIE DE JUDE, FRÈRE DE JÉSUS

Après plusieurs années au Conseil d'État, Françoise Chandernagor quitte le droit et la magistrature pour se consacrer à l'écriture. Certains de ses romans peignent la société contemporaine, d'autres, en respectant scrupuleusement l'histoire, des sociétés du passé. Elle est membre depuis 1995 de l'académie Goncourt et ses romans sont traduits en une quinzaine de langues. Deux d'entre eux – *L'Allée du roi* et *L'Enfant des Lumières* – ont fait l'objet d'adaptations télévisuelles.

Paru au Livre de Poche :

La Reine oubliée
1. Les Enfants d'Alexandrie
2. Les Dames de Rome

FRANÇOISE CHANDERNAGOR

de l'académie Goncourt

Vie de Jude, frère de Jésus

ROMAN

ALBIN MICHEL

ISBN : 978-2-253-06868-6 – 1re publication LGF

*Découvert en 1950 dans un tombeau près d'Abydos en Égypte, le manuscrit de la « Vie de Jude » se présente comme un ensemble de feuillets en papyrus, cousus et reliés en cuir. De même que l'*Évangile de Thomas, *trouvé en 1945 à Nag Hammadi, la « Vie de Jude » est rédigée en copte (langue populaire de l'Égypte) ; mais certains mots y figurent en hébreu, d'autres, plus nombreux, en araméen, d'autres enfin en grec, qui est probablement la langue originale du texte.*

L'analyse scientifique du papyrus et du cuir utilisés a conduit à dater le manuscrit du IVe *ou* V^e^ *siècle. Mais, à l'inverse de la plupart des textes chrétiens apocryphes retrouvés en Égypte, la « Vie de Jude » ne semble pas avoir été influencée par l'hérésie gnostique, pourtant très puissante à Alexandrie ; certains en ont déduit que l'original grec du texte pourrait être antérieur à la poussée de cette secte et dater des années 75 à 85 de notre ère, comme les plus anciens textes canoniques.*

La disparition de plusieurs feuillets du manuscrit nous empêche de savoir dans quelles conditions Jude quitta sa famille pour suivre son frère aîné, devenant ainsi, sinon l'un des douze apôtres, du moins l'un des premiers disciples de Jésus.

Les détériorations du papyrus, encore minimes dans le Premier Livre, vont ensuite en s'aggravant, et les lacunes se multiplient jusqu'à la fin du Deuxième Livre auquel manquent de nombreux feuillets : la dernière partie de ce Livre (prédication à Jérusalem et procès) est presque entièrement perdue.

Le support des Troisième et Quatrième Livres ayant mieux résisté au temps, le récit reprend depuis la Résurrection jusqu'aux années qui précédèrent l'arrestation de l'apôtre Paul ; le rôle éminent de Jacques, autre frère de Jésus, qui devint le premier « évêque » de Jérusalem, y apparaît clairement.

Le Cinquième Livre, plus endommagé, retrace les événements dramatiques de la guerre des Juifs contre les Romains, la destruction du Temple, et le sauvetage par Jude d'une communauté judéo-chrétienne réduite et peu à peu marginalisée.

Pour permettre au lecteur de mieux situer les lieux où se déroulent les événements rapportés par Jude, une carte de la Palestine et une carte du monde méditerranéen d'alors ont été ajoutées à la fin de l'ouvrage ; y figure aussi une généalogie « simplifiée » des Hérodes.

PREMIER LIVRE

Moi Jude, fils de Joseph bar-Jacob de la tribu de Juda, étant aujourd'hui avancé en âge, j'ai écrit ce que mes yeux ont vu s'accomplir dans la Galilée et dans Jérusalem du temps où Jésus, mon frère premier-né, annonçait le royaume de Dieu aux enfants d'Israël.

J'ai écrit aussi ce dont je fus le témoin après ses tourments et sa mort sur le bois, quand ses disciples le trouvèrent ressuscité sur une route de la Judée, puis au bord du lac de Guénésareth, et qu'ils se tournèrent vers mon frère Jacques pour qu'il fût leur berger. Et Jacques devint alors le plus saint parmi les *Pauvres* de Jérusalem et notre « colonne » la plus haute.

Ces choses, je les ai écrites pour les fils de mes fils, ceux qui vivent au milieu des incirconcis, dans les nations de la Dispersion ; je les ai écrites afin que tous connaissent la vérité et qu'ils conservent l'espérance. Car ce ciel passera, et le ciel qui est au-dessus de lui passera aussi, mais la troisième génération ne passera pas sans que la Promesse soit accomplie. Alors la terre s'enroulera comme un grand livre, et même les morts crieront à pleine voix : « *Maranatha, maranatha* – que le Seigneur vienne ! »

Je suis né dans un village de la Galilée, cinquième fils de mon père et le septième de ses enfants vivants.

C'était dans la deuxième année du règne de Tibère César à Rome, et sous le gouvernement d'Hérode Antipas, fils d'Hérode le Cruel. Des deux côtés du Jourdain, notre pays souffrait alors sous le joug des Romains : dans la Galilée, la Pérée et le pays de Golân, les Hérodes payaient tribut au César et, sur l'autre rive, la Judée et la Samarie étaient soumises aux légions[1]. Et nous, enfants d'Abraham, nous nous lamentions dans nos cœurs.

Voici les noms de mes frères : Jésus, Jacques, José et Simon[2]. Comme eux et comme notre père, je fus nommé d'après les fils de Jacob, les douze Patriarches dont naquirent nos douze tribus d'Israël. On choisit pour moi le nom de Jude, dont la descendance avait reçu de l'Éternel le midi du pays depuis la Mer Salée, où ne vit aucun poisson, jusqu'à la Grande Mer. Mais, dans les jours où je vins au monde, toutes les terres d'Israël, autant au midi qu'au nord, étaient livrées aux armées des païens ou aux princes juifs qui avaient part à leurs débauches, et notre peuple gémissait sous les adorateurs de faux dieux et d'idoles mortes.

Lorsque Marie, ma mère, enfanta son fils Jésus, elle avait environ quatorze ans et, quand elle m'enfanta, mon frère Jésus avait atteint l'âge de dix-neuf ans. Mais il n'avait pas pris femme; et qu'un fils parvenu

1. Ces régions étaient directement rattachées à la Syrie et annexées à l'Empire.

2. Ces noms, et celui de Jude, figurent aussi dans les Évangiles de *Marc* et *Matthieu*.

à l'âge d'homme n'eût point encore de fiancée était regardé comme une rébellion par les *principaux* du village, car l'Éternel a dit : *Croissez, multipliez, et remplissez la terre.* Pourtant, ma mère ne blâmait pas son enfant aimé du Seigneur. Elle riait, disant qu'une bru lui serait d'un grand embarras aussi longtemps qu'elle pourrait suffire seule aux soins du ménage et du jardin. En ce temps-là, mes sœurs avaient déjà quitté la maison : venues au monde avant Jacques, elles avaient été données en mariage – l'aînée, puis la cadette – à des veufs pieux, et elles devinrent enceintes avant que je fusse moi-même conçu.

Mon père, homme juste qu'on disait issu de la postérité du roi David, était un charpentier qui fabriquait des portes, des jougs, des bras de meule et des manches de charrue. Ses voisins le surnommaient *Netzer*, « le Rejeton », car, malgré la modestie de son état, il était fier de la souche dont il sortait et des nobles ancêtres dont il avait hérité la vigueur. Mais je ne connus ni sa force ni son visage : il mourut peu de jours avant ma naissance ; et je naquis fils de veuve, suçant les larmes du deuil avec le lait.

Mes frères Jacques, José et Simon n'étaient alors que des enfants qui couraient de tous côtés, dénichant les oiseaux et sautant dans les flaques. Et qu'étais-je, moi-même ? Une bouche sans bras, un nouveau-né prisonnier de ses linges : aucun de nous, orphelins, ne pouvait nourrir les autres.

Or nous n'avions plus d'oncles. Et les gendres de ma mère nous refusèrent tout secours. Jurant sur leur propre tête qu'ils avaient réservé le tiers de leurs biens pour le Trésor du Temple, ils dirent : « Ce dont nous aurions pu t'assister est *qorbân* : de cette promesse d'offrande, nous ne pouvons même plus distraire un centime pour toi. » Et quand ils moissonnaient, et que mes frères Jacques et José allaient glaner derrière eux, ils ne laissaient tomber de la gerbe aucun épi. Ils disaient : « Les veuves sont plus avides que les sauterelles » ; et ils ramassaient tous les grains jusqu'au dernier, en hommes au cœur endurci[1].

Alors Jésus renonça à descendre dans les plaines pour y chercher la voie du Seigneur ainsi qu'il le désirait ; et il ne se retira pas au désert pour écouter la parole du Très-Haut que faisaient résonner, au milieu des bêtes sauvages, tant de *rabbis* et de saints. Sans un soupir, il ceignit ses reins et, tel le pilier maître qui supporte la maison, il soutint seul, par son travail, toute notre famille.

Jésus connaissait depuis l'enfance le métier du bois et il savait, comme notre père, tracer au compas et manier la tarière ou le maillet. Cependant, tant que Joseph avait vécu, c'était à notre petite vigne et à nos brebis que mon frère, l'Élu du Seigneur, avait donné la plupart de son temps. Nos villages, en effet, ne sont pas comme les villes des Grecs, les toits de nos pauvres maisons sont des terrasses d'argile, et nous n'avons pas de lits pour les repas ; aussi y a-t-il peu d'ouvrage chez nous pour des charpentiers.

---

1. En hébreu et en araméen, le cœur est aussi le siège de l'esprit. Un homme au cœur dur peut être aussi bien un imbécile qu'un méchant.

Un jour, ma mère me raconta ce qui s'était passé avant ma naissance. Elle dit : « Pour payer la dîme des prêtres et l'impôt du tétrarque[1], ton père et Jésus ont dû souvent sortir de chez nous pour se louer dans la Galilée des païens ou dans le pays de Golân. Hérode Antipas leur faisait poser les poutres des palais que lui et son frère Philippe construisaient pour leur cour et leurs amis romains. Or, ton père haïssait Césarée, et Juliade, et Sépphoris, toutes ces nouvelles villes où les païens sont mêlés avec les Juifs, où la nourriture est impure, où la loi de Moïse est bafouée. Il détestait aussi les palais d'Antipas, ce Juif infidèle qui a poussé l'abomination jusqu'à faire peindre des images d'animaux sur ses murs. Et chaque fois qu'il quittait la ville du tétrarque, cette ville pleine d'images taillées à la ressemblance des hommes, ton père secouait la poussière de ses sandales en témoignage contre elle. Et voici : un jour que, quittant cette cité de l'abomination, il revenait au village avec ton frère bien-aimé seulement âgé de douze ans, des brigands tombèrent sur eux en chemin et les privèrent du fruit de leur labeur ; une autre fois, ce furent des soldats du tétrarque, des mercenaires syriens mangeurs de porc, qui les dépouillèrent en les rouant de coups parce qu'ils portaient la frange bleue à leur manteau[2]. Et, dans ce temps, ton père me dit : "Il est écrit : *Tu ne muselleras pas le bœuf, tu lui laisseras manger la paille quand il foule le grain,*

---

1. L'ancien royaume d'Hérode ayant été divisé en quatre (*tétra*), les zones transformées en protectorats romains furent appelées « tétrarchies », et leurs souverains fantoches « tétrarques ».

2. Signe extérieur d'appartenance au judaïsme.

car la peine de l'ouvrier mérite salaire. Or quel salaire, moi Joseph, ai-je retiré jamais de ma peine ? Outrages et humiliations ! De mon pain, des étrangers se rassasient !" Et, entendant nos petits enfants demander à manger, il pleurait. »

Mais n'est-il pas écrit aussi : *À celui qui n'a pas on enlèvera* ? Voilà pourquoi, fils de pauvres, nous restions pauvres. Cependant, nous n'en souffrions pas : enfants des montagnes, bien éloignés des forteresses d'impiété où la vaisselle d'argent est aussi commune sur les tables que la poussière sur nos chemins, nous ignorions tout de la richesse. Et quand un vagabond desséché par la faim passait dans notre village, nous nous étonnions même de nous trouver si fortunés : une maison, un âne, deux chèvres, une aire à vanner, et un gros figuier devant la porte… Avec reconnaissance pour la bonté du Tout-Puissant, nous faisions au miséreux l'aumône du pauvre : une gorgée d'eau bue à la cruche, une bouchée de pain trempée dans l'huile, un oignon doux.

Tous les soirs, assis par terre autour du plat, nous écoutions notre frère premier-né. Debout, son châle sur la tête, il disait le *Shéma, Israël*, « Écoute, Israël, l'Éternel notre Dieu est le seul Dieu » ; puis nous rendions grâce tous ensemble pour les nourritures de la terre, demandant au Seigneur, béni soit-il !, de nous accorder l'orge ou le froment du lendemain. Et José, de sa petite voix d'enfant, demandait parfois : « Avec un peu de purée de fèves, Seigneur » ou : « Avec des dattes. » Alors Jésus, en souriant, disait : « Amen. »

Après le repas, nous nous couchions sur la natte, serrés les uns contre les autres, le corps à l'étroit mais l'âme élargie par la confiance. Car nos réveils étaient joyeux : maintenant que Jésus avait repris l'établi et les outils de notre père, et qu'il portait en silence le souci des intérêts que nous réclamaient les usuriers, notre mère chantait toute la journée. Sans cesse en mouvement, elle filait, tissait, trayait les chèvres, battait le linge, pétrissait le pain, et, tantôt mouchant José, tantôt tirant Simon, mais toujours me calant sur sa hanche, elle travaillait comme une servante et chantait comme un oiseau.

Elle chantait de l'aube au couchant, même quand, les reins courbés, relevant les pans de sa robe, elle grappillait pour nous dans la vigne des autres après la vendange. Le dos meurtri et les mains écorchées, elle chantait les amours du roi Salomon, la beauté du Liban, la splendeur de Jérusalem et la grandeur de l'Éternel.

Car tout l'égayait : les premières fleurs et les derniers fruits, l'eau dans la citerne et le feu du foyer, le son de la harpe et le cri de la chouette. À cette veuve chargée de dettes et d'enfants, le Seigneur avait fait cette grâce : la pluie d'hiver ne tombait pas sur elle.

Mes frères Jésus et Jacques avaient été *nazirs*[1] dès le ventre de notre mère et pendant sept années. Marie avait consacré Jésus au Très-Haut parce qu'il était

1. Le *nazir* est celui qu'un vœu d'ascétisme, prononcé par ou pour lui, a « séparé » des autres.

son premier-né ; plus tard, elle avait consacré Jacques parce que, entre Jésus et lui, elle n'avait enfanté que des filles et les sages-femmes du village lui disaient : « Malheureuse, tu ne trouves plus grâce aux yeux du Seigneur ! »

Aussi longtemps qu'elle porta dans son sein Jésus, puis Jacques, elle ne toucha ni à la viande ni au vin pour protéger la pureté de ces enfants à naître ; lorsqu'ils grandirent, elle les vêtit de laine sans mélange, et, jusqu'au terme du vœu, le rasoir ne passa pas sur leur tête. L'un après l'autre ils gardèrent pendant sept ans leurs cheveux longs comme ceux des femmes, et ils ne goûtèrent pas au fruit de la vigne ; puis, avec chacun d'eux, notre père monta à Jérusalem où il rasa l'enfant, brûla dans le Temple les boucles rasées et offrit au Seigneur le bélier du sacrifice, la galette sans levain, et les cinquante sicles d'argent. Ainsi mes frères furent-ils relevés de la promesse de notre mère sans que l'esprit de l'Éternel se retirât d'eux.

Pour moi, dans mon enfance, on ne m'appela jamais *nazir*, le « séparé ». Et ce nom ne fut pas non plus celui de José ou de Simon. Car nos parents étaient devenus trop pauvres pour faire l'offrande qui devrait ensuite nous délier du vœu.

Mais voici : ma mère pensa dans son cœur que, si elle m'avait voué au Tout-Puissant dès qu'elle m'avait senti tressaillir dans son sein, mon père ne serait pas mort avant le premier jour de ma vie. Et elle se reprocha son manque de foi – l'Éternel, qui nourrit les oiseaux du ciel, n'aurait-il pas pourvu aux besoins de sa servante ? ne lui aurait-il pas envoyé assez d'argent pour acheter le bélier sans défaut que notre Loi exigeait ? Tant que Jésus vécut parmi nous, elle n'eut d'autre regret que de ne pas avoir cherché la guérison de son époux malade en me consacrant au Seigneur. Car elle avait aimé son mari depuis les jours de sa jeunesse ; elle l'aimait pour sa droiture et sa piété, et lui l'aimait parce qu'elle était forte dans son âme, belle de figure, et enfantait de nombreux fils.

Lorsque Jacques eut douze ans et que je fus moi-même sevré et trop grandi pour dormir entre les bras de ma mère, notre maison nous parut petite. Alors, les soirs d'été, quand les cieux se revêtent d'étoiles, Jésus prit l'habitude de rouler sa natte et de monter sur le toit. Au retour de l'hiver, il transporta sa couche de l'autre côté de la cour, dans l'appentis qui lui servait d'atelier. Et, désormais, ce fut là qu'il dormit, sous un petit toit de roseaux tressés, au milieu des planches et des madriers.

Cependant, il ne m'éloigna pas de lui. Car, dès que je pus marcher, je le suivis en tous lieux. Et il ne m'en empêchait pas.

Lorsqu'il travaillait, je passais les journées à ses pieds, jouant avec les copeaux tombés du rabot ou les tessons de poterie sur lesquels il portait ses mesures. Jamais je ne l'embarrassais. Il aimait les enfants, même les nourrissons. Sitôt qu'il m'apercevait, il disait : « Shalom, petit homme », et il me soulevait contre sa joue. Parfois aussi, il me prenait sur ses épaules pour marcher dans les vignes des environs. Et quand les jours rallongeaient et que, sans allumer la lampe, il s'asseyait sous le figuier après le repas et parlait bas avec notre mère, je restais sur ses genoux tandis que mes frères s'endormaient. Et le sommeil qui finissait par m'emporter à mon tour se parait de songes merveilleux, car le murmure des voix aimées est plus doux qu'une berceuse, plus nourrissant qu'un fleuve de crème, et plus chaud que l'aile de la poule quand elle regroupe sous elle sa couvée.

Avant de mourir, mon père, rassemblant ses forces, avait appelé Jacques et José, et, leur montrant Jésus, il avait dit : « Voici votre frère aîné, l'enfant de ma jeunesse. Je l'ai établi au-dessus de vous. Obéissez-lui comme à moi. Car, en lui obéissant, c'est à moi que vous obéirez. » Et, à Jésus, il dit : « Toi, je t'établis comme père sur tes frères. Et ta mère, je te la confie, ainsi que le petit qui naîtra et que tu feras circoncire quand je ne serai plus là : Jude sera son nom. Maintenant, allez chercher Simon, mon dernier-né, et approchez ensemble, que je vous bénisse tous. » Et il donna un baiser à Simon, puis il étendit ses mains, posant la droite sur la tête de Jacques et la gauche sur celle de José, et il les bénit au nom du Tout-Puissant.

Jacques n'oublia jamais la promesse d'obéissance faite à notre père mourant. Mais José l'oublia souvent, car il était né blessé : l'épine de la jalousie s'était fichée dans son cœur. Et la plus jeune de mes sœurs, qui demeurait non loin de nous, à la distance d'un chemin de sabbat[1], se plaisait à envenimer sa blessure. Elle

1. Environ un kilomètre.

disait : « Ne vois-tu pas, mon frère, que notre mère n'a de tendresse que pour Jude, son posthume, et qu'elle n'a de confiance qu'en Jésus, son premier-né, cet arbre sec qui ne donne point de fruits ? Elle l'écoute comme s'il était le fils du Grand Prêtre ! Toi, malheureux enfant, deux fois orphelin, aucune de tes actions ne trouvera jamais grâce à ses yeux… »

Alors José se mit à nous quereller sans raison, et, en toutes choses, il faisait le contraire de ce que Jésus ordonnait, sortant les brebis à l'heure de midi, gaspillant l'eau et éparpillant le fumier, frappant Simon dans le dos, lançant le pied pour me faire tomber, ou poussant un crapaud dans nos plats pour les rendre impurs à jamais. Après avoir agi de la sorte, il jurait soit sur la ville de Jérusalem, soit sur l'or du Temple, que ce n'était pas lui qui avait commis ces méfaits.

Bientôt Jésus s'irrita et lui dit : « Réponds simplement : as-tu, oui ou non, vidé la jarre d'huile dans la citerne ? Dis la vérité, José, et ne jure pas. Ni sur le Temple ni sur Jérusalem, qui sont les forteresses de l'Éternel. Ni sur le ciel, qui est son trône, ni sur la terre, qui est son marchepied. Ne jure même pas sur ta tête car elle ne t'appartient pas : as-tu le pouvoir de rendre blanc ou noir un seul de tes cheveux ? Alors réponds, sans faire de serments : est-ce toi qui as versé notre huile dans l'eau ? – Oui », reconnut enfin José ; et il fut châtié, parce qu'il est écrit : *Châtie ton fils, car il y a encore de l'espérance.*

Mais, dans son cœur, il résistait aussi fortement au châtiment qu'au pardon. Il était comme un oiseau qui s'égare loin du nid ; et, peu à peu, son esprit s'aigrit.

Un jour que notre mère le réprimandait avec douceur en lui donnant ses aînés en exemple, il cracha par terre et traita Jésus d'eunuque et Jacques d'imbécile, *raqa.* Je fus frappé de stupeur. Même l'archange Michel, lorsqu'il contestait avec le diable et lui disputait le corps de Moïse, n'osa pas porter sur Satan un jugement si injurieux, il lui dit seulement : « Que le Seigneur te punisse[1] ! »

Aussi Jésus entra-t-il dans une grande colère, et il dit à José : « Celui qui traite son frère de *raqa* devrait être traîné devant le tribunal du Sanhédrin, lapidé, et brûlé avec les ordures dans la vallée de la Guéhenne ! » ; et, attrapant une lanière de cuir, il courut derrière notre jeune frère, qui s'enfuit dans l'aire ; le Serviteur de Dieu cinglait les herbes autour du rebelle, comme s'il cherchait à le faucher en même temps que les têtes de chardon qu'il faisait voler de tous côtés.

Lâchant sa corbeille, ma mère voulut se mettre entre eux, mais Jésus lui cria : « Arrière, femme ! Cet enfant est du diable ! » Alors ma mère étendit les bras comme pour séparer deux armées qui s'élancent au combat, et elle dit à Jésus : « Dans la loi de Moïse n'est-il pas écrit : *Tu honoreras ton père et ta mère* ? Tu ne peux me parler comme tu l'as fait sans offenser Dieu ! Rentre en toi-même, mon fils. »

Aussitôt Jésus jeta son fouet, et il s'enfuit dans la montagne sans emporter de manteau ; il ne revint chez nous que cinq jours plus tard, peu avant le commencement du sabbat, quand le soleil déclinait déjà.

---

1. Voir *Épître de Jude,* 9.

À Nazara[1], nous n'avions pas de maison de prière ; le jour du sabbat, les gens du village se réunissaient aux Portes[2] pour « faire synagogue ». Or, comme nous nous étions assis là, par terre, derrière les principaux du village assis sur leur banc, le servant de l'assemblée, après avoir donné le rouleau de la Loi à l'un des Anciens, remit le livre des Prophètes à Jésus qui s'était levé. Déroulant le livre, mon frère trouva l'endroit où l'Éternel dit à Isaïe : *Ai-je demandé à vos pères, à leur sortie d'Égypte, de m'offrir des holocaustes de béliers et du sang de bouc ? Non, je leur ai plutôt commandé que nul d'entre eux ne garde rancune à son prochain.*

Ayant lu, Jésus roula le livre et le remit au servant. Et d'abord il garda le silence, et tous, attendant son commentaire, avaient les yeux fixés sur lui. Lorsqu'il parla, il le fit longtemps et avec grâce ; ceux qui se trouvaient là furent dans l'étonnement car sa langue n'avait pas été exercée. Parlant pour la première fois devant les Anciens de l'assemblée et les chercheurs de la Torah, il dit avec autorité : « Prions pour ceux qui nous insultent. » Il dit : « Pardonnons. Pardonnons sept fois en un jour, et soixante-dix fois sept fois. » Il dit : « Que jamais le soleil ne se couche sur notre colère. » Enfin, posant sur José un regard d'une grande douceur, il dit : « Si, au Temple, nous nous rappelons que nous avons un différend avec un de nos frères, laissons notre offrande devant l'autel et courons

1. Ce nom de Nazara figure aussi à deux reprises dans les Évangiles canoniques.

2. Les entrées des bourgs, les Portes, tenaient alors lieu de places publiques.

d'abord nous réconcilier. Nul ne doit être joyeux tant qu'il n'a pas regardé son frère avec amour. »

En ce temps-là, quand il parlait de ses frères, c'était de nous, ses frères de chair, que Jésus parlait. Voilà pourquoi, lorsqu'il prononça ces paroles, mon cœur bondit d'allégresse dans ma poitrine ; car j'aime que mes frères s'aiment et je suis né pour la paix.

Mais alors que je me réjouissais pour José, je vis le visage de notre mère. Elle se tenait à l'écart avec les autres femmes, debout dans l'ombre du sycomore. Jésus regardait José. Mais notre mère regardait Jésus. Elle ne regardait que Jésus. De toute la force de ses yeux, elle soutenait la parole de son premier-né. Et son âme était alors tellement attachée à l'âme de son fils qu'elle ne l'aurait pas aimé davantage s'il avait été unique.

Nous étions cinq frères orphelins, mais un seul était fils unique.

Cependant, ni ce jour-là ni aucun autre, je n'eus le cœur troublé, car je ne me croyais pas mal partagé : ma mère ne m'avait pas privé de son lait ; plus tard, elle m'enveloppait dans les plis de sa robe ou m'abritait sous son voile dès que le vent soufflait du nord ; et elle me caressait sur ses genoux quand la fièvre me dévorait. Tout petit, je l'appelais « mon vêtement saint ». Pour elle, j'avais inventé des hymnes : « Tu es ma maison, mon refuge, mon arche sacrée, mon trésor de perles », et souvent, en grandissant, je lui répétais : « Mère, l'enfant qui t'aime aime la vie. » Alors elle glissait sa joue contre la mienne, puis, riant, se rasseyait devant son métier et reprenait son cantique, car elle n'aimait pas tisser la laine de nos vêtements sans célébrer le nom du Très-Haut ; et, tout en chantant, elle priait le Tout-Puissant de protéger ses sept enfants.

Mais, au lieu de se rappeler ainsi les bontés innombrables que notre mère avait pour nous et de se soumettre aux volontés du Seigneur en respectant ses aînés, mon frère José continuait, lui, à s'écarter du droit chemin de l'amour. Et voici qu'il commença à entraîner Simon dans la voie de la révolte et de l'envie, comme l'aspic prête son venin à la vipère.

Alors, pour arracher ces deux insensés à leur ivresse de Caïn, à leur folie de Satan, mon frère aimé du Seigneur résolut de les séparer. Il établit Simon gardien de notre vigne, et pendant les mois d'été celui-ci logea dans la petite tour au-dessus du muret. Puis, voyant José modeler avec plaisir des oiseaux d'argile pour amuser les enfants de nos sœurs, Jésus donna de grandes louanges à cet ouvrage et il plaça l'habile façonneur chez le potier du village qui n'avait plus de fils.

À peu près dans ce temps-là, Jacques dit à ma mère : « N'éloigne pas de la maison le plus fort de tes fils, celui qui fera tes jours aussi longs que les jours de l'arbre : garde-moi auprès de toi. J'apprendrai à étendre au cordeau et à assembler les bois avec Jésus. » Il s'occupait déjà de nos oliviers, de nos labours, et, si nous n'avions plus assez d'argent pour louer au voisin sa paire de bœufs, c'était lui, grand et solide pour son âge, qui attelait l'âne à la charrue que notre aîné poussait, et brisait les mottes derrière eux. Et quand le temps était venu de semer le blé et la nigelle noire, il s'asseyait sur le traîneau pour aplanir le champ.

Quant à moi, je m'appliquais à lire la langue du village et celle de la synagogue[1]. Jésus, qui les lisait sans bien savoir les écrire, m'obligeait à en reproduire les signes sur des tessons d'amphore. Il disait : « Je ne veux pas faire de toi un scribe ni un docteur. Que l'Éternel te préserve d'être de cette race-là ! Ils ont la clé de la connaissance, mais ils ferment la porte derrière eux… J'espère seulement te faire assez savant pour que tu puisses tracer autre chose que des nombres. »

D'un coffret en bois d'acacia il tirait parfois, comme un trésor, un rouleau enveloppé d'une toile de lin. Ce rouleau, il le tenait de notre père, lequel le tenait de son aïeul Matthân. C'étaient, sur une peau de chèvre, quarante chants du prophète Isaïe. Me soulevant dans ses bras, mon frère me posait alors sur le bout de son établi et il m'écoutait lire pendant qu'il travaillait ; et si je me trompais, il me reprenait sans même regarder le livre. Car chaque ligne était gravée dans son cœur ; et il m'expliquait le sens des mots que je ne comprenais pas. Ou bien c'était Jacques qui m'instruisait en rentrant des champs : à son deuxième fils, Joseph le charpentier avait aussi appris à lire dans les rouleaux du prophète.

José, qui ne se rappelait ni notre père ni ses paroles, refusa d'étudier les Écritures ; il ne voulait rien recevoir de ses frères, car il restait révolté contre eux. Simon l'imita et n'apprit ni *aleph* ni *bèth*. Ils étaient,

1. La langue du village était l'araméen, celle de la synagogue plutôt l'hébreu.

l'un avec l'autre, comme un aveugle conduisant un aveugle.

Dès que la barbe poussa sur ses joues, Jacques prit femme. Il épousa Sara, que Jésus avait choisie pour lui. Jacques et Jésus construisirent sur le toit une petite chambre haute, et Sara vint demeurer avec nous. Elle était douce, vertueuse, craignait l'Éternel et ne mangeait pas le pain de la paresse : le soir, elle n'éteignait sa lampe qu'après avoir dévidé sa dernière quenouillée. Elle tissa des ceintures couleur de feu qu'elle vendit au marché, et elle nous fit des couvertures. Ma mère la prit en affection et s'en remit à elle pour carder la laine ou tourner la meule à bras, car nous n'avions pas de servante. Cependant, mes sœurs jugèrent Sara trop fière parce que, craignant celles dont les langues fausses excitent les querelles, elle ne s'attardait jamais au puits du village avec les autres.

Deux ans plus tard, à son tour José se maria. Il épousa la fille unique du potier et s'en fut habiter avec eux. Cette fille avait reçu de sa mère de grands biens et José n'avait rien ; mais notre famille était de la maison de David, et cette alliance parut désirable au potier. Quant à la fiancée, elle était élancée comme le lys et pâle comme un narcisse. Mais sa grâce était trompeuse : elle marchait le cou tendu et le regard effronté, allant à petits pas pour mieux faire sonner ses bracelets, ses chaînettes de pieds, ses pendants d'oreilles et ses colliers d'or.

Le soir, pendant le festin des noces, Jacques, qui n'avait pas l'habitude des liqueurs fortes, dit très haut, en étourdi : « Cette femme fait aujourd'hui la fortune de son époux, mais elle dépensera tant en miroirs et en tuniques fines qu'un jour elle le ramènera où elle l'a pris : José s'en retournera aussi nu qu'il était venu. » Sara le fit taire, pour ne pas peiner notre mère qui se réjouissait de voir le moins sensé de ses fils entrer enfin dans la sagesse.

Un jour, dans l'âge où je commençais à pouvoir mener notre âne par la bride ou nourrir un feu sans m'y brûler, il advint que, lisant seul le rouleau des prophéties, j'eus soudain le cœur abattu. Plusieurs fois déjà, j'avais été poursuivi jusque sur ma couche par des pensées d'épouvante, tant étaient violentes les épreuves et les tribulations qu'Isaïe annonçait aux enfants d'Abraham. Ce n'étaient que villes ruinées, montagnes renversées, guerres sans pitié, pleurs amers et ruisseaux de sang. Les enfants eux-mêmes étaient livrés au carnage et les mères, en mourant, regrettaient de les avoir mis au monde ; nul n'épargnait plus son frère et, partout, des cadavres exhalaient leur puanteur.

Ce jour-là donc, alors que le soleil luisait et que l'air embaumait, je lus dans le livre que, bientôt, même les fondements de la terre seraient ébranlés : *La terre est déchirée, la terre se brise, la terre chancelle. La terre chancelle comme un homme ivre, son péché pèse sur elle, elle tombe et ne se relève plus.* Le soir, Jésus revenant à l'atelier me trouva en larmes. Je lui demandai quand les malheurs que prophétisait Isaïe frapperaient notre village : j'avais senti la terre remuer sous mes pieds, je ne voulais pas attendre le matin, je le pressai de fuir avec moi.

Il chercha à m'apaiser, sans pourtant me tromper : « Quand ces choses arriveront, petit homme, il y aura peu d'endroits où fuir, même avec l'aide des anges. Il faudra partir vite : celui qui sera sur le toit n'aura pas le temps de descendre dans sa maison pour y chercher du pain. Ni celui qui sera dans les champs, de retourner en arrière pour prendre son manteau – prions pour que ces malheurs n'arrivent pas en hiver[1] ! »

Il s'était assis sur un billot, me prit entre ses jambes, et, posant ses mains sur mes épaules, il dit encore : « Ne crains pas pour cette nuit, petit. Le temps n'est pas accompli, les signes ne sont pas réunis. La terre n'a pas bougé : elle se fendille seulement, elle se craquelle comme un sol desséché. C'est une brèche que les yeux voient à peine et qui court sous les herbes. Mais je guette son avancée : ici un roi cruel, là un prêtre impie, ailleurs des juges iniques, des riches cupides, et partout des idolâtres, des soldats pillards, des hommes de sang, des hommes de fraude – leurs péchés ouvrent la brèche, creusent l'abîme et, un jour, s'ouvrira la fosse où la colère de l'Éternel précipitera les hommes aux cœurs incirconcis… Mais ouvre tes oreilles, petit, et entends la promesse des prophètes : Dieu sauvera de la désolation les saints et les justes, les repentis et les rachetés, Dieu sauvera les restes de la maison d'Israël ! Pour ceux qui auront gardé son alliance, il bâtira un monde nouveau où le lion et la

1. Rapprocher de *Marc* 13, 13-19, *Matthieu* 24, 16-20 et *Luc* 17, 31.

gazelle dormiront ensemble, où les déserts se couvriront de fruits. Ce Royaume que le Tout-Puissant réserve à ses élus, prions, enfant, pour qu'il nous soit permis de le trouver bientôt et d'y demeurer toujours. »

Il étendit mes mains vers le ciel, paumes ouvertes, et me fit répéter après lui : « Père, Père très bon, si tu considères nos péchés, qui pourra subsister sous ton regard ? Détourne de nous ta colère. Ne demande pas compte à cette génération du sang répandu depuis la création du monde. Souviens-toi de ton amour pour tes fils, Père que j'aime, et permets-moi de restaurer ton royaume[1]. Laisse-moi, pendant qu'il est encore temps, aller vers tes enfants perdus. Laisse-moi les guider, les ramener, les sauver. Laisse-moi partir... Ordonne, Père, ordonne et je ferai ta volonté. Amen. »

Qu'avais-je compris à la prière de mon frère ? En vérité, les paroles qu'il avait prononcées étaient pour moi comme les lettres d'un livre cacheté.

Cependant, n'ayant jamais entendu personne appeler « Père » le Très-Haut et lui donner ce nom d'affection, *Abba,* que les petits enfants donnent à leur père de chair, je crus que nous avions parlé à Joseph. Je m'étonnai seulement que notre père le charpentier fût entré en possession d'un royaume. Où était-il, ce royaume ? Et Jésus me jugerait-il assez obéissant pour m'y mener ? Car s'il y avait une chose que j'avais retenue de sa prière, c'est qu'il voulait partir... Et mon cœur se mit à trembler.

1. Sens politique autant que religieux : libérer le peuple d'Israël, dont la terre n'appartient qu'à Dieu.

Autour de moi, l'appentis sentait la sciure. Mais cette odeur, autrefois plus suave à mes narines que l'encens et la myrrhe, avait pris l'amertume de l'absinthe. Heureux celui qui ne sait pas lire ! Plus heureux encore l'enfant qui n'a pas entendu la Parole et joue, tranquille, dans les copeaux de l'olivier, aux pieds d'un frère silencieux. Maintenant, j'avais peur – peur d'être abandonné dans un village ravagé, ou d'être emmené dans un pays inconnu.

J'étais comme un agneau égaré qui cherche le chemin par lequel il est venu, mais voici : le chemin du passé avait disparu – le monde d'avant, aussi fragile que la rosée du matin, s'était évanoui au premier soleil…

Car mon frère brûlait, et sa fièvre brûlait ceux qui l'aimaient.

Quelques mois plus tard, ce fut la Pâque et, pour la première fois, je montai à Jérusalem. Jusqu'alors, on m'avait jugé trop jeune pour le pèlerinage du Temple : marcher avec les hommes du village cinq jours durant, et autant pour rentrer, mes aînés ne m'en croyaient pas la force. Ma famille me laissait donc au pays, avec les femmes enceintes et les vieillards édentés.

Quand je devins capable de tenir couchés les agneaux que Jésus tondait, mes frères me permirent enfin de les accompagner. Je découvris le lac de Génésareth, si vaste que nous l'appelons « la mer de Galilée », et la vallée du Jourdain aux rives toujours vertes : c'est par là que nous passions pour éviter la Samarie. Le chemin était plus long, mais plus sûr. Car les Samaritains, qui croient observer la loi de Moïse mais ne sacrifient à Dieu que sur leur montagne de Garizim, attaquaient au passage les pèlerins galiléens qui marchaient vers le midi ; ils espéraient ainsi priver de ressources le Temple et la ville de Jérusalem qu'ils ne reconnaissent pas pour saints. Chaque parti traitait l'autre de démon et d'impur, de race de vipères et de suppôt de Baal-Zéboul, seigneur des mouches. En automne, à l'occasion de la fête des Cabanes[1], ou au printemps, pour celle de la Pâque, le pays était parcouru d'égorgeurs et secoué de crimes.

Quant à moi, fatigué par la longueur du voyage mais l'âme ravie par le mouvement, je vis avec joie les caravanes de dromadaires, les béliers noirs et les ânes sauvages ; puis les dattiers et les balsamiers de Jéricho, les pavés du chemin romain, et les sycomores de Beth-Phagué ; enfin, tout en haut, plus blanche qu'une montagne de neige, la forteresse sainte, la cité de nos fêtes : Jérusalem – une couronne éclatante dans la main de l'Éternel, un turban royal dans la main de Dieu.

Deux ans de suite, au mois des épis, nous y passâmes les jours des Azymes[2] et nous y mangeâmes la Pâque après avoir sacrifié.

La foule qui emplissait alors les ruelles et les escaliers était si épaisse que nous devions nous séparer

1. *Soukkot,* fête des vendanges et des fruits célébrée en souvenir de la traversée du désert.

2. Période d'une semaine pendant laquelle on ne mange que des pains sans levain.

pour ne pas périr étouffés ; et comme, dans l'enceinte du Temple, ma mère, Sara et moi ne pouvions aller plus avant que la cour des Femmes, nous perdions mes frères de vue.

Quant à Jésus, il ne suivait pas ceux du village. Nous ne le trouvions jamais sur le marché aux aromates ni devant les tables des orfèvres. Passait-il les journées sur l'esplanade des Païens[1] à écouter les prédicateurs du portique de Salomon, pharisiens aux longues barbes, docteurs aux longues robes ? Ou bien, s'étant purifié dans les bains sacrés, servait-il l'Éternel par la prière, prosterné sur les marches de la cour d'Israël ? En vérité, quand les tribus et les peuples accourent ainsi des extrémités de la terre et se pressent dans d'étroits sentiers, il faut abandonner le soin de ses frères aux chérubins d'or du sanctuaire : eux seuls, avec leurs quatre faces et leurs ailes remplies d'yeux, peuvent voir d'assez haut pour veiller sur chacun.

Car, en ces jours de liesse, tout disparaissait sous la multitude ; tant de Juifs de la Diaspora et tant de paysans des collines affluaient à Jérusalem que l'air même s'obscurcissait. La ville bouillonnait. Elle était comme un chaudron d'où montait l'odeur de la sueur et du suint, de la bouse et de l'encens ; elle était comme un tohu-bohu où les sons s'entrechoquaient – le bêlement des troupeaux qu'on menait au sacrifice et la sonnerie des trompettes d'argent, la clochette des porteurs

1. La vaste cour des Païens (aujourd'hui, *esplanade des mosquées)* était ouverte à tous, les autres cours restant interdites aux non-Juifs sous peine de mort.

d'eau et les cris des possédés, les parlers sauvages des Nations[1] et les purs accents des chantres.

Ces bruits violents, en frappant mes oreilles, me liaient la langue : à Jérusalem je gardais le silence, effrayé par la rumeur d'un si grand nombre. Ainsi, du moins, privais-je les Judéens d'une occasion de se moquer de moi, car sitôt qu'un Galiléen ouvrait la bouche ils raillaient son accent. Entre eux, ils nous appelaient les *ammé ha-aretz,* les culs-terreux, les ignorants, car ils nous prenaient pour des demi-païens : soit bâtards de colons assyriens comme les Samaritains, soit Grecs mal convertis, soit encore fils d'Israël nés chez les Parthes et juste rentrés de Babylone.

C'est seulement au déclin du jour que, recru d'émotions, outré d'injures ou épuisé de merveilles, je retrouvais parents et compagnons : hors des murailles, nous dormions ensemble dans un verger qui appartenait à un Galiléen nommé Jonathas, cousin de notre forgeron.

Ce jardin était au-dessus du torrent du Kédrôn, face à l'une des portes du Temple; en montant dans les branches d'un vieil olivier, je pouvais apercevoir, au-delà des toitures brillantes de la grande colonnade et du Saint des Saints[2], les créneaux de la forteresse Antonia d'où la garnison romaine surveillait à la fois les cours du sanctuaire, les rues de la ville haute, et les chemins du nord. Au pied des amandiers en fleur, les principaux de notre village dressaient des tentes;

---

1. Pays autres qu'Israël.

2. Salle la plus sacrée du Temple : seul le Grand Prêtre pouvait y pénétrer.

mais, comme nous, la plupart des pèlerins s'enroulaient seulement dans leur manteau en priant pour que la nuit ne fût ni froide ni venteuse.

Moi, je priais dans mon cœur pour qu'au matin Jésus fût encore parmi nous. Car je savais qu'il partirait dans le royaume d'*Abba* si la brèche d'Isaïe s'élargissait. Au village, j'avais découvert sous les buissons d'épines une vilaine ravine, mais, ici, où se trouvait la fosse ? où passait la fissure ? Était-ce par la colline de Sion ? par le lit du Kédrôn ?

Chaque jour en m'éveillant, je mesurais des yeux la profondeur du sillon au pied des tours fortes. Et le soir, craignant de voir le ciel basculer et les étoiles tomber comme les figues d'un figuier secoué par l'orage, je guettais encore. Aussi longtemps qu'un feu restait allumé sur ces collines où dormaient des milliers d'Israélites étrangers à la ville, je ne laissais pas mes yeux s'appesantir. Je veillais. Jamais sentinelle sur son mur ne fut plus attentive que moi dans ce temps-là.

Mais que vous dire aujourd'hui, fils de mes fils, enfants dispersés sur la face de la terre ? Que vous dire et que vous enseigner ? Moi, Jude bar-Joseph, frère de l'Envoyé du Seigneur, j'ai vu qu'il ne servait à rien de craindre et de trembler : Dieu vient comme un voleur et prend quand il lui plaît.

Cette année-là, Jésus, mon frère bien-aimé, ne partit pas. Ni l'année d'après quand nous montâmes à Jérusalem par deux fois : pour la Pâque, puis pour les Cabanes, après la vendange. Ensuite, ce fut *la septième année,* celle où la terre, ayant fini son ouvrage, mérite à son tour de se reposer.

La septième année est le sabbat de la terre d'Israël en l'honneur de l'Éternel. Aux enfants d'Abraham il n'est permis ni d'ensemencer les champs ni de tailler la vigne. Et si, des grains tombés d'une ancienne moisson, il vient à pousser quelques épis – ou si des grappes pendent d'une vigne non émondée –, nous ne devons pas les récolter : la repousse appartient aux vagabonds qui n'ont pas de grenier, ou bien retourne à la terre et au Seigneur qui l'a créée. Dans nos champs délaissés, seules les brebis trouvent encore à manger. Aussi, pendant l'année sabbatique, ne manquons-nous jamais de lait ; mais nous manquons de tout le reste.

Quand les Hébreux demandèrent : « Que mangerons-nous la septième année, puisque nous ne sèmerons pas et ne ferons point de récoltes ? », il est écrit que l'Éternel leur répondit : *Je vous accorderai ma bénédiction la sixième année, et elle donnera des produits pour trois ans.* Du temps où nos Patriarches se partageaient la terre de la Promesse, la sixième année produisait en effet soixante grains mûrs pour un grain semé, mais, depuis que tant de Phéniciens et de Syriens impurs demeurent parmi nous, le Destructeur[1] s'en mêle ; et quand la sixième année n'est pas meilleure que les autres, il y a, pendant la huitième année, de grandes disettes dans tout le pays. Car c'est après l'année de relâche que notre misère est à son comble : obligés de garder la semence et n'ayant rien récolté, il nous faut quand même payer

1. Un des surnoms du diable.

l'impôt de la terre et les dîmes sur ces moissons que nous n'avons pas faites, sur ces fruits que nous n'avons pas cueillis.

Jésus et Jacques avaient pourtant rempli la grange et le cellier. Dans nos jarres, nous avions du vin et de l'huile en abondance. Et ma mère avait fait sécher des figues. Mais la sixième année produisit peu de fruit ; la semence ne donna que dix mesures pour une, le reste avait pourri à cause des pluies. Bientôt, il apparut que nos réserves ne suffiraient pas. Or il se trouva qu'à l'atelier l'argent manquait aussi, car nul n'a besoin d'un joug ou d'une charrue quand la Loi défend de labourer. Alors, dès l'automne, vidant notre bourse jusqu'au dernier centime, Jésus acheta du blé à des Grecs de la côte qui vendaient la criblure du froment au prix de l'encens.

Apprenant l'achat que Jésus avait fait, nos beaux-frères aux larges phylactères[1], qui avaient des biens en réserve pour plusieurs années, se récrièrent : d'où nous arrivait-il, ce blé incirconcis ? Savions-nous si ces Grecs ne venaient pas de le récolter sur le sol même d'Israël ? s'ils n'avaient pas forcé, dans la septième année, la terre de la Promesse ? Voulions-nous, par une si grande impiété, attirer la malédiction sur notre famille ?

Ces paroles troublèrent Jacques. Il craignait Dieu et ne jugeait jamais trop lourd le joug de l'Éternel. Regardant notre aîné avec défiance, il dit : « Un morceau de pain donné par un Grec est plus impur que

1. Boîtes de cuir contenant des versets de la Bible, qu'on attache aux bras ou au front.

la viande du porc ! J'aime encore mieux jeûner que manger de ce pain-là ! »

Face à lui, notre mère mangea toute sa part sans baisser les yeux, et elle nous en fit manger, à Simon et à moi. Et Sara, qui nourrissait alors son premier-né, ramassa jusqu'aux miettes tombées de la table.

Jésus s'adressa à Jacques : « Ne sais-tu pas que l'Éternel notre père a dit : *J'ai en horreur vos nouvelles lunes et vos années de sabbat*, et qu'il est écrit : *Je prends plaisir à la miséricorde plus qu'aux sacrifices* ? Va dire aux maris de nos sœurs, qui aiment tant à être salués aux Portes et honorés dans les assemblées, qu'ils devraient donner en aumônes le bien qu'ils ont, plutôt que de manger seuls leur blé sans parvenir à l'épuiser ! Toutes choses, ensuite, leur paraîtraient plus pures ! »

Mais Jacques refusa d'en entendre davantage et il alla s'enfermer dans l'appentis. Alors Jésus se tourna vers notre mère et dit : « Je suis la bouche inutile. »

Le lendemain, il était parti.

Plus tard, ma mère me raconta que, cette nuit-là, sous le figuier, son fils lui avait parlé : il n'y avait plus d'ouvrage pour lui sur notre petite terre ni dans l'atelier, car Jacques suffisait aux rares travaux du bois ; et, lorsqu'il faudrait recommencer à labourer, Jacques y parviendrait avec l'aide de Simon qui avait gagné en force. Il dit : « En restant ici, je ne ferais rien de plus qu'eux. Là où les bras d'un homme sain ne servent à rien, sa bouche est de trop. Il est temps que j'aille où je suis plus nécessaire. »

Elle n'avait pas osé lui demander en quel lieu il se savait attendu ; mais, autrefois, il lui avait parlé du désert.

Je l'interrogeai : « Mère, pourquoi ne l'as-tu pas retenu ? »

Elle dit : « J'avais vu que l'enfant de Jacques devrait être bientôt sevré, la faim avait tellement amaigri Sara qu'elle n'avait plus de lait... Ton frère avait compté juste : il y avait une bouche de trop, et ce ne pouvait être celle de ce petit. »

Le départ de Jésus me laissa triste à mourir. J'avais craint la Fin des temps, redouté un ébranlement de la terre, surveillé tous les abîmes qui risquaient de m'avaler, mais voici que, pour me surprendre, le malheur passait par la bouche très douce d'un innocent, il tombait des lèvres d'un enfant à la mamelle.

Le village commença à murmurer. Nos beaux-frères et nos cousins disaient : « Jésus, notre parent, était un mangeur de rêves qui a enfoncé sa famille dans la misère avant de l'abandonner dans la honte. » Seule la sœur de notre mère[1] chercha à défendre celui qui nous avait quittés. Elle dit : « Ne blâmez pas Jésus ! Il se levait de grand matin, à l'heure où l'œil ne distingue pas le fil bleu du fil blanc, et tout ce que sa main trouvait à faire sous le soleil, il le faisait. Mais vous, hommes durs, vous ne l'aimiez pas, parce qu'il n'était pas comme les autres.

---

1. *Jean* 19, 25 mentionne aussi l'existence d'une tante maternelle de Jésus.

— En effet, dit notre sœur cadette, il n'était pas comme les autres : il se prenait pour le prince de ses frères ! »

Ma mère entendait ces choses et elle se taisait.

Jacques emprunta à un usurier de la ville de quoi payer l'impôt sur la terre et la taxe du sel, mais on ne lui prêta qu'à trois pour un. Puis, le Temple réclama deux drachmes pour chaque homme de la maison[1] et les lévites perçurent la dîme sur nos troupeaux : nos soupirs devinrent notre seule nourriture. Alors, José eut pitié de Simon parce qu'il l'aimait, et il le prit dans sa maison pour lui donner à manger.

Simon parti, ce fut mon tour de mener paître nos brebis ; mais ce n'était pas contre les loups qu'il fallait les défendre, c'était contre les affamés que la disette et les créanciers jetaient sur les routes. Des sans-terre rôdaient en bandes autour des villages. Le proverbe dit que la sangsue a deux filles : l'une s'appelle « Donne » et l'autre « Donne encore ». Je craignais d'être tué par ces pillards irrités quand ils ne trouveraient plus rien à ramasser dans nos friches : aux errants qui vivent dans le dénuement, la simple pauvreté n'est-elle pas une insulte ?

À la fin, pourtant, la famine cessa. Et Dieu bénit la récolte de la neuvième année au point que les riches durent agrandir leurs greniers.

---

1. À cet impôt annuel établi au profit de la classe sacerdotale, s'ajoutait, pour les lévites, la dîme du bétail, du blé et des fruits (les *prémices*). En comptant l'impôt foncier des Hérodes (qui incluait le tribut dû aux Romains) et le profit des collecteurs de taxes, le taux de prélèvement moyen dépassait cinquante pour cent du revenu agricole.

Après cette heureuse moisson, je vis que ma mère espérait le retour de Jésus. Elle s'était remise à chanter. Elle avait toujours cru son fils parti pour le désert. Or je voulus la détromper. Je dis : « J'ignore, mère, si notre bien-aimé reviendra. Car il est parti plus loin que la Judée et l'Arabie : il est allé dans le Royaume. »

Elle n'eut l'air ni surprise ni inquiète ; et comme j'insistais, elle rit : « Voyons, mon enfant, personne ne va *dans* le Royaume, c'est le Royaume qui vient à nous ! Il est vrai que les paroles de ton frère sont aussi obscures que des oracles, car dans les villes, avec ton père, il a beaucoup lu. Mais il y a longtemps qu'il me parle du Royaume… Il a commencé quand il n'était encore qu'un enfant, pas même haut de trois coudées. C'était dans le temps où le César ordonna le recensement de nos terres pour y établir son impôt. Yéhuda le Galiléen souleva le peuple contre lui, mais les soldats des *Kittim*[1] châtièrent si cruellement les séditieux que les pieds de tes sœurs marchaient dans le sang. Et je cachais de ma main les yeux de ton frère pour qu'il ne vît pas les bandes de corbeaux s'abattre sur les hommes crucifiés le long des routes. Ce fut dans ces jours-là que cet enfant se mit à me parler d'un royaume de Justice. Depuis, il m'en a parlé si souvent que j'ai fini par comprendre : ce Royaume n'est pas dehors, il est ici, dans le pays que le Seigneur nous a donné et que les méchants nous ont pris. Il est dans le cœur des fils d'Israël et c'est à chacun d'en faire croître la promesse : je peux arroser chaque jour le royaume

1. Surnom rabbinique des Romains. La révolte étant survenue en 6 de notre ère, Jésus avait environ dix ans.

de Dieu comme j'arrose mon rosier de Damas, et ils grandiront tous les deux.

— Mère, je vois le rosier que tu as planté, je vois le commencement du rosier, mais je ne vois pas le commencement du Royaume.

— Pardonne-moi, fils : je ne suis guère savante et ma langue s'embarrasse ! Le Royaume n'est pas un rosier, en effet : il est comme une pincée de levain. Du levain qu'une femme a pris et mêlé à trois mesures de farine pour faire lever la pâte. Nul, ensuite, ne peut distinguer le levain du froment. Cependant, sitôt qu'on mettra la tourte au four, elle va gonfler comme par l'enchantement d'un magicien. Et voici, mon enfant : le désert est le four, ton frère y est entré pour que la pâte lève. »

Mais Jésus ne revint pas. Et j'osai, en mon cœur, pécher contre ma mère en pensant qu'elle n'avait pas su garder les paroles de mon frère : c'était bien d'un royaume du dehors qu'il m'avait parlé, d'un refuge au-delà de l'Égypte et de la Grande Mer, dans le pays de la reine de Saba et des lions mangeurs d'hommes.

Après la disette et le départ de Jésus, je n'allai plus m'asseoir aux Portes du village pour jouer de la flûte avec les autres enfants : j'errais dans mon chagrin.

Je repris le livre d'Isaïe que mon frère m'avait laissé, espérant y retrouver le secret de ce Royaume qui m'avait volé mon bien-aimé. Bientôt je pus moi aussi réciter, sans reprendre haleine, tous les versets qui m'avaient effrayé. Et, sous les menaces qui m'avaient troublé, j'entendis enfin la Promesse : l'Éternel ne nous abandonnerait jamais. N'est-il pas écrit : *Il fait la plaie et il la bande, il blesse et il guérit* ? Je dis : heureux l'enfant qui se couche dans la douleur, car il se réveillera fortifié ! Et pour hâter ma guérison, je m'attachai davantage à la prière.

Voyant cela, mon frère Jacques, qui lui-même observait tous nos préceptes avec rigueur, décida de m'envoyer étudier les Cinq Livres de Moïse chez un *hazzan* nommé Éphraïm, de la tribu de Nephtali, qui gardait les saints rouleaux de sa synagogue. Ce *hazzan* était réputé dans tout le pays pour sa connaissance des Écritures et la beauté de son chant. Il demeurait à trois heures de marche, dans une ville forte appelée Hoser.

J'avais onze ans passés ; les routes étant redevenues plus sûres, chaque lendemain de sabbat je mettais mon pain dans ma besace et je descendais le chemin ; puis je dormais deux nuits dans la maison de prière pour recevoir l'enseignement du *hazzan*. Cela dura environ une ou deux années.

Pour payer le prix de mon instruction, Jacques offrit au chef de la synagogue le bois et la façon d'une porte sur laquelle il représenta l'arche sainte, douze épis qui portaient les noms des douze tribus, et, sur chaque traverse, notre rosier de Damas. Bientôt, tout le peuple fut dans l'admiration de cette double porte et des lévites[1] accoururent même du pays de Zabulon[2] pour en contempler la splendeur ; car Jacques

1. Les lévites constituaient le niveau inférieur de l'aristocratie sacerdotale : chantres, gardes ou sacristains, ils effectuaient les tâches rituelles secondaires.

2. Basse-Galilée.

sculptait plus habilement que Jésus, et je l'avais aidé à former les caractères des douze noms.

Tandis que je demeurais ainsi avec Éphraïm, il vint à la porte de la ville un homme du sud, Judéen d'Hébron, qui chassait les démons des malades. Cependant, il ne parlait qu'aux très petits démons et guérissait surtout les maux de gorge et les fluxions. Il me dit qu'il avait guéri mon frère aîné d'une fièvre de chaleur et que c'était vers la fin de l'année qui suivit le sabbat de la terre, dans le désert de Juda, près de la Mer Salée que les Grecs nomment « Lac Asphaltite ».

J'eus foi dans ce que disait cet homme parce que, parlant de Jésus bar-Joseph mon frère, qu'il appelait le Galiléen, il ajoutait tantôt le Charpentier, tantôt le *Netzer,* qui avait été le surnom de notre père. Or comment aurait-il pu connaître ces choses, et d'autres sur notre village, si Jésus ne les lui avait apprises ? Et voici ce qu'il me dit : « Ton frère a vécu dans la solitude du désert si austèrement qu'il a la peau noircie et les os brûlés. Ses ongles sont longs et ses vêtements usés. Longtemps, il n'eut pour nourriture que les épines des sables et les roseaux des marais. Mais sitôt qu'il a été guéri de sa fièvre, il a marché vers le nord de la Mer Salée, en direction de l'oasis d'En-Gaddi. J'ai pensé qu'il voulait rejoindre les *Fils de Lumière,* ces chastes serviteurs du Très-Haut qui vivent retirés au-dessus de la ville[1], au milieu des palmiers. Beaucoup de justes

1. Allusion à la communauté essénienne.

y viennent de Jérusalem, car on dit que ces *Parfaits* reçoivent dans leur communauté tout postulant qui s'est purifié au désert et qui préfère la prière des saints aux holocaustes[1] des impies. »

Le Judéen ne savait rien de plus. Mais c'était assez pour me réjouir : Jésus vivait, et il vivait dans le désert de Juda ! Le royaume de Dieu, mon frère l'avait découvert non dans une île lointaine, mais dans notre pays même, par le silence et la pénitence, comme notre mère me l'avait dit. En remontant jusqu'à notre village par la montagne qui fut autrefois donnée à Nephtali, je poussai des cris de joie et chantai des psaumes d'alléluia : *Louez l'Éternel, vous toutes les Nations, célébrez-le, vous tous les peuples !*

Car, en ce temps, j'étais encore un enfant et je pensais dans mon cœur qu'il me suffirait de jeûner pour entrer à mon tour dans le Royaume et revoir mon frère… Insensé qui se flatte ainsi de rejoindre l'Éternel sans partir, de se rapprocher du Tout-Puissant sans bouger, et de trouver Dieu sans se perdre !

Deux années passèrent encore. Simon travaillait avec José. José tournait des vases de terre de plus en plus ornés, et Simon remplissait le four ou maniait le moule à briques. Leur affaire prospérait, car ils étaient d'habiles artisans et ils savaient, l'un et l'autre, fort bien compter. Cependant, Léa, la femme de José, restait stérile et il l'aurait répudiée, toute belle qu'elle fût, s'il n'avait tenu son bien d'elle.

---

1. Offrandes religieuses faites au Temple.

Sara, femme de Jacques, eut encore deux enfants, mais ils ne vécurent pas, et notre mère, après les avoir pleurés, mit leurs noms dans ses chansons.

Mes sœurs enterrèrent leurs pieux maris, puis marièrent leurs pieuses filles à des *haberim,* des hommes si vertueux qu'ils n'osaient pas attacher la courroie de leurs sandales le jour du sabbat.

Simon aussi se maria, à l'âge de dix-sept ans. Il avait espéré que Jacques lui permettrait d'épouser la fille de notre collecteur d'impôts : elle avait des yeux comme des colombes. Mais Jacques s'opposa à ce scandale, ne voulant pas allier notre famille à un publicain[1], suceur de sang du peuple, serviteur des Hérodes et des Romains. Il dit à Simon : « Nous serions souillés par ce mariage, autant que si Jude étudiait la science grecque ou si tu élevais des pourceaux ! » ; et, pour fiancée, il lui choisit une cousine de Léa, dont les parents habitaient Khorazîn aux maisons noires.

On fit le festin des noces dans notre aire à vanner ; il y eut sur la table abondance de viandes grasses et, dans nos coupes, le vin ne manqua pas, car j'avais taillé et rattaché notre vieille vigne et elle produisait du fruit comme jamais auparavant.

J'aimais le métier de vigneron, mais nous possédions peu de terres assez bonnes pour y planter des vignes, et nous ne pouvions en acquérir de nouvelles : les Hérodes accaparaient la moitié des champs, et les principaux de Rome aidaient les Grecs de Césarée à acheter toutes les autres terres juives, lopin après

---

1. Collecteur de l'impôt foncier et des taxes de douane, rémunéré sur le contribuable.

lopin, pour les réunir sous l'autorité de leurs intendants et y employer les fils d'Israël comme ouvriers. Et c'était pire encore dans la Judée, où les femmes des Césars possédaient maintenant les campagnes les plus fertiles : Jammia, Phaçaël, et la vallée de Jéricho où poussent les arbres dont on tire le baume précieux. C'est pourquoi, enfant de la lignée de David, je devais continuer à tondre nos brebis comme un berger et arracher l'ivraie comme un esclave. En vérité, nous étions accablés de fatigue, comblés de honte et rassasiés de pauvreté.

À l'Éternel, nous demandions : « Quand donc viendra la délivrance, ce jour promis où nous ne donnerons plus notre blé pour nourriture à nos ennemis ni, aux fils de l'étranger, le vin que nous avons produit ? »

Or voici : tandis que les ténèbres pesaient sur nous comme un manteau, l'Éternel, loué soit son Nom !, nous envoya enfin la lumière d'une étoile.

C'est en ce temps-là en effet que, même chez les *ammé ha-aretz* de Galilée, on entendit parler d'un messager du Seigneur, un prophète appelé Jean le Baptiste. Sa renommée s'était répandue dans la vallée du Jourdain – depuis Beth-Abara[1], près de la Mer Salée, où il prêchait, jusqu'au Golân d'Hérode Philippe qu'habitent des enfants d'Israël perdus parmi les adorateurs de Baal et les mangeurs de sang.

---

1. Ce nom de Beth-Abara figure aussi dans certains manuscrits de l'*Évangile selon Jean,* ainsi que sur la carte de Madaba (VIe siècle).

Les gens que ce Baptiste avait plongés dans les eaux du fleuve disaient de lui avec étonnement : « Le saint se nourrit de sauterelles et de miel sauvage, il n'a jamais mangé de viande, jamais bu de vin, il n'a besoin de rien. » Ils disaient : « Il n'a besoin de rien, il est vêtu d'une peau de chameau poilue, comme le prophète Élie, et d'une ceinture de cuir attachée à ses reins ; il ne coupe ni sa barbe ni ses cheveux, et il va toujours les pieds nus. »

Entendant cela, je pensais dans mon cœur qu'il était *nazir* depuis toujours[1] et que le vœu avait été prononcé pour sa vie entière.

Jean prêchait d'une voix rude les pécheurs de la maison d'Israël : « Repentez-vous, engeance de démons, car la fin est proche ! Par votre endurcissement, par vos cœurs impénitents, vous vous êtes amassé un trésor de colère pour le Jour du Jugement et vous ne verrez pas les nouveaux cieux et la nouvelle terre que Dieu va créer ! » Aux sacrificateurs du Temple, aux lévites, et à tous les sadducéens de Jérusalem[2], il disait : « Race perverse, vous êtes plus corrompus que Sodome, plus débauchés que Gomorrhe ! Pour le pardon des péchés de son peuple, Dieu ne veut plus de vos viandes ! Il lui suffit de l'eau du ciel et du repentir, mais un repentir véritable. Prêtres et grands, si vous ne confessez vos fautes, vous serez détruits par

1. Voir aussi *Luc* 1, 11-15.

2. Cette secte, traditionnaliste en matière religieuse, mais opportuniste en politique et proche des occupants romains, rassemblait la plupart des familles de l'aristocratie sacerdotale (sacrificateurs, parmi lesquels on choisissait les Grands Prêtres, et lévites).

le soufre et par le feu, tout comme les autres ! Éloignez-vous du sacrifice, ou la Colère de Dieu ne s'éloignera pas de vous ! » Aux pèlerins il répétait : « Faites pénitence, quittez vos vieux habits et votre vieille vie, et Dieu vous purifiera une fois pour toutes. Renoncez à vos abominations, à vos iniquités, à Satan et à Baal, et je vous baptiserai de cette eau claire qui vous purifiera à jamais. Hâtez-vous de sortir du gouffre ! Délivrez-vous de la boue ! N'attendez pas la dernière heure, car elle vient ! »

Les Galiléens qui s'étaient plongés dans le fleuve pour recevoir ainsi la bénédiction du prophète étaient revenus de Beth-Abara allégés de leurs péchés et remplis d'allégresse. Ils disaient que, bientôt, les anciennes souffrances seraient oubliées, qu'ils ne bâtiraient plus de maisons pour que d'autres les habitent, qu'ils ne planteraient plus de vignes pour que d'autres en mangent les fruits. Quelques-uns étaient même restés là-bas pour devenir les disciples du saint et ils vivaient avec lui, comme lui, baptisant à leur tour dans l'attente du monde nouveau. Je ne sus pas, alors, que mon frère Jésus était parmi eux.

Quand vint l'hiver, je demandai à Jacques la permission d'aller entendre le Baptiste puisque les travaux des champs devenaient moins pressants.

Jacques n'était pas ami de la nouveauté, il dit : « J'espère que tu ne comptes pas t'immerger jusqu'aux oreilles ! Quel est le mot dont usent les disciples de cet ermite ? *Baptizeïn* ? N'est-ce pas un mot grec ? Tu devrais savoir, à ton âge, que vont sur les routes quantité de faux prophètes dont un fils d'Israël doit se garder : ils ont l'apparence du mouton, mais ce sont des loups à l'intérieur. »

Et ce fut tout. Car il n'y avait pas à revenir sur ce que disait Jacques : il était comme une muraille, qui enferme mais qui protège ; c'est pourquoi, plus tard, les Pauvres de Jérusalem le surnommeraient *Ophel'am,* « le Rempart du peuple ». On ne discute pas avec un rempart.

Peu après, il y eut une grande rumeur au sujet du Baptiste : Hérode Antipas, le tétrarque, l'avait jeté dans une forteresse du désert, les fers aux pieds. Les uns disaient que c'était pour satisfaire les Romains, qui n'aiment pas à voir des foules juives rassemblées parce qu'ils craignent les séditions. D'autres disaient : « C'est plutôt pour satisfaire le Grand Prêtre, parce que ce Jean maudissait le Temple et les sacrifices, et qu'il égarait la multitude. » D'autres encore : « C'est pour satisfaire la femme d'Hérode, car elle est fille du roi des Arabes et le rabbi Jean l'accusait de se prostituer à ses dieux de pierre[1]. »

Le tétrarque avait défendu aux enfants d'Israël d'entrer dans l'eau du Jourdain, et il fit savoir qu'il jetterait dans les chaînes tout homme qui poursuivrait ces sortes de repentances exaltées et d'ablutions extraordinaires. À Salim, un lieu où il y avait beaucoup de sources et de bassins, on arrêta deux ou trois

1. On situe l'arrestation du Baptiste en 28-29. Il ne s'agit donc pas ici d'Hérodiade, qu'Antipas n'épousa qu'en 34, mais de sa première épouse, Phaésélis, princesse arabe.

disciples du rabbi ; eux aussi furent mis dans la forteresse.

Quand les rives orgueilleuses du Jourdain furent retombées dans la solitude et le silence, Hérode, ce renard, fit brusquement périr le Baptiste par le glaive. Les élèves du saint en répandirent aussitôt la nouvelle, et le peuple entier fut dans la stupeur et l'affliction ; même les simples vanniers et les petits pêcheurs du fleuve prirent peur. Les derniers disciples du prophète passèrent de la Pérée dans la Judée, puis, retraversant le fleuve vers l'orient, ils se réfugièrent dans les cités grecques de la Décapole. Car le César de Rome protégeait ces cités et les Hérodes n'osaient y faire entrer leurs armées.

Ce fut dans le courant de cet été-là, un soir, vers la onzième heure, que trois hommes arrivèrent sur notre chemin, annoncés de loin par l'aboiement des chiens. Ils étaient poussiéreux, chevelus, mal vêtus, et ils avaient des bâtons. J'étais sous l'auvent, occupé à remmancher ma faucille ; quand ils franchirent les claies de roseaux qui fermaient le verger, je les pris pour des pèlerins sans ressources qui, ayant laissé femme, bêtes et champs pour suivre la voie du Seigneur, finissent, la faim au ventre, par percer les murs des maisons comme des voleurs.

Saisi de peur, je voulus pousser le verrou, mais le plus fort des trois avait déjà mis le pied dans la porte. Il dit : « Shalom, fils. Ne crains pas. Nous sommes fils d'Israël et tous nés dans la Galilée. Mais nous arrivons des villes grecques qui sont au-delà du Jourdain. » Et il demanda si Jacques bar-Joseph demeurait toujours dans la maison.

Aucun d'eux, en me voyant sur le seuil, n'avait prononcé mon nom ; et moi, dans la pénombre, je distinguais mal leurs visages. C'est pourquoi je ne reconnus pas, parmi eux, mon frère Jésus, et lui ne me reconnut pas. Ainsi s'accomplissaient les Écritures : *Je suis devenu un étranger pour mes frères, un inconnu pour les fils de ma mère.*

Cependant, pour une mère, un fils devient-il jamais un étranger ? Quand l'un de ces inconnus s'enquit des enfants de Jacques, notre mère, du fond de la cour, poussa un grand cri : « C'est mon fils, c'est la voix de mon fils ! Mon fils est revenu ! »

Et, pareille à l'aigle qui éveille sa couvée, voltige sur ses petits, déploie ses ailes et porte les aiglons sur ses plumes, elle se mit à voleter autour des voyageurs fatigués. Et, aussitôt, elle fut partout – dans les bras du fils perdu et sur l'escalier pour appeler Sara, dans le cellier pour puiser le vin et dans l'aire pour ramener Jacques ; et au four, et au verger, et encore dans les bras du fils retrouvé.

Courant des uns aux autres, elle apporta les galettes d'orge, les olives, le fromage, et elle ne s'arrêtait que pour s'émerveiller. À Jésus, elle disait : « Mange, mon petit, repose-toi, réjouis-toi et bois du vin. Reprends aussi de la crème, il en reste. Et vous autres, ses amis, vous ne mangez donc rien ? Profitez, mes enfants, profitez », et elle aurait tué notre plus belle poule pour les rassasier si Jacques ne l'en avait empêchée.

Elle m'ordonna d'aller chercher José et Simon et d'avertir nos sœurs ; et quand tous furent réunis autour de la lampe, ils écoutèrent ce que Jésus et ses compagnons avaient à raconter : comment ils avaient été les disciples de Jean le Baptiste, qui les avait « immergés » en rémission de leurs péchés ; comment ce Baptiste était un grand prophète ; et comment, à son exemple, ils avaient annoncé la Fin des temps, allant, depuis sa mort, de village en village sans bourse ni sandales. Ils avaient ainsi remonté toute la vallée du Jourdain depuis le gué de Beth-Abara, empruntant tantôt les chemins de la Décapole, tantôt ceux de la Samarie, pour fuir les soldats d'Hérode dont ils craignaient d'être poursuivis. Ayant traversé la mer de Galilée, et marchant dans la montagne, ils s'étaient alors trouvés au voisinage de notre village. Mais ils ne comptaient pas s'attarder : ils voulaient maintenant gagner le port de Tyr et la Phénicie, ou bien le mont Hermon et la Batanée que gouvernait un prince moins cruel que son frère.

En entendant ces choses, José fut irrité dans son cœur et, se tournant vers Jésus, il dit : « La Phénicie ! La Batanée ! Tes pieds ne resteront-ils donc jamais dans la maison ? Où arrêteras-tu ta marche, paresseux ? Nous travaillons, mes frères et moi, à la sueur de nos fronts, et toi tu ne travailles plus. Nous nourrissons notre mère, et toi tu ne la nourris plus. Qui sait quand tu reviendras, cette fois ? et même, si tu reviendras ? Donne-nous ta part du bien de notre père, ta double part d'aîné. Donne-la maintenant. Appelons un scribe et partageons l'héritage. »

Notre mère ne bougeait plus. Jacques se taisait. Simon approuva José. Quant à moi, je ne voulais pas du partage, car j'espérais garder Jésus avec nous. Mais mon bien-aimé dit à José : « Sois béni, mon frère : tu t'es fait l'instrument du Seigneur. Il est bon que je sois délivré de tout bien et que je n'aie même plus un lieu où reposer ma tête. Tel est le dessein du Très-Haut : il veut que nous restions des passants… Je te rends grâce, José, de m'en faire souvenir. Appelle ton scribe et tes témoins, je souscrirai à tout ce qu'ils écriront. »

Notre mère, réfugiée dans les bras de Sara, cachait son visage, Léa et sa cousine restaient à l'écart avec nos sœurs, et Jésus répétait doucement : « Devenez étrangers, mes enfants, devenez des passants[1]. » Je lui dis : « Jésus, moi je ne veux pas de ton bien ! Si le scribe vient demain pour partager, qu'on lui demande aussi de distribuer ma part ! Je ferai ce que tu feras, j'irai où tu iras – comme Ruth la Moabite. »

Jésus me regarda, puis regarda ma mère, et il dit : « Petit homme, tu es simple comme la colombe, mais ton temps n'est pas encore venu. »

Et, se levant, il dit : « Je vous prie seulement de recevoir mes deux amis pour la nuit. Qu'ils aillent coucher dans l'appentis. Pour moi, je dormirai dehors. » Et, au moment de tirer la porte, il se pencha vers Jacques resté silencieux et, posant la main sur son épaule, il dit : « Tu es trop sage, Jacques. Dieu vomit les tièdes et leur cache sa face. Car il est écrit : *La sagesse des sages périra et l'intelligence des intelligents disparaîtra.* Toute ta sagesse et tous les biens qu'elle te portera à amasser ne sauraient prolonger ta vie d'une seule coudée. Fais-toi plutôt un trésor dans le Royaume, un trésor que ni les voleurs ni la mort ne pourront t'enlever. Laisse entre eux les cœurs endurcis… Et ceux qui ont des oreilles pour entendre, qu'ils m'entendent ! »

1. Rapprocher de l'*Évangile de Thomas, logiôn* 42.

Alors José, sautant sur ses pieds, lui montra le poing : « D'où vient que tu ne puisses jamais t'empêcher de prêcher ? Qui t'a fait le *rabbi* de tes frères, paresseux, hypocrite ? »

Ma mère se mit à pleurer et à crier, et elle étendit les bras entre ses fils, comme autrefois après l'affaire de l'« eunuque » et du *raqa* ; et tous sortirent de la maison, et ils se dispersèrent.

Le lendemain, après que le scribe du village voisin eut écrit, lu et scellé le contrat, les trois reprirent la route, et je ne les accompagnai pas plus loin que la croisée des chemins. Car, dans la nuit, ma mère m'avait parlé, elle m'avait dit : « Mon fils dernier-né, si tu t'en vas toi aussi, notre famille sera comme une eau répandue à terre et qui ne se rassemblera plus. » Or je m'étais promis dans mon cœur de ne jamais être pour elle une occasion de tristesse.

Avant de s'éloigner, Jésus me serra dans ses bras et il me dit : « Fils, ne garde pas rancune à José. Ne le juge pas. Ce qu'il a fait, il avait à le faire. Rien ne se passe dans le monde sans le consentement de notre Père. » Il dit encore : « J'ai vu que tu essayais de fermer la porte de la maison quand tu nous as aperçus hier…

— J'avais peur. Je ne savais pas que c'était toi. »

Alors il dit : « Maintenant, chaque fois que tu croiseras un mendiant, un vagabond, même s'il porte un bâton, songe, fils, que je peux être celui-là. Ouvre ta porte. »

Dans les mois qui suivirent, nous n'entendîmes plus parler des trois qui étaient passés : Hérode Antipas rassemblait des troupes contre les brigands qui menaçaient ses forteresses de la Mer Salée; il avait trop à faire pour se soucier encore des disciples du Baptiste.

Cependant, depuis que j'avais revu Jésus, mon âme restait agitée; j'étais comme une chèvre attachée qui tire sur sa corde; j'avais déjà vécu près de deux fois sept années et je voulais partir, marcher vers le désert ou vers la côte. *Si tu veux faire fortune, va vers le nord,* dit le proverbe. *Si tu veux devenir savant, va vers le sud*[1]. Mais je ne cherchais ni à m'enrichir ni à m'instruire comme un scribe : j'espérais seulement purifier mon âme par le voyage et la prière, et, en m'éloignant, me rapprocher du Serviteur de Dieu et de celui qu'il appelait son Père.

Alors Jacques s'entretint en secret avec ma mère, et elle me permit de quitter la maison jusqu'à la moisson suivante. Elle dit : « L'année a produit en abondance, nous pourrons louer un ouvrier pour la vendange. Va, mon enfant, va et reviens. »

Ayant mis dans ma besace deux pains et deux paires de souliers, je pris donc le chemin du Jourdain, le seul que mon cœur connaissait car il mène à la montagne sainte, à la maison du Très-Haut : Jérusalem, la joie de l'Éternel.

Pendant que je descendais ainsi vers le midi, Jésus revint des pays du nord pour demeurer près de la mer de Galilée, à Képharnaüm, dans la famille d'André. Car tel était le nom du disciple de Jean le Baptiste

1. Vers Jérusalem.

qui avait suivi notre bien-aimé chez nous, puis dans le pays de Tyr. Ce disciple avait un frère nommé Simon[1] qui, associé à un autre pêcheur nommé Zébédée, possédait deux grands bateaux sur le lac ; et ils pêchaient pour les saleurs de Magdala, une ville que les Grecs appellent Tarychée, « Poisson-Séché », parce que ses habitants expédient du poisson salé jusqu'à Damas et Jérusalem.

Simon bar-Jonas habitait alors une petite maison proche de la jetée ; il vivait là avec son frère, son épouse enceinte et sa belle-mère, tous venus du bourg de Beth-Saïda soumis au tétrarque Philippe. Zébédée, homme de Képharnaüm, demeurait dans la maison voisine avec sa femme Salomé et ses fils Jacques et Jean, âgés d'environ quinze ans. Et voici : comme la belle-mère de Simon, qui cuisinait pour eux tous, restait couchée depuis plusieurs jours avec une fièvre violente, Jésus toucha sa main, menaça la fièvre, et le démon, saisi d'effroi, quitta aussitôt la vieille femme. Elle se leva et servit le repas. Alors Simon crut, et il dit : « Reste avec nous, ami de mon frère, reste avec nous car tu es craint des esprits mauvais et l'Éternel t'a choisi pour nous guider. »

Désormais, Jésus partagea l'ombre de leur cour, le soleil de leur toit et le pain de leur table. Cependant, il ne lançait pas les filets avec André ou Simon et ne préparait pas les hameçons avec les fils de Zébédée : il priait tout le jour, puis, le soir, il guérissait les malades qu'on lui amenait, et, le jour du sabbat, il enseignait

1. Il s'agit de celui que Jésus surnommera bientôt *Képhas* en araméen, c'est-à-dire Pierre.

dans la synagogue de Képharnaüm, derrière la maison de Simon.

Bientôt, il osa même sortir de la ville et il parcourut le pays pour guérir ceux qui ne pouvaient venir jusqu'à lui. Il leur portait la bonne nouvelle du Royaume ; et, quelquefois, s'il se trouvait près d'une source vive, il les baptisait pour les délivrer du péché, comme Jean le lui avait enseigné. Mais, le plus souvent, il leur imposait les mains au nom du Très-Haut et leur remettait leurs péchés sans verser d'eau. Et partout où il allait, il rappelait ces paroles d'Isaïe : *Les ténèbres ne régneront pas toujours sur la terre, où il y a maintenant tant d'angoisse. Les temps qui viennent couvriront de gloire le pays de Zabulon et de Nephtali, et la contrée voisine de la mer, et le territoire des païens au-delà du Jourdain.*

Les Juifs de la Décapole, les pauvres et les opprimés de la Galilée et de la Batanée, tous se réjouissaient en l'entendant, car le joug qui pesait sur eux, le bâton qui frappait leur dos, bientôt le Tout-Puissant les briserait. Et le peuple disait : « Béni sois-tu, *Netzer,* fils de David ! Bénis soient le ventre qui t'a porté et les mamelles qui t'ont allaité ! Arrête-toi chez nous, entre dans nos maisons. » Mais lui marchait aussitôt vers un autre village.

Ainsi parcourait-il en tous sens le territoire de Guénésareth et de Gadara, tantôt à pied, tantôt dans une barque, toujours accompagné de ceux de Beth-Saïda – Simon, André et leur cousin Philippe – ou des pêcheurs de Képharnaüm : Jacques, Jean et leur mère, que suivaient plusieurs de la région.

Cependant, au commencement, ma mère et mes frères qui vivaient dans la montagne n'entendirent pas parler de ces choses, car elles se passaient auprès de la mer.

Quant à moi, dans le temps où mon frère se mit à enseigner, j'étais établi chez les *Nombreux* de Jérusalem, près de la porte de Sion.

Lorsque j'arrivai chez ceux qu'on appelait aussi les *Parfaits* et les *Fils de Lumière,* je n'ignorais pas qu'ils étaient les ennemis des sadducéens qui gouvernaient le Temple. Jamais, en effet, on ne voyait les Parfaits dans les cours d'en haut, car ils tenaient le Grand Prêtre et la plupart des sacrificateurs pour les descendants d'un usurpateur : entre eux, ils ne nommaient ces prêtres que « Fils des Ténèbres ». C'est pourquoi ils avaient cherché une voie nouvelle pour plaire à Dieu sans sacrifier. Proclamant que l'Éternel préfère le parfum des vertus à l'odeur de la viande brûlée, ils répandaient beaucoup d'eau, mais jamais de sang.

Je voulus connaître leur doctrine, car à la fontaine d'Élisée, près de Jéricho, on m'avait dit que Jean le Baptiste avait vécu dans une de leurs maisons avant de se retirer au bord du fleuve. Or je vénérais le Baptiste à l'égal des plus grands prophètes, et je l'aimais davantage qu'Isaïe puisqu'il avait été le rabbi de Jésus. En entrant à mon tour chez les hommes aux vêtements blancs[1], je croyais suivre le chemin que mon frère et lui m'avaient tracé...

Fou que j'étais ! Cœur enflé ! Met-on la main sur les richesses de l'Esprit comme on ramasse des œufs

1. Les esséniens ne portaient que du lin blanc.

abandonnés dans un nid ? Hélas ! Je découvris avec tristesse que ce nid était vide.

La vie que les Parfaits menaient entre eux à Jérusalem était pourtant tranquille et modérée : méprisant les richesses, le bruit, les douceurs de la table et les voluptés de la chair jusqu'à se rendre eux-mêmes eunuques pour Dieu[1], ils ne commettaient aucun excès. Selon leur règle de sagesse, ils pratiquaient la générosité envers leur communauté et envers les postulants qui frappaient à leur porte : tout ce qu'ils gagnaient par le travail de leurs mains et tout ce qu'on leur donnait, ils le partagèrent avec moi comme s'ils me connaissaient depuis des années. N'étant d'ailleurs ni aussi compromis que les sadducéens ni aussi subtils que les pharisiens, ils interprétaient la Loi avec rigueur – au point de s'interdire de satisfaire aux besoins de la nature le jour du sabbat ; et, les autres jours, ils n'y satisfaisaient qu'en sortant de la ville[2]. Et, deux fois par journée, ceints d'un pagne, ils lavaient leurs péchés dans l'eau froide, car ils devaient respecter trente-neuf règles de pureté.

Aussi leurs *maisons de perfection* étaient-elles fort propres et les anges s'y plaisaient : un soir, j'en vis trois debout sur le toit, et, le lendemain après la pluie, deux vinrent jouer avec un rayon de soleil dans l'endroit où je lisais le *Livre d'Hénoch*[3].

---

1. C'est aussi l'expression qu'emploie Jésus pour la chasteté choisie (*Matthieu* 19, 10-12).

2. Voir aussi Flavius Josèphe (*La Guerre des Juifs*, Livre 2, chap. 12).

3. Apocryphe biblique qui alimentait l'attente messianique.

Cependant, alors que pour attirer les anges chez eux les saints hommes de la communauté s'employaient à filtrer le moucheron, je vis qu'ils avalaient le chameau : l'Israël du Seigneur, ils ne le construisaient que pour eux, derrière des murs, bien à l'abri de la misère et du malheur. Et si notre Loi nous commande d'aimer notre prochain, les Parfaits, eux, n'aimaient personne qui ne fût de leur secte. Pour respecter leur livre de discipline, ils s'engageaient même à toujours haïr les descendants du « Prêtre impie », ceux qu'ils surnommaient « Fils des Ténèbres », et, dans leurs prières, ils appelaient la punition divine sur tous ceux de cette lignée, vivants ou à venir[1]. Or n'est-ce pas ainsi qu'agissent les soldats romains quand ils tuent les nouveau-nés des Galiléens révoltés ? Ils égorgent nos petits enfants dans les rues, saisissent les nourrissons par les pieds et leur fracassent la tête contre le roc. Mais nous, peuple de Dieu, qu'avons-nous de commun avec ces légions cruelles ? N'est-il pas écrit dans la Loi du Seigneur qu'*on ne fera point mourir les enfants pour les pères* ? Quelle récompense les fils d'Israël mériteront-ils du Très-Haut s'ils sont aussi méchants que les païens ?

En vérité, sous l'apparence de la paix, les Parfaits se haïssaient eux-mêmes avec violence. Dans leurs hymnes ils s'accusaient d'appartenir à *l'humanité mauvaise* et confessaient que *l'homme est dans le péché dès le sein maternel.* Si grande était leur folie qu'au fond de leur cœur ils ne pensaient pas pouvoir se sauver eux-mêmes du châtiment, ni en sauver personne.

1. La plupart des textes esséniens que Jude semble ici prendre au pied de la lettre n'étaient plus que des allégories.

Jean le Baptiste avait-il grandi dans une de leurs maisons du désert, comme le croyaient les gens de Jéricho ? Il ne paraissait, pas, pourtant avoir gardé leurs enseignements puisqu'il voulait, par le repentir du baptême, sauver tous les enfants d'Abraham – même les publicains, même les brigands, et même les sacrificateurs.

Après plus d'une année passée dans le silence et le retranchement, je quittai donc ce nid étroit que le véritable amour avait déserté ; et je m'en retournai vers « ceux de la chair » : les Juifs impurs et galeux qui grattent leurs plaies avec un tesson, les estropiés qui exhibent leurs moignons, les possédés et les mendiants couverts d'ulcères qui couchent dans la cendre et mangent des bêtes immondes. Je repris le chemin de la Galilée.

J'avais laissé passer le terme fixé par Jacques et ma mère ; on avait rentré la moisson nouvelle depuis longtemps, et je craignais les remontrances. Mais personne ne me réprimanda, car mes frères, mes sœurs et mes neveux ne parlaient que de l'ingratitude de Jésus et du scandale de sa conduite. Assise sous le figuier, ma mère, désœuvrée, les yeux sans regard, ne savait que répéter : « *La sagesse a fui les vieillards* », et je vis qu'elle était dans la peine.

Quelques semaines auparavant, elle avait appris d'un lévite que le prophète de Képharnaüm dont on parlait dans tout le pays, ce prophète qui chassait les démons et guérissait les malades, n'était autre que son propre fils, son premier-né ; et d'abord elle s'en était réjouie, parce qu'elle aimait Jésus et ne doutait pas. Quand nous étions enfants, ne disait-elle pas déjà : « Faites tout ce qu'il vous ordonne car il sait » ? Mais, en entendant ce que racontait le lévite, José prit peur, et les gendres de ma sœur cadette – ces *haberim* qui aimaient à prier debout au coin des rues pour être glorifiés – prirent peur avec lui. Inquiets du bruit qui se faisait dans le peuple autour de ces guérisons, ils craignirent, l'un pour son commerce, les autres pour leur réputation. Et ils dirent : « Jésus est hors de sens. D'où vient qu'il prophétise ? Se prend-il pour Élie ? Sa folie nous fera honte. Allons le chercher, saisissons-le, et ramenons-le à la maison avant que les voisins n'apprennent notre malheur. »

Alors Jacques céda. Avec José, Simon et ma mère, il descendit vers la mer de Galilée, et tous vinrent ensemble à la maison de Simon bar-Jonas, le pêcheur. Mais là, ils virent dans la rue une si grande foule qu'ils ne purent entrer. Se tenant dehors, ils envoyèrent appeler Jésus.

Jacques, qui avait réussi à s'approcher du seuil avec notre mère, apercevait de loin notre bien-aimé assis au fond de la maison, et la foule était assise dans la cour autour de lui. Un jeune disciple, en se penchant, dit au Serviteur de Dieu : « Voici, ta mère et tes frères sont dehors et ils te demandent. » Alors Jésus regarda vers la porte et répondit bien haut : « Qui est ma mère et qui sont mes frères ? » Puis, jetant ses regards sur ceux qui étaient assis autour de lui : « Voici, dit-il, ma mère et mes frères. Car ma mère et mes frères, ce sont ceux qui font la volonté de Dieu. »

En entendant ces paroles, notre mère sentit la tristesse voler vers elle comme une nuée. Elle rabattit son voile. Et mes frères furent remplis de colère en voyant les larmes de leur mère.

C'est ainsi que je les trouvai tous à mon retour de Jérusalem, et ils disputaient entre eux.

Je dis : « Je vais descendre vers Jésus et je lui parlerai. »

Mais quand j'arrivai, le bien-aimé du Seigneur n'était plus à Képharnaüm, et la belle-mère de Simon m'envoya loger dans la maison d'une femme nommée Marie, veuve d'un riche saleur de Magdala qui, n'ayant ni fils ni parent, lui avait laissé ses biens.

Cette femme avait longtemps souffert de douleurs violentes dans les reins car elle abritait sept démons, mais Jésus, qui connaissait leurs noms, leur avait ordonné de sortir de son corps l'un après l'autre ; et, depuis ce temps, elle le suivait et marchait avec ses disciples. Elle était venue habiter dans le village de Képharnaüm pour l'assister de ses biens ; et plusieurs élèves de mon frère, chassés de leurs terres par les publicains parce qu'ils ne pouvaient payer l'impôt, demeuraient maintenant avec elle.

Marie de Magdala avait de l'âge et de l'autorité. Dans la maison, elle seule commandait, aidée par Marie d'Alphée[1], mère de deux disciples : Lévi, dit

1. Au prénom Marie, alors porté par près d'un tiers des femmes juives, on ajoutait le nom du village d'origine *(de Magdala)* ou d'un homme de la parentèle *(d'Alphée)*.

Matthieu, un collecteur de taxes repenti, et son demi-frère Jacques, dit *Petit-Jacques*[1]. Quant à l'autre Jacques, fils de Zébédée le pêcheur, et à Jean son cadet, Jésus les appelait *Beni-Régès,* qui signifie « fils du Tonnerre » car ils étaient très jeunes, bruyants, vifs d'humeur et frappaient vite.

Parmi ces Douze que l'Élu avait choisis pour être les Patriarches du nouveau Royaume, se trouvaient aussi deux hommes nommés Simon ; comme le plus solide d'entre eux était Simon bar-Jonas, l'Élu de Dieu lui avait donné le nom de *Képhas,* qui veut dire « pierre » dans notre langue. Et voici : Simon le Roc, Simon-Pierre, devint plus tard l'un des piliers[2] qui soutinrent les Pauvres de Jérusalem quand les disciples restés sans guide entrèrent dans cette communion de vie que les païens convertis appellent une *ekklesia.*

Chez Marie de Magdala j'attendis encore trois jours : Jésus était parti en direction de l'orient avec ceux de Beth-Saïda, mais quelle route prendrait-il ensuite ? En vérité, personne parmi ses disciples ne savait jamais où, d'un jour à l'autre, il choisirait d'aller et quelles limites il franchirait. Certains soirs, il marchait jusqu'à la nuit noire, guidé par les feux qu'allumaient les bergers dans les collines ; certains matins au

1. Comme Jude, *Marc* mentionne, en tant que « fils d'Alphée », à la fois le « petit Jacques » et le publicain Lévi, que les autres nomment Matthieu.

2. Paul *(Épître aux Galates)* parle aussi de trois colonnes, toujours dans le même ordre hiérarchique que les *Actes des Apôtres* : Jacques (frère de Jésus), Pierre (Képhas) et Jean.

contraire, alors qu'il venait seulement de se mettre en chemin, il envoyait devant lui deux compagnons pour préparer son logement au premier village[1].

Cependant, Marie la Magdaléenne me dit : « Quand le Rabbi ne prend pas la barque, il ne s'éloigne pas à plus de deux jours de marche de la maison, car il sait que beaucoup l'attendent ici. »

On avait en effet disposé des paillasses dans la cour et les petits[2] de la Galilée venaient y apporter leurs malades, espérant que le Rabbi les toucherait. Les deux Marie leur distribuaient de l'eau. Et les gens se lamentaient : « Autrefois, disaient-ils, les fidèles du Seigneur restaient en santé. D'où vient que nous soyons maintenant persécutés dans nos corps par tant de démons ? Tous les yeux sont obscurcis, tous les genoux se fondent en eau... Les péchés de cette génération sont-ils plus grands que ceux des générations passées ? Avons-nous mangé des chairs impures ? Adoré les idoles muettes des Romains ? Pourquoi respirons-nous un air infecté par l'haleine de Satan ? »

On ne pouvait, sans être ému de compassion, entendre les cris de douleur des blessés dont on lavait les plaies, le râle des enfants qui perdaient le souffle, et les gémissements des paralytiques qui, oubliés sur leur civière, restaient baignés dans leur ordure. Au soleil

---

1. Ce comportement, attesté aussi par les Évangiles canoniques, révèle la même prudence que les traversées fréquentes du lac de Tibériade ou les allées et venues entre Capharnaüm et Beth-Saïda, bourgades très proches mais relevant de souverains différents.

2. Les humbles.

de midi, la cour et ses grabats sentaient comme une fosse ouverte ; aussi ne vis-je pas d'anges sur le toit. Et, dans mon cœur, je demandai : « L'homme serait-il né pour souffrir comme l'étincelle pour voler ? »

En m'obligeant à tenir une poêle et à verser des galettes frites aux enfants, la Magdaléenne mit fin à cette inquiétude qui n'était qu'une occasion de chute.

Suivi de Pierre, d'André, d'une vingtaine de plus jeunes disciples et de deux ou trois femmes couronnées de fleurs comme des joueuses de flûte[1], Jésus entra dans la cour au moment où les enfants mangeaient les galettes en se barbouillant de pâte et d'huile. Jésus leur sourit, puis, se tournant vers ses disciples, il demanda : « Pendant qu'on nourrissait ici ces malheureux, de quoi raisonniez-vous en chemin ? »

Les disciples gardèrent le silence, car ils avaient discuté pour savoir lequel d'entre eux serait le plus grand devant Dieu. Alors Jésus s'assit par terre au milieu des grabats et tous firent cercle autour de lui ; et il leur dit : « Beaucoup de premiers seront les derniers. » Tirant à lui un enfant de deux ou trois ans que sa mère avait amené de Khorazîn pour qu'il le guérît, il plaça ce petit au milieu d'eux, puis, l'ayant pris dans ses bras, il le serra contre sa poitrine en disant : « Ceux qui se rendront pareils à l'un de ces petits seront les premiers. »

1. Les joueuses de flûte avaient une réputation de femmes légères.

Aussitôt, d'autres femmes, voyant qu'il regardait les enfants avec amour, lui présentèrent des nourrissons dans les langes afin qu'il les touchât et les garantît du flux de ventre, de la lèpre[1] et des fièvres de lait. Les disciples reprirent ces femmes sévèrement et tentèrent de les chasser. Voyant cela, Jésus fut indigné et il leur dit : « Gardez-vous de mépriser un seul de ces enfants ! Car le royaume de Dieu est pour les petits qui sucent le lait et pour tous ceux qui leur ressemblent. Amen, je vous le dis : pour entrer dans le Royaume, il faudra que le vieillard interroge le nourrisson[2] ! » Puis il prit un à un les plus grands d'entre eux dans ses bras, les bénit en leur imposant les mains, et les embrassa sur les joues et au front ; à la fin, il avait de la pâte à beignet jusque dans les sourcils, et il riait.

Je profitai de cette joie pour l'aborder avant qu'il fît le tour des infirmes – dont l'état, sûrement, l'affligerait. « Plusieurs sont morts en t'attendant, lui dis-je, les mouches collent à leurs paupières, il est trop tard. » Il se tourna vers moi comme si un scorpion du désert l'avait piqué : « Trop tard ? Voyons, Jude, il n'est jamais trop tard pour Dieu ! Ne sais-tu pas que tout lui est possible ? Tout ! Il peut tout en faveur de celui qui croit. »

Voulant rester seul avec moi, car il m'aimait et se réjouissait de me voir grandi et forci, il me fit monter sur le toit où séchaient les prunes ; mais l'escalier était si encombré de malades que nous eûmes de la peine à passer : tous voulaient toucher la frange de son vêtement, pensant qu'une force sortait de lui.

---

1. Le mot désigne alors la plupart des maladies de peau.
2. Rapprocher de l'*Évangile de Thomas, logia* 4 et 22.

De la terrasse je vis le lac sous le soleil et, au loin, Tibériade, la ville royale toute neuve dont les murailles étincelaient. Je dis à mon frère : « J'aurais peur d'entrer dans cette cité. Ceux qui en approchent ne sont-ils pas frappés d'impureté ?

— Je n'irai jamais là-bas, dit Jésus. En m'approchant du palais d'Hérode, je craindrais de me jeter dans ses filets. Et je causerais la perte de ceux qui m'accompagnent car, en bâtissant cette ville sur les tombeaux des Juifs, les amis du tétrarque ont renié l'Éternel : ainsi qu'il est écrit, *ils ont fait des sépulcres leur demeure, mangeant de la chair de porc.* Cette abomination a empoisonné l'air pour sept générations ! »

Je dis : « Aussi n'est-ce pas là qu'on verra s'établir des Fils de Lumière. »

Il sourit et dit : « Ni dans aucune autre ville de la Galilée, fût-elle la moins souillée ! Ces Parfaits ne trouvent personne d'assez pur pour eux, ils prient en disant : Seigneur, je te rends grâce de ce que je ne suis pas comme[1] le reste des hommes... Je les connais bien, ces arrogants serviteurs, mon Père aussi les connaît : à force de retranchements, de jeûnes et d'ablutions, ils sont devenus aussi fades que le blanc de l'œuf ! Ils ont voulu se séparer du monde pour protéger leur *fontaine de lumière,* et voici : elle est maintenant comme une lampe cachée sous un pot, elle n'éclaire plus qu'elle-même ! »

1. Depuis la découverte des manuscrits de la mer Morte où cette formule figure à quatorze reprises, beaucoup pensent que la parabole de *Luc* 18 (9-14) comparait à l'origine, comme le suggère Jude, un essénien et un publicain.

Alors je lui racontai mon séjour à Jérusalem et comment j'avais quitté ces reclus orgueilleux, bien qu'ils m'eussent reçu comme un frère. Il y eut un silence. « Comme un frère, vraiment ? dit Jésus. Moi aussi, j'ai été reçu dans la maison de ma mère "comme un frère" ! C'est pourquoi j'ai dû la quitter sans sac ni manteau… »

En entendant ces paroles amères, mon cœur fut remué. Je lui parlai des regrets de Jacques, du chagrin de notre mère : « Elle t'a nourri du lait de ses seins », dis-je. Il dit : « Je bois maintenant à une autre source. »

Ses disciples l'appelèrent d'en bas, et il me dit : « Viens au Père et il te désaltérera, tu n'auras plus jamais soif. Laisse tout, Jude, laisse tout et suis-moi. » Je dis : « Mais notre mère ? Toi, son premier-né, tu es parti, José et Simon ont quitté la maison, et Jacques a été blessé par la chute d'un madrier et ne pourra labourer nos champs avant longtemps. De tous les enfants qu'elle a élevés, n'y en aura-t-il aucun pour prendre sa mère par la main ? » Il me dit : « Suis-moi, fils, j'ai trop tardé à t'appeler, suis-moi sans te retourner, car voici venir l'heure où quiconque regardera en arrière sera changé en statue de sel. Viens avec moi : je te ferai sortir, je te prendrai, je te sauverai, je te rachèterai ! » Mais moi, comme un insensé, je lui dis encore : « Que deviendra notre mère ? Elle t'aime tant, et tu l'aimais tant… » Alors il fut enflammé de colère : « Retire-toi, Satan[1] ! Arrière, ne me tente pas ! Tu ne parles que de choses humaines quand je te parle

1. Dans les Évangiles canoniques, c'est l'apôtre Pierre que Jésus traite de « Satan ».

des volontés divines. Arrière ! Celui qui ne préfère pas l'Éternel à la joie de son cœur sera jeté vivant dans le séjour des morts, souviens-t'en ! »

Son disciple André ayant monté l'escalier pour nous rejoindre, il se radoucit pourtant et me dit : « Celle que tu plains ne se plaint pas. Je sais qu'elle comprend. Elle comprend depuis le commencement… Prends soin d'elle. Et que le Père lui soit en aide le jour où une épée lui percera le cœur… Va en paix, Jude bar-Joseph. »

Quand je descendis du toit, le soir tombait ; de loin, j'entendis mon frère ordonner à un esprit impur de quitter le corps d'un homme qui se meurtrissait en se jetant par terre avec violence ; la foule était rassemblée autour d'eux. Or c'était après le coucher du soleil et, la servante n'ayant pas accroché les lampes au chandelier, je ne voyais rien au-delà de trois pas. Mais j'entendis. J'entendis pour la première fois Jésus parler à Satan, et il lui commandait très sévèrement. Et, peu à peu, les cris du possédé cessèrent.

Lorsque la foule s'écarta et que je parvins enfin à la porte de la maison, Marie de Magdala m'arrêta : « Mon enfant, dit-elle, il est trop tard à cette heure pour que tu retournes dans ton village. Roule ton manteau sous ta tête et passe encore la nuit dans la cour : ceux qui ont des maladies en sortiront sitôt que le Rabbi aura chassé leurs démons ; Pierre, André et les autres accompagneront alors le Maître du côté de la mer, et tous prendront leur repas dans la maison d'Élias le Riche. Quant aux joueuses de flûte que tu vois assises sur le bord de la citerne, elles s'en iront avec eux car elles les suivent en tous lieux. » Je fus dans l'étonnement : « Mon frère mange-t-il aussi avec ces femmes-là ?

— Il mange avec ces femmes-là, et il boit avec les diables du bureau des péages et les chiens de l'octroi ! Les plus méchants publicains qui furent jamais sur la terre d'Israël ! Béni soit le Seigneur qui a écarté notre Matthieu de leur voie de perdition, car ce sont de vrais pillards. Et cependant, notre Maître dîne avec eux... Je te le dis, enfant : pour achever de scandaliser les *habérim* et les *zélotes*[1], il ne manque plus à la table de ton frère que deux ou trois lépreux et un soldat romain ! »

J'étais effrayé et je dis : « D'où vient que le Serviteur de Dieu se souille de la sorte ? » Et la Magdaléenne répondit : « Le Maître dit qu'il n'est pas venu pour appeler les justes, mais les pécheurs. Il dit : Ce ne sont pas ceux qui se portent bien qui ont besoin de médecins, mais les malades. Il dit : Je veux entrer dans la maison des égarés, embrasser ceux qui se croient indignes de me recevoir. »

Alors je songeai dans mon cœur à ce que penseraient les *parushim*[2] de notre village et les Parfaits de Jérusalem, et même mon frère Jacques, s'ils entendaient ces paroles de Jésus, outrageantes pour les

1. Le mouvement des Dévôts *(zélotes),* rebelles à l'occupation romaine, était né en Galilée après la mort d'Hérode, et s'étendit à la Judée en évoluant vers le terrorisme des *sicaires*.

2. En araméen dans le texte. Généralement traduit en grec par « pharisiens ».

purs. Je crus qu'à Képharnaüm le Serviteur de Dieu deviendrait bientôt un objet de scandale et je voulus le sauver en l'éloignant du lac.

Quand le lendemain, quittant la ville, je croisai sur la route Jean et Jacques, les associés de Simon-Pierre, je leur dis : « Votre rabbi enseigne dans les synagogues, il va porter en tous lieux la nouvelle du Royaume, mais est-il juste qu'il ne vienne pas prêcher dans sa patrie ? Est-il juste qu'à ses parents il préfère les amis des Romains ou les femmes de mauvaise vie ? Priez-le de ne pas oublier les gens de son pays. Surtout s'ils sont, à ses yeux, de grands pécheurs ! Dites-lui : Maître, dans ton village aussi, il y a des malades. Dites-lui encore : Ton frère Jude connaît le sein qui l'a nourri, mais il a faim de ton amour. Alors votre Maître vous entendra, aucun père ne donne une pierre à son fils quand il lui demande du pain. »

Lorsque je fus de retour dans nos montagnes, je vis que la blessure de Jacques, celle qu'il avait reçue à la jambe quand la poutre s'était abattue sur lui, ne guérissait pas. L'os brisé avait percé les chairs et il fallait sans cesse ôter l'attelle avec le pansement, car sous les bandages la plaie suintait et sentait. Au commencement, on y avait mis de l'huile pour l'adoucir, puis, voyant que la pourriture gagnait, ma mère avait versé dessus du vin aigre pour détruire la vermine. Mais Jacques ne pouvait plus se lever, Sara pensait qu'il ne remarcherait jamais ; et bientôt elle pensa qu'il allait mourir car il fut pris de douleurs violentes et de fortes fièvres. Sa jambe noircissait.

Il y avait dans la plaine un médecin grec renommé. José alla le chercher et il le paya lui-même, car notre belle-sœur Sara n'avait plus d'argent. Mais le médecin dit que la maladie était à la mort et qu'il ne pouvait rien. C'était deux jours avant le sabbat.

Je songeai que Jésus, lui, aurait guéri Jacques en touchant sa plaie. Mais si je redescendais maintenant vers la mer de Galilée pour tâcher d'en ramener l'Élu du Seigneur, n'allions-nous pas, lui et moi, nous trouver à marcher encore après le début du sabbat ? ou être conduits, par mégarde, à guérir notre frère pendant ces heures où l'Éternel défend aux fils d'Israël de faire aucun ouvrage[1] ? J'eus peur de devenir une occasion de chute pour notre aîné.

Dans la maison, Jacques geignait toujours, comme le petit d'une biche tombé dans une fosse profonde ; il haletait comme une bête forcée, et les femmes pleuraient. Je sortis pour ne plus les entendre et courus vers notre vigne. En arrivant près du muret, je vis un homme debout qui priait dans l'ombre de la petite tour. Comme il avait la tête couverte de son châle, je ne pouvais savoir qui il était. Je m'arrêtai derrière la haie d'épines pour écouter sa voix[2]. Mais une pierre roula sous mes pieds, et l'homme caché dit : « Approche, fils, approche, ne crains pas. » Alors, le reconnaissant, je m'exclamai : « Rabbi mon frère ! Mon Rabbouni, quand es-tu venu ? » Il dit : « Je suis venu dès qu'on

1. Les esséniens interdisaient tout sauvetage pendant le sabbat ; certains pharisiens, plus souples, admettaient, comme Jésus, les interventions d'urgence.

2. On priait alors à voix haute.

m'a dit que tu voulais être nourri : notre Père donnerait-il un scorpion à qui lui demande un poisson ?

— Mais aujourd'hui, Rabbi, je ne te demande ni pain ni poisson, je te prie seulement de guérir Jacques, il s'est blessé, il souffre beaucoup, et l'ombre de la mort est sur ses paupières. Je t'en supplie : si tu le peux, sauve-le !

— Si tu le peux !... Ô Jude, enfant de peu de foi ! Que t'ai-je dit chez la Magdaléenne ? Et pourquoi m'appelles-tu *Rabbi* si tu n'as pas confiance en moi ? »

Alors je m'écriai : « Ne regarde pas mes fautes, Béni du Seigneur ! Je croirai tout ce que tu m'enseigneras, je ferai tout ce que tu voudras, mais sauve Jacques comme tu guéris ceux que tu ne connais pas. »

Et voici : alors que nous revenions vers la maison, nous vîmes Sara, et Léa, et toutes les femmes, qui poussaient des cris sur le seuil. Et elles se lamentaient sur Jacques en disant : « Il est mort ! » Jésus leur demanda : « Pourquoi faites-vous tout ce bruit ? Notre frère n'est pas mort, il dort. » Alors notre sœur cadette et sa fille Débora se moquèrent de lui, et elles disaient : « Comment le saurais-tu, toi, puisque tu ne l'as même pas vu ! » Mais il leur commanda de s'éloigner.

Il ne garda avec lui que notre mère et moi, et il ferma la porte après nous. Ensuite, il marcha vers le lit, se pencha et, regardant Jacques que je n'entendais plus gémir, il eut compassion de cette chair rongée ; il pria, les yeux fermés ; il ne faisait que remuer les lèvres et on n'entendait pas sa voix ; puis, rouvrant les yeux, il posa sa main sur la main de notre frère et lui dit avec autorité : « Jacques, lève-toi, je te l'ordonne. »

Aussitôt Jacques se redressa dans son lit, et, seulement soutenu de mon bras, il se leva; et il se tint debout sur sa jambe malade, comme s'il ne souffrait plus.

Cependant, il gardait les yeux écarquillés par la fièvre et il semblait ne rien reconnaître autour de lui. Il était comme un chien muet incapable d'aboyer. Alors Jésus mit de nouveau la main sur son bras et dit : «*Abba* est vivant, Jacques, il est vivant ! Marche.» Et, avec mon aide, Jacques fit deux pas.

Alors son esprit revint en lui. Et l'Élu du Seigneur me commanda de l'asseoir sur le coffre. Et à notre mère, il demanda de lui donner à manger.

Pour son fils blessé, elle étala du caillé sur du pain qu'elle coupa en morceaux, et elle mettait ces morceaux dans la bouche de Jacques comme s'il était encore un enfant qu'elle devait sevrer. En le nourrissant, elle chantait doucement : *Les montagnes et les collines exultent, et tous les arbres de la campagne battent des mains.* Or Jacques sourit, et il mangea le pain avec appétit.

Devant ce miracle, notre mère était plus remplie de joie que frappée d'étonnement. À son premier-né, elle dit : «J'ai toujours su que tu ne laisserais pas mourir tes frères.» Et Jésus répondit : «Mère, entre les enfants d'Israël, Dieu ne fait pas de favoritisme. Seul celui qui prépare son Règne vivra éternellement, même s'il meurt aujourd'hui. Jacques a déjà vécu vingt-sept années, il a engendré beaucoup d'enfants et il lui reste deux fils vivants : quand le Seigneur le retirera d'ici, il ne commettra aucune injustice. Tant que le Royaume n'est pas advenu, ne faut-il pas que le corps de ceux qui ont assez vécu aille au tombeau pour que les nouveau-nés mangent à suffisance? Sache-le : la mort prévaudra aussi longtemps que les femmes enfanteront[1]… Mais quand la dernière trompette sonnera, tous ceux, morts ou vivants, qui auront aimé le Père revêtiront l'immortalité.»

Ce même soir, comme nous étions dans l'allégresse, ma mère courut emprunter trois pains frais à une voisine avant que retentît la corne du sabbat; elle mêla de l'eau chaude au vin vieux que j'avais filtré, sortit le miel, coupa les oignons, et Sara apporta les raisins secs, l'huile et les fromages de brebis. Simon, qui était venu aux nouvelles, resta avec nous car on entrait déjà dans le repos du septième jour : les plats étaient posés sur la natte et les femmes allumaient les lumières.

Tous ensemble, nous mangeâmes à satiété. Jésus, qui aimait le bon pain et les raisins dont son enfance avait été privée, se mit à rire en disant : «S'ils voyaient que je me réjouis de la sorte, les *parushim* et les Fils de Lumière ne seraient guère satisfaits ! Même les disciples du Baptiste s'indigneraient contre moi… Tous me reprochent de ne pas jeûner, ni faire jeûner mes élèves. Car ils aiment à se couvrir de cendres pour mieux mortifier les autres. Mais leur jeûne ne plaît pas au Père : *Voici le jeûne qui m'agrée,* dit-il, *libérez les opprimés, habillez ceux qui sont nus, donnez du pain à l'affamé et consolez les affligés.* Parole du Seigneur.

1. Logiôn de Jésus dans l'*Évangile grec des Égyptiens* (apocryphe).

Alors, même si nos ventres sont pleins, nos cœurs resteront prêts pour le grand festin qu'Abba donnera aux saints dans son Royaume. »

Le lendemain, à cause du sabbat, Jésus ne put s'éloigner du village pour rejoindre les disciples qui l'attendaient dans la vallée.

Or, tandis que nous restions tous à prier sous le figuier, nous vîmes au loin, sur le flanc de la montagne, un berger qui descendait en portant sur ses épaules une brebis pleine. Sara poussa un cri d'effroi : « L'insensé ! Faire une chose pareille le jour du sabbat ! » Mais Jésus dit : « Si cet homme ne sait pas ce qu'il fait, qu'il soit maudit comme transgresseur de la Loi ! Mais si, dans son cœur, il sait ce qu'il fait, qu'il soit heureux ! Car je te le dis, Sara ma sœur, le sabbat est fait pour l'homme, et non l'homme pour le sabbat. »

Puis Jésus vint à l'assemblée, et José et Simon vinrent avec nous. Pour la première fois, José regardait notre aîné avec respect. Cependant, Jésus lui avait commandé de ne dire à personne de quelle façon Jacques avait recouvré la santé ; et, comme la faiblesse de ses jambes retenait encore notre frère dans la maison, le bruit de sa guérison ne s'était pas répandu dans le village.

Quand l'assemblée eut dit les premières prières, Jésus se leva pour faire la lecture, comme il y était accoutumé à Képharnaüm et dans d'autres synagogues de la Galilée ; et lorsqu'on lui remit le deuxième livre d'Isaïe, il trouva l'endroit où il est écrit : *L'Esprit du Seigneur est sur moi, parce qu'il m'a choisi pour annoncer la bonne nouvelle aux pauvres et pour proclamer aux captifs la délivrance.*

Ensuite, il dit à ceux qui se trouvaient là : « Aujourd'hui la parole de l'Écriture que vous venez d'entendre est accomplie », et il se mit à parler avec tant de force que tous étaient étonnés, et les plus jeunes disaient : « N'est-ce pas le fils du charpentier ? »

Car aucun d'eux n'avait assisté à nos partages et ils n'avaient pas vu Jésus depuis l'année de la famine. Or voici, sa figure avait beaucoup changé, ils n'étaient pas sûrs de le reconnaître, et ils disaient : « N'est-ce pas Marie de Joseph qui est sa mère ? Et ses sœurs ne demeurent-elles pas parmi nous ? D'où lui viennent cette sagesse et les miracles dont on nous a parlé ? » Et ils étaient tentés par l'incrédulité. Ils disaient : « Jacques, José, Simon et Jude ne sont-ils pas ses frères ? Comment celui-ci pourrait-il être un docteur ? Et s'il n'a pas étudié, d'où tire-t-il sa science et ce qu'il nous dit de la Loi ? »

Dès que Jésus eut cessé de parler, ils s'empressèrent, par moquerie, de lui amener leurs bêtes malades et le vieux muet qui mendiait à la fontaine ; et ils lui demandèrent aussi de les aider à retrouver les pièces d'argent et les colliers que leurs femmes avaient perdus. Puis ils se rassirent en rond pour le regarder, comme font les païens assoiffés de sang dans ces gouffres de perdition qu'ils nomment « amphithéâtres ».

Devant eux, Jésus ne put faire aucun miracle. Il imposa les mains à quelques malades, mais il ne voulut pas les poser sur la tête des brebis ni rendre la parole au muet, car cet homme avait eu la langue coupée. Étonné de leurs railleries et de leur manque de foi, il n'étendit pas de boue sur leurs yeux et ne mit pas sa salive dans leurs bouches[1]. Et je fus triste pour lui, regrettant de l'avoir fait revenir dans ce pays. Mais il me dit : « Aucun prophète n'est reconnu dans sa patrie, parmi ses parents et dans sa maison. »

Puis, passant au milieu de la place où tous étaient assis, il s'en alla sans presser le pas. Car il savait ce que l'Éternel avait dit au prophète Ézéchiel : *Fils de l'homme, va vers les enfants d'Israël qui ont péché. Ils ont le front et le cœur durs. Mais toi, ne crains pas ces rebelles, car j'endurcirai ta face pour que tu l'opposes à leur face et je rendrai ton front plus dur que le diamant.*

---

1. Manière de guérir les aveugles et les muets qui apparaît aussi dans l'*Évangile de Marc*.

DEUXIÈME LIVRE

Ici commencent les détériorations du codex trouvé à Abydos : dès le début du Deuxième Livre, manquent trois feuillets, sans doute relatifs au départ de Jude. Les passages lacunaires ultérieurs ont été raccordés entre eux pour la commodité de la lecture et on a précisé, entre crochets, l'objet et les circonstances de chaque épisode.

< Prédication en Phénicie, Jude quitte son village et suit Jésus >

Ayant retrouvé les trois disciples dans la vallée, nous prîmes ensemble la route de la Grande Mer.

Les champs blanchissaient déjà pour la moisson ; et quand nous avions faim, nous arrachions des épis pour les manger après les avoir froissés dans nos mains. Le Serviteur de Dieu ne nous attendait pas ; jusqu'à la sixième heure du jour, il marchait sans se retourner, car il priait, la tête cachée sous son châle rabattu ; puis, à la sixième heure, quand la chaleur devenait brûlante, il s'arrêtait à l'ombre d'une maison ou sur la margelle d'un puits, et il s'y reposait en parlant aux voyageurs qui passaient ou aux ouvriers qui attendaient là qu'un propriétaire les engageât. Il parlait aussi avec les femmes du pays, et certaines, après avoir puisé, penchaient leur cruche pour qu'il bût ; il leur souriait, elles ne fuyaient pas, et nous étions étonnés. Toutefois, aucun de nous n'aurait osé lui demander : « De quoi parlais-tu avec celle-là ? » Lui nous disait seulement : « Devrais-je faire comme ces pharisiens bleus[1] qui ferment les yeux dès qu'ils aperçoivent une femme ? »

Aux abords de la ville de Tyr qui est dans la Phénicie, le chemin devint très encombré : les caravanes des âniers qui descendent au port les amphores d'huile de la Galilée croisent là les chariots qui remontent le bois débarqué du Liban. Or ces marchands se bousculent pour passer, et ils s'injurient les uns les autres en se donnant des coups de fouet, car ils sont avides de gain et n'ont de foi qu'en l'or : ne voit-on pas, dans les campagnes alentour, ces mauvais riches prendre pour gage le bœuf de la veuve ou déplacer les bornes des champs ? Et ils saisissent sans pitié l'âne de l'orphelin, alors qu'ils ont sur la mer des cargaisons de pourpre, de cannelle et d'ivoire, des navires remplis de marbre blanc et de cèdre odorant ! Les marchands de Tyr sont les vrais princes du monde des Grecs…

À Jean *ben-Régès*, qui était le plus jeune des Douze, je dis : « Pourquoi notre rabbi se retire-t-il dans ce territoire d'adorateurs du Mammon[2], de mangeurs de porc et d'impies ? Nous nous y souillerons, sans aucun profit pour nos frères ! » Et Jean me dit : « Apprends que dans tous les ports de la Grande Mer il y a des

1. Ainsi surnommés parce que, fermant les yeux pour ne pas voir les femmes, ils tombaient et étaient couverts d'ecchymoses.

2. Personnification diabolique de l'argent.

enfants d'Israël. Ils vivent depuis longtemps dans ce que nous nommons "Dispersion" et qu'ils nomment *Diaspora.* Ils demeurent parmi les buveurs de sang, mais leurs rues sont vides d'images taillées et leurs maisons sont sans souillure. Quand ils ne connaissent plus la langue de leurs pères, André leur parle dans la langue des Grecs, et, par ce truchement, le Maître les enseigne. C'est chez eux que nous descendrons, car il est juste que nous leur portions la nouvelle du Royaume comme aux autres fils d'Abraham. »

Et nous fûmes ainsi plusieurs jours dans les environs de Tyr : trois jours dans la maison d'un cordonnier galiléen nommé Mattathias, et six dans celle de Benjamin, un foulon accablé de vieux parents et d'enfants. Et nous ne mangions que ce que ces pauvres gens nous donnaient car, dans ce pays, les principaux de la synagogue et les plus riches des fils d'Israël ne nous recevaient pas sous leur toit : ils craignaient qu'allant toujours sur les routes, nous ne fussions devenus impurs pour être entrés par mégarde dans la maison d'un sans-Loi[1] ; et comme ils voyaient que certains d'entre nous ne versaient plus d'eau sur leurs mains avant de prendre leur repas[2], ils étaient indignés.

Mais Jésus, enseignant dans leur maison de prière, leur dit avec colère : « Acheteurs cupides, marchands fraudeurs, vous lavez vos mains et vous nettoyez avec soin le dehors du plat, mais à l'intérieur vous êtes pleins de rapine : vous pesez avec des balances fausses, vous

1. Non-Juif, païen.
2. Prescriptions rituelles de pureté, et non règles d'hygiène.

prêtez avec usure, vous ne remettez aucune dette. Je vous le dis, la rouille de votre argent dévorera vos chairs[1] ! Vendez ce que vous possédez, donnez-le en aumône, invitez à vos festins des mendiants qui ne pourront vous rendre la pareille : ainsi augmenterez-vous votre créance sur le royaume des Cieux… Quant à vous, docteurs de la Loi, dit-il en se tournant vers les prêcheurs de la synagogue, vous liez sans cesse des fardeaux nouveaux sur les épaules des plus petits d'entre les hommes. Des fardeaux si pesants que vous ne pourriez les porter vous-mêmes, ni seulement les bouger de l'épaisseur d'un doigt. Et vous dites : C'est la tradition qui l'exige. Mais notre Père ne nous a pas donné la tradition, il nous a donné la Loi ! La Loi est la parole du Père, la tradition le balbutiement des fils. Cessez donc d'invoquer la coutume des anciens pour entasser précepte sur précepte, règle sur règle, interdit sur interdit. Je vous le dis à tous, fils d'Abraham, ne retranchez rien à la Loi, mais n'y ajoutez plus un iota[2] ! »

En entendant ces paroles, quelques scribes aux longues robes entrèrent en fureur contre lui, ils disaient : « D'où viens-tu et qui es-tu pour nous commander ainsi ? Qui t'a donné autorité ? Et les esprits impurs que tu fais sortir des corps, n'est-ce pas par le démon Beelzébul, prince du fumier, que tu les mets en fuite ? »

---

1. Rapprocher de l'*Évangile de Thomas, logiôn* 95, et de l'*Épître de Jacques*, 5, 1-6.

2. Jésus insiste ici sur le respect des prescriptions mosaïques écrites, la *Torah*, en se démarquant des interprétations jurisprudentielles des pharisiens, la future *Mishna.*

Et la foule, attirée par cette querelle, se rassemblait autour de la synagogue. Des Grecs de Syrie vinrent aussi : c'étaient des *craignant-Dieu*[1] qui ne sacrifiaient plus aux idoles, respectaient le jour du sabbat et connaissaient les Commandements. Mais le servant de la synagogue et de jeunes pharisiens qui se trouvaient là chassèrent ces Grecs et leurs malades parce qu'ils n'étaient pas circoncis. Et l'Élu du Seigneur ne s'approcha pas d'eux, car il ne voulait pas scandaliser les petits d'Israël : il était venu pour les brebis perdues de notre maison, non pour les païens.

Mais voici : une femme grecque, phénicienne d'origine, était restée dans la rue devant la synagogue et, comme Jésus se retirait, elle nous suivit. Elle criait : « Aie pitié de moi, Maître ! Mon enfant est cruellement tourmentée par un démon. » Ceux des Douze qui étaient venus de Képharnaüm repoussèrent la femme, car ils empêchaient toujours les sans-Loi et les bêtes impures d'approcher de notre rabbi. Mais la femme resta derrière nous et, tandis que nous marchions, elle continuait à crier : « Fils de David, viens à mon aide ! Sauve ma fille ! » Jésus ne répondait pas, et André dit à la femme : « Laisse-nous. Tu n'appartiens pas à notre peuple. Rentre chez les tiens », et il la menaçait.

Cependant elle suivait toujours, en répétant : « Maître, nous voici presque arrivés devant ma maison, ma fille y est couchée, tu vas passer devant ma

1. Païens attirés par le monothéisme, qui fréquentaient les synagogues mais, n'étant pas circoncis, ne pouvaient être considérés comme juifs ni par les Juifs ni par les Romains.

maison, regarde seulement la porte et dis une parole. Aimé de Dieu, je t'en supplie : juste une parole, rien qu'un regard ! » André s'approcha de Jésus et lui dit : « Renvoie-la, Rabbi. Qu'elle entende de ta bouche qu'elle doit nous laisser, car elle nous fatigue à crier sans cesse derrière nous. » Et le Serviteur de Dieu répondit à André : « Il ne faut pas, en effet, jeter les perles aux pourceaux de peur qu'ils ne les foulent... », et il continua à marcher sans se retourner.

Cependant la Phénicienne, qui craignait Dieu mais ne craignait guère ses serviteurs, bouscula tout le monde ; et, réussissant à passer entre Jean et Thaddée, elle se prosterna devant Jésus : « Secours-moi, Maître, chasse le démon de ma fille ! Elle n'a que douze ans, prends pitié, sauve-la ! »

Jésus lui répondit sévèrement : « Il ne convient pas que le père de famille prenne le pain de ses enfants pour le donner aux chiens.

— Oui, Maître, dit-elle en s'accrochant au manteau de l'Élu, mais sous la table les chiens ne peuvent-ils manger les miettes qui tombent du pain des enfants ? Une miette, Rabbi, une petite miette sous la table... » Alors Jésus la regarda comme s'il était frappé d'étonnement. Il dit : « Femme, ta foi est grande. »

Se tournant alors vers la maison de la Phénicienne, mais sans entrer sous son toit[1], il dit d'une voix forte : « *Talitha, koumi*[2] », qui signifie « Jeune fille, lève-toi » ; puis, pour la femme, il ajouta : « Va, maintenant : parce que tu as cru, le démon est sorti de ta fille. »

---

1. Respect des prescriptions rituelles.
2. En araméen dans le texte. Rapprocher de *Marc* 5, 41.

Sur-le-champ, en effet, la fillette fut guérie et, se levant, elle vint sur le seuil. L'intérieur de sa maison était dans l'obscurité, mais elle se tenait sur le seuil de la chambre, les cheveux dénoués. Elle était vêtue d'une tunique de lin blanc. Et moi, la voyant ainsi, je la trouvai plus resplendissante qu'un ange du Seigneur.

Son nom était Lydia. Mais, ignorant son nom, dans mon cœur je l'appelai *Talitha* ; et, de ce jour, elle fut à jamais « la Jeune-Fille » pour moi.

Tandis qu'elle se tenait ainsi, paupières baissées, devant mon frère le Béni de Dieu, les yeux de mon cœur furent aveuglés par sa beauté. Son visage me parut plus brillant que le soleil, et son teint plus blanc que les neiges du Liban. Même sans parfums, ses boucles répandaient au loin une odeur exquise et, longtemps avant de l'approcher, je sus que son souffle sentait la cannelle et l'amome.

Or, sortant de la maladie comme on sort du sommeil, « Talitha » voulut nous saluer aussi, nous les disciples de Jésus qui passions dans sa rue. Elle dit : « *Khaïré*[1] », puis, se reprenant – car à nos vêtements, elle vit que nous venions de la Galilée –, elle dit : « *Sélam*[2] », et sa voix fut plus douce à mes oreilles que le chant de la tourterelle.

Cependant, j'avais appris les sages paroles de Salomon : *Écoute, mon fils, les lèvres de l'étrangère distillent le miel, mais, à la fin, elle est amère comme*

1. Salut grec traditionnel.
2. En araméen, l'équivalent du *shalom* hébraïque.

l'absinthe. N'ayant pas connu la femme, mais bien averti des sortilèges des païennes, je craignais ces désirs impudiques que notre grand roi éprouva pour les belles Sidoniennes, qui tournèrent son cœur vers leurs idoles fabriquées. J'avais une si grande peur des embûches des étrangères et de la perfidie des prostituées que j'aurais voulu me faire eunuque pour le Royaume, comme le Baptiste et comme Jésus. L'Éternel ne nous a-t-il pas promis : *Aux eunuques qui garderont mes sabbats, je donnerai dans ma maison une place préférable à celle des fils* ?

Jean de Zébédée, lui, m'avait dit souvent : « Ne t'approche pas des filles d'Ève afin que ce qui est requis par Dieu ne soit pas trouvé dans la souillure. » Et, bien qu'il fût du même âge que moi, il aimait à me répéter comme un vieux sage : « Enfant, ne livre pas ta vigueur aux femmes. » Je m'éloignai donc de la fillette à grands pas, sans regarder en arrière.

Comme nous arrivions à la croisée des chemins, près des portes de la ville de Tyr, je pris la route de Sidon avec Jean et Thaddée, qu'on appelait *Barbe-de-Feu.* Nous partions vers le nord, tandis que Jésus et André sortaient pour aller vers Césarée de Philippe où était le palais du tétrarque, frère d'Antipas, qui gouvernait alors le pays de Golân et la Batanée.

Avant que nous nous séparions, Jésus nous remit une lettre de Matthieu[1] et il nous recommanda :

1. Probablement une « lettre de mission » adressée à un sympathisant de Sidon.

« Gardez-vous du levain des pharisiens et des sadducéens. N'allez pas chez les Samaritains. N'entrez pas chez les païens. Ne bavardez pas en chemin. Ne passez pas de maison en maison, et, dans les maisons des Israélites où l'on vous recevra, mangez ce qu'on mettra devant vous. » Puis, se tournant vers moi, le Serviteur de Dieu ajouta : « Quant à toi, enfant, qui goûtes plus qu'aucun autre les portes closes et les endroits familiers, considère qu'en tout lieu tu n'es qu'un voyageur qui passe la nuit et quittera la maison avant l'aube. Car notre Père aime celui qui est en route plus que celui qui est en règle, et nul ne peut se dire mon frère s'il ne s'est fait errant, mendiant, étranger, passant. »

< *Échec de la mission de Sidon* >

[…] Comme nous étions depuis six jours sous le toit de Diophantos dans la ville de Sidon, survinrent un homme et une femme blancs de lèpre qui disaient : « Sauvez-nous des morts. » Alors, avec confiance, Jean s'avança vers eux et il […]

Le jour du sabbat, des pharisiens aux longues franges assis au premier rang de la synagogue nous reprochèrent d'avoir touché ces lépreux ; et le lévite, irrité, disait que nous n'avions pas ordonné pour leur purification ce que Moïse avait prescrit, et il injuriait le pauvre Diophantos à cause de nous. Bientôt une foule avec des bâtons monta du port, et il y eut un grand tumulte : ils nous accusaient de souiller la ville avec la lèpre ; quelques-uns nous jetèrent des pierres, cherchant à nous tuer.

Tandis que nous franchissions en courant la Grande Porte de Sidon, je gémis dans mon cœur : comment convertir à notre Voie les Juifs des cités grecques, qui méprisent les paysans et, surtout, ceux de la Galilée ?

Étant sortis de Sidon, nous prîmes la route du mont Hermon, et vers […]

< *Retrouvailles avec Marie de Magdala* >

[…] ne l'ayant pas reconnue, car, pour voyager, la Magdaléenne avait coupé ses cheveux, ceint ses reins et retroussé son manteau comme un homme. Thomas l'accompagnait, mais il était petit de taille et, des deux voyageurs, elle semblait le plus redoutable[1]. Sur l'ordre de Jésus qui avait craint pour notre jeunesse, tous deux étaient descendus jusqu'à la ville forte de Guiscala et ils nous attendaient devant l'auberge du dernier carrefour. Alors je sus que la prière que j'avais adressée au Très-Haut en fuyant Sidon était exaucée : l'Éternel qui est une porte pour celui qui frappe, un chemin pour celui qui passe, m'avait entendu : loué soit son Nom !

Et Marie de Magdala pétrit quatre mesures de farine qu'elle avait dans un petit sac, et elle fit cuire des pains pour nous. Et elle mit une pièce de drap

1. Le texte original porte ici le masculin. Marie de Magdala est identifiée à un homme. Voir *Évangile de Thomas, logiôn* 114 : « Toute femme qui se fera mâle entrera dans le royaume des Cieux. »

à mon vieux manteau que les pierres des habitants de Sidon avaient déchiré. Et elle nous mena aux sources du lac Sémékhonite, où Thomas baptisa toute la famille d'un cardeur qu'elle connaissait. Après ce baptême dans l'eau vive, beaucoup de la région vinrent à nous et chacun voulait nous recevoir dans sa maison.

Mais nous nous remîmes en route pour rejoindre Jésus et Pierre qui étaient rentrés à Képharnaüm après avoir enseigné aux brebis dispersées qui vivent au-delà du Jourdain, dans les Contrées-du-Chaos où sont tant de rebelles et de sans-Loi [...]

< *Lydia se joint aux disciples* >

[...] C'était vers le matin, à la première heure, sur la Route de la mer[1]. La fillette marchait seule avec une servante. Il faisait encore sombre, mais, à sa voix, quand elle nous dit : «*Sélam*», je reconnus aussitôt la Phénicienne. Elle dit : «Le Rabbi avait chassé mon démon. Mais n'ayant point trouvé de repos dehors, ce démon est revenu avec plusieurs autres, plus méchants que lui. Et, tous ensemble, ils sont entrés dans le corps de ma pauvre mère comme dans une maison propre, et ils s'en sont nourris jusqu'à ce qu'elle meure dans les tourments.»

N'ayant plus de famille et craignant d'être rattrapée par ces féroces esprits de la ville de Tyr, la jeune fille

1. *Via maris*, route intérieure qui reliait le port de Ptolémaïs à Damas.

voulait maintenant suivre le Maître qui l'avait sauvée. Elle demandait la protection de l'Élu de Dieu, et la nôtre, contre le retour de ces esprits impurs qui s'abattaient sur sa maison comme une légion sur une province conquise.

Or voici : elle était belle d'une beauté parfaite, de taille autant que de figure. En nous implorant comme une brebis qui n'a plus de berger, cette vierge pudique trouva grâce aux yeux de Thaddée et aux miens. Mais Marie de Magdala lui dit : « Que sais-tu, ma fille, de notre doctrine ? », et Jean, se frappant la poitrine, s'écria : « Pouvons-nous prendre avec nous une Syrienne, qui n'est pas la fille d'un circoncis ? Nous est-il permis de dilapider ainsi l'héritage de l'Éternel ? » Cependant, la Phénicienne connaissait toutes les prières de la synagogue, et Marie eut compassion de sa jeunesse, de sa pâleur et de ses souliers usés par la marche : renvoyant la servante, elle dit à la fillette de se joindre à nous pour descendre à Képharnaüm.

Moi, jusqu'à Képharnaüm, je ne pus dormir. Car un trouble m'avait saisi et il croissait : le démon de la concupiscence avait envahi ma chair et je ne savais pas son nom. Tantôt il me venait des pensées de bête sauvage, mon propre cœur m'apeurait, et je m'écartais en hâte de la Jeune-Fille ; tantôt, au contraire, je redoutais que le Béni du Seigneur ne la renvoyât dans sa patrie lointaine. À la fin, voyant mon âme rongée comme si les vers s'y étaient mis, la Magdaléenne me dit : « Souviens-toi de la parole du Maître : *Ne vous inquiétez pas pour* [...] Purge ton cœur et [...] »

< Deuxième séjour de Jude à Capharnaüm >

Marie de Magdala ayant pris Lydia dans sa maison pour protéger sa pudeur, je demeurai avec Thaddée dans la maison de Pierre pour y attendre le retour du Serviteur de Dieu. Traversant le lac, il s'était dirigé vers la Décapole. Avec Pierre et quelques-uns des Douze, il prêchait dans la région de Gadara et le pays des Guéraséniens.

La femme de Pierre se lamentait parce que son mari et son beau-frère ne travaillaient plus : ils servaient le Rabbi, prêchant en tous lieux, dînant avec les autres, et elle réparait seule les filets. Comme ils ne vendaient plus de poisson aux saleurs de Magdala, elle avait renvoyé son ouvrier. Elle disait : « Quand le Fils de David sera-t-il enfin roi, pour que mon époux devienne son conseiller et que nous mangions à notre aise ? » Quant à Salomé de Zébédée, la mère de Jean et Jacques, elle me demanda si, dans le Royaume, ses fils seraient bien assis l'un à la droite, l'autre à la gauche de l'Élu quand celui-ci serait assis sur son trône. Et je fus indigné contre cette femme, car ses fils n'étaient pas plus saints que les autres.

D'autres femmes vinrent encore dans la maison de Pierre pendant que je m'y trouvais. Elles se plaisaient à bavarder entre elles et à se plaindre toutes de leur sort en gémissant sans arrêt. Car une femme mécontente est comme une gouttière qui coule un jour de pluie.

Elles soupiraient : « Est-il juste que le Rabbi dise à des pères d'abandonner leurs enfants pour le suivre ? et à des fils d'abandonner leur mère ? N'a-t-il pas eu de mère ? N'a-t-il pas d'enfants ? » Et je ne savais que leur répondre. « Toi-même qui marches avec ce prophète, qu'as-tu fait de tes petits ? » me demandèrent-elles. Je dis : « Je n'ai pas d'enfants. » Alors elles se lamentèrent sur la stérilité de mon épouse : « Puisse l'Éternel te prendre en pitié et donner à la compagne de tes jours un fils qui lui enlèvera sa honte ! » Mais je dis : « Je n'ai pas de femme », et aussitôt elles furent frappées d'étonnement : « Quel âge as-tu donc ? » Je dis : « Environ seize ans », et elles poussèrent de grands cris : « Es-tu déjà las des filles ? À seize ans ! Ou bien te trouves-tu aussi embarrassé devant elles qu'un lion dans un champ de courges ? » Et, le feu me montant aux joues, je devins pour elles, sur-le-champ, un objet de risée.

Les jours suivants, des femmes que je ne connaissais pas se mirent à faire des gestes impudiques quand je passais derrière leurs jardins, et, toutes, elles riaient. Dans mon âme, leurs rires sales souillaient les lèvres innocentes de Talitha, leurs gestes impurs froissaient son sein virginal, ils offensaient le sein sans tache de la Jeune-Fille à la taille comme le palmier, la Jeune-Fille plus blanche que le lait… Mais quand le soir, malgré moi, je resongeais aux manières de ces débauchées, à leurs bouches luisantes, à leurs mamelles grasses, à leurs déhanchements, je sentais un mal nouveau dévorer mes entrailles : j'étais comme une maison embrasée… Or je brûlais pour ce que je haïssais !

Étendu sur ma couche, j'avais des désirs de bouc.

Livré à ces visions lubriques comme une ville sans murailles l'est à ses ennemis, assailli de pensées mauvaises qui m'épouvantaient, je voulus me tourner vers le Seigneur; je commençai à dire les complaintes du prophète Jérémie que le hazzan m'avait apprises : *Fais-nous revenir vers toi, Éternel, donne-nous encore des jours comme ceux d'autrefois*... En vain : ce qui passait par mes lèvres ne passait plus par mon cœur.

[...] Un jour, dans la maison de la Magdaléenne, la Jeune-Fille s'assit en face de moi pour trier des pois, et je vis qu'elle ne me quittait pas des yeux lorsqu'elle croyait que je ne la voyais pas [...]

< *Jude avoue son amour pour la Syro-Phénicienne* >

Je courus sur le chemin au-devant de mon frère, béni du Très-Haut. Des femmes jetaient des tapis sous ses pieds, des mères lui tendaient leurs nouveau-nés, des malades s'accrochaient à sa tunique, des mendiants aux yeux agrandis par la faim lui baisaient les mains. Il reposa par terre un petit enfant boiteux qu'il portait sur ses épaules, et il m'embrassa. Mais moi, voyant qu'il n'avait plus de manteau car il donnait tout aux indigents, je dis comme un insensé : « Les mendiants t'ont encore pris ton vêtement, Rabbouni ! Les trompeurs abusent de ta bonté, ils t'environnent comme des abeilles qui font leur miel... Pour qui as-tu ouvert ta main cette fois ? Qui t'a dépouillé ? D'où viens-tu ? » Alors, changeant de visage et me repoussant de toute la longueur de son bras, il dit : « Moi je sais d'où je viens, toi tu ne sais pas où tu vas. »

À ces mots, la confusion couvrit mon visage et mes reins se remplirent d'angoisse. Je dis : « Jésus, ne sois pas irrité contre moi. Car je n'ai pas péché avec l'étrangère. » Il dit : « Crois-tu, Jude bar-Joseph, que si tu avais commis l'impureté avec elle tu aurais pu me le cacher ? Tu n'as pas dénoué sa ceinture, mais c'est déjà pécher que de regarder une femme en la convoitant. »

Alors je dis : « Rabbi, mon œil est coupable, mais je ne peux pas arracher mon œil ! Laisse-moi plutôt épouser la Jeune-Fille. Ne lui tiens pas rigueur d'être née dans les Nations, car elle craint Dieu depuis toujours et elle attendra le Royaume avec moi. »

Il soupira et répondit : « Hélas, fils, tu ne conçois pas les choses divines ! Tu attends le Royaume comme un marchand de Damas attend à jour fixé le poisson du lac… Mais le Royaume, lui, ne viendra pas parce qu'on l'attend. On ne dira pas : Voici qu'il est ici, ou : Voici qu'il est là. Le royaume du Père est déjà répandu sur la terre et les hommes ne le voient pas[1]… Mais s'ils persistent dans leur aveuglement, il leur arrivera ce qui arriva du temps de Noé : ils mangeaient et buvaient, se mariaient et mariaient leurs enfants, ils ne se doutaient de rien jusqu'à ce que le déluge les emportât[2]. Il en sera de même à l'avènement du Royaume : l'Éternel arrachera tous les scandales, comme on arrache l'ivraie à l'époque de la moisson, il les liera en gerbes et les jettera dans la fournaise. Alors, dans le royaume d'*Abba*, seuls les justes resplendiront. Tiens-toi prêt, Jude, et rassemble autour de l'arche tous ceux qui veulent être sauvés. »

---

1. Rapprocher de l'*Évangile de Thomas, logiôn* 113, et de *Luc* 17, 20-21.

2. Rapprocher de *Matthieu* 24, 38-39.

Je dis : « La Jeune-Fille veut être sauvée. »

Il répondit : « Penses-tu que notre Père ait besoin que tu l'épouses pour la sauver ? Ô fils de peu d'intelligence, enfant à la nuque raide ! Elle peut être sauvée sans que tu ajoutes la folie à la faiblesse : à quoi vous servirait-il de concevoir et d'enfanter si le temps du Royaume est proche ? »

Fatigué par la route, Jésus se retira ensuite dans la cour de Pierre pour prendre du repos. Et je sus que j'allais devoir quitter bientôt la grande maison aux pierres noires où j'assistais la Magdaléenne et ses compagnes quand elles lavaient les malades, quitter ce village où, depuis qu'il avait renoncé au profit des péages, j'aidais avec joie Matthieu d'Alphée à faire nos comptes : voici que l'Éternel commandait maintenant à son Élu de descendre vers les rivages de la Mer Salée pour annoncer le Royaume, et je le suivrais. Laissant Talitha derrière moi, j'irais avec lui sur les chemins, vagabond jusqu'au dernier jour du monde.

Car ce que Jésus voulait, personne, pas même les démons, ne pouvait y résister. Or, ce jour-là, il m'avait dit : « Souviens-toi, celui qui est près de moi est près de la brûlure, mais celui qui est loin de moi est loin du Royaume[1]. » Puis, sans rien prononcer sur la Jeune-Fille, qu'il n'avait plus vue depuis qu'à Tyr il avait chassé ses démons, il avait dit aussi : « Malheur à l'âme qui dépend de la chair ! Comment une telle richesse pourrait-elle prospérer dans une si grande pauvreté[2] ? »

---

1. *Évangile de Thomas, logiôn* 82.
2. *Évangile de Thomas, logia* 32 et 112.

Voulant obéir au Béni du Seigneur, et ne me confiant pas dans mon propre jugement, je résolus de ne plus aimer les autres que pour l'amour de lui.

< Jude accompagne Jésus en Pérée (Jordanie), puis pénètre en Samarie >

[...] Faisant route avec la troupe des disciples dont beaucoup m'étaient inconnus, car il en venait de toute la Galilée, je quittai la ville sans revoir Talitha : désormais, je n'accueillerais plus dans mon cœur que les hommes sans manteau et les femmes sans mari qui formaient le cortège de mon frère.

Voyant passer ce troupeau d'errants qui, les uns, ne coupaient plus leurs cheveux faute de barbier, les autres, n'attachaient plus leurs tresses faute d'épingles et perdaient leur voile, les gens des villes disaient : ceux-là sortent du désert. Aux abords des Portes, des enfants couraient devant nous en criant : « Voici les Séparés, les Abstinents ! *Nazirs ! Nazirs !* » Mais, en vérité, peu d'entre nous s'engageaient par un vœu. Car il fallait ensuite, pour se raser la tête, monter à Jérusalem et pourvoir à la dépense. Or le disciple qui tenait la bourse ne l'ouvrait pas volontiers, et ceux qui s'étaient liés pour trente jours restaient liés toute l'année...

Comme, passant au-delà du Jourdain, nous traversions la Pérée, alors soumise à Hérode Antipas, un cousin du disciple Simon qui était du parti des zélotes vint dire à Jésus : « Va-t'en vite, pars d'ici car Hérode veut te tuer. » Aussitôt Jésus nous dit : « Il faut que je marche aujourd'hui, demain, et le jour suivant. Allons ! »

Mais ce même soir, couché sur la terre humide dans un manteau trop court que Petit-Jacques lui avait prêté, et ne trouvant aucun endroit sec où poser la tête, mon frère s'abandonna à la tristesse. Assis auprès de lui, je m'étais mis à tresser des joncs pour remplacer la semelle de mes sandales quand il me dit : « J'ai froid... » Autour de nous, il ne se trouvait pas de petit bois à ramasser ; je ne pus lui allumer un feu. Les autres disciples mangeaient à l'écart et discutaient entre eux.

Soudain, Jésus me demanda : « Jude bar-Joseph, m'aimes-tu plus que ne m'aiment ces enfants-là ? » Je fus rempli de surprise et je lui dis : « Mon frère, je t'aime depuis que je suis né ! » Alors il me dit : « Veille sur toi, petit. » Une deuxième fois, il me demanda : « Jude bar-Joseph, m'aimes-tu ? » Et moi, frappé d'étonnement, je lui dis : « Rabbi, Rabbouni, tu sais bien que je t'aime ! » Alors il dit : « Veille sur moi, mon frère. » Et une troisième fois il me demanda : « Jude, m'aimes-tu ? » Or j'étais attristé de ce qu'il le demandait pour la troisième fois. Je répondis : « Béni du Seigneur, tu es l'Élu de Dieu et il te donne connaissance de toutes choses, tu sais donc combien je t'aime. » Alors il me dit : « Veille sur mes agneaux, fils », et il s'endormit.[1]

Ce qu'il voulait de moi, je ne l'avais pas compris ; cependant, en sentant son cœur apaisé, je rendis grâce

---

1. Même construction que dans *Jean* 21, 15-17, mais sens différent.

au Saint Nom. Mais, le contemplant dans son sommeil, voici : je vis que les cheveux de son front étaient devenus blancs.

Nous dûmes fuir de nouveau, suivant cette fois la rive du Jourdain qui est au couchant, parce qu'elle appartient à la Samarie et que ni les gens d'Hérode ni les prêtres du Temple n'y ont d'autorité.

Sur la route, le Serviteur de Dieu envoya devant lui deux messagers, qui entrèrent dans un bourg des Samaritains pour nous préparer un logement. Mais les gens de ce bourg ne voulurent pas nous recevoir, car ils croyaient que nous allions prier à Jérusalem. Voyant cela, et se souvenant que Jésus disait : « Je suis venu jeter un feu sur la terre et il me tarde qu'il soit allumé », Jean demanda : « Maître, veux-tu que mon frère et moi, nous commandions que le feu descende du ciel et les consume ? » Car ces fils du Tonnerre ne doutaient pas de leur force, ni que l'Éternel leur obéirait, et ils avaient plaisir à se mettre en avant.

Mais cette fois, Jésus, se tournant vers Jean, l'interpella vivement : « Nous venons apporter la Vie, non la mort, sauver les âmes, non les perdre ! » Et nous prîmes un autre chemin.

Cependant, notre Maître ne restait jamais longtemps irrité contre les emportements des fils de Zébédée, ni contre cet appétit d'honneurs qui leur faisait réclamer la première place. L'Élu du Seigneur laissait même Jean persuader les ignorants qu'il était son disciple préféré : quand un riche pharisien nous invitait à sa table, Jean osait quitter son lit, qui était à la dernière place à cause de sa jeunesse, et il montait sur le lit de Jésus pour s'accouder auprès de lui ; puis il trempait des bouchées de pain dans la sauce du plat pour les tendre au Rabbi ; ensuite, il inclinait la tête sur l'épaule du Rabbi pour lui parler bas, et il riait très haut si le Rabbi souriait. Or, quand je voulus faire remarquer au Serviteur de Dieu que Jean avait de mauvaises manières, il me dit : « Mon enfant, ne juge pas, pour n'être point jugé. Car notre Père te mesurera avec la mesure dont tu auras mesuré tes frères. »

Aussi pris-je l'habitude de me taire sur ces choses. Mais mon cœur était amer, car j'aurais voulu avoir mon frère pour moi et je voyais qu'il se donnait à tous les autres.

< *Mort de Simon, quatrième des cinq frères* >

[...] À la fin de l'année qui suivit, descendant vers la vallée du Yarmuk en Batanée, où vivent ces Juifs installés par Hérode qu'on nomme « babyloniens[1] », nous nous trouvâmes à passer près du village de Khorazîn. Des parents d'Hanna, épouse de mon frère Simon, vinrent à moi. Et tandis que Jésus parlait à la foule, ils me dirent que Simon venait de mourir, laissant une fille qui suçait encore le lait.

On avait trouvé notre frère à dix stades[2] de chez nous, tombé près du gué de la rivière avec la hotte de bois qu'il remontait pour le four de José ; on ne lui voyait qu'une seule plaie, mais sa ceinture avait été

1. Juifs récemment immigrés de l'Empire parthe et peu considérés par les Judéens.

2. Le stade, mesure grecque, vaut cent quatre-vingts mètres.

dérobée et les franges de son manteau étaient coupées. Les parents d'Hanna me dirent : « Tous les tiens sont dans l'affliction, et ta mère verse tant de larmes sur ce fils de vingt ans qu'elle ne s'en relèvera pas. Car ton frère Simon était beau de taille. De la plante des pieds au sommet de la tête, il n'y avait en lui aucun défaut, et quand il levait ses hottes il était plus fort que ton frère Jacques avec ses poutres. »

Dès que Jésus eut renvoyé la foule, je m'approchai, le visage arrosé de larmes, et lui demandai à accompagner les parents de nos belles-sœurs, qui montaient pour ensevelir Simon. Je dis : « Ce frère a été le compagnon de mon enfance, et je l'aimais. Fallait-il qu'il mourût si tôt ? Était-il si grand pécheur que Dieu dût le châtier ? Serait-ce des méchants qui l'ont tué contre la volonté du Seigneur ? Et pourquoi lui ? Pourquoi ? » Le Saint de Dieu posa sa main sur mon épaule et dit : « Heureux ceux qui pleurent, fils, car ils seront consolés... Dans ce temps-ci, le Père nous rendra au centuple les frères que nous aurons perdus, et, dans le temps à venir, il donnera à tous, vivants et morts, la vie éternelle. Ceux qui étaient réduits à la pourriture sortiront de leurs tombeaux comme de jeunes mulets libérés de leurs liens. Aie foi, Jude ! Maintenant essuie tes yeux, ceins tes reins, et suis-moi en Batanée sans plus tarder. Laisse les morts ensevelir leurs morts ! Toi, annonce le royaume de Dieu. »

Cette parole me jeta dans un redoublement d'affliction. En me voyant pleurer, Marie de Magdala, qui avait suivi Jésus dans cette marche vers les régions du levant, s'émut. Elle me dit : « N'as-tu pas prononcé un vœu, mon enfant, comme Thaddée et comme

Philippe ? Et ignores-tu qu'à ceux qui se prêtent ainsi au Seigneur il est défendu d'approcher d'un homme mort[1] ? » Je dis à Marie : « Je n'ai jamais prononcé le vœu. » Alors elle répondit : « Je te crois, car ta bouche est sans fraude. Mais trop souvent, petit, tu murmures dans ton cœur, ton pas vacille, tu regrettes, tu hésites... Le Rabbi dit qu'on ne peut monter deux chevaux en même temps : il faut choisir[2]. Prie le Très-Haut qu'il t'éclaire, et prends ta voie. »

Alors je dis à l'Éternel : « Délivre-moi, Seigneur, des vains attachements de la chair, car je pleure, malgré moi, des frères morts et des jeunes filles vivantes. Mon esprit est abattu dans mon cœur, tout m'est contraire, et je voudrais retourner dans le sein de ma mère. Mais toi, tu connais mon sentier. Regarde-moi, *Abba*, et arrête-moi si je suis sur une mauvaise voie. »

< À la suite de Jésus, Jude monte dans le pays de Damas et dans le Golân d'Hérode Philippe >

[...] En ce temps-là, nous étions dans le pays de Damas qui est rempli de mangeurs de sang et d'adorateurs de dieux muets. Mais nous demeurions parmi les enfants d'Abraham, à Kokhaba, dans la maison du chef de la synagogue qui suivait la voie des pharisiens de Gamaliel. Il avait porté tous ses fils au tombeau, et il espérait dans la résurrection des morts. Chaque soir, quand Jésus enseignait le peuple dans

1. Voir, notamment, *Amos* 2, 11-13.
2. Rapprocher de l'*Évangile de Thomas, logiôn* 47.

sa cour, ce vieux chercheur de la Loi s'asseyait en bas pour l'entendre. Et lorsque notre Maître promettait : « Bientôt la terre accouchera des ombres, et ceux qui dorment dans la poussière se réveilleront pour la vie éternelle », le sage vieillard ne raillait pas comme faisaient les sadducéens, il ne demandait pas à qui serait jointe dans l'éternité la veuve aux sept maris. Il disait seulement : « J'attends avec confiance ce Jour de l'Éternel. J'ai foi en ta parole, Rabbi. Acclamons le nom du Seigneur ! »

Or Jésus, qui aimait cet Ancien, me demanda un jour : « Qui suis-je, au dire de cet homme ?

— Un grand prophète, Rabbouni.

— Et mes disciples, qui disent-ils que je suis ?

— Petit-Jacques dit que tu es le Baptiste ressuscité, mais il n'a pas connu le Baptiste. André, qui voit que tu remets les péchés sans verser d'eau, dit : "Le Rabbi n'est pas le Baptiste : il est le nouveau Moïse, qui vient pour restaurer la Loi." Simon et Judas disent entre eux : "Cet homme est le Fils de David, qui délivrera Israël du joug des Nations." Mais Matthieu, qui lit les prophéties, dit : "Il est le Fils de l'homme[1] qui nous est promis à la Fin des temps."

1. Par « Fils de l'homme » ou « Fils d'homme », Jésus, dans les Évangiles canoniques, est désigné ou se désigne lui-même à quatre-vingt-deux reprises. Couramment employée par les prophètes Daniel et Ézéchiel, l'appellation *ben-adam* signifie « mortel », par opposition à Dieu ou aux anges. Mais Daniel (7, 9-14) employait aussi l'expression pour décrire un être surnaturel qui, arrivant sur des nuées, viendrait siéger à côté de l'« Ancien des Jours », prophétie (faussement apocryphe) qui inspirait une forte attente messianique.

Quant à Pierre, qui ne connaît que quelques oracles, il dit : “Moi qui ne sais rien, je sais que le nom de notre Rabbi est *Messie.*” »

Aussitôt Jésus s’écria : « Ne répète ce mot à personne ! Ne le prononce même pas en secret, car ce qu’on murmure dans la cave est bientôt crié sur les terrasses. La langue est un piège de mort ! Scelle tes lèvres, Jude bar-Joseph. » Puis, il me demanda : « Et pour toi, fils ? Pour toi, qui suis-je ? »

Alors je fus dans l’embarras, submergé par la frayeur comme par une rivière débordée. Mais voici : prenant une grande respiration, et m’élançant sur un seul souffle comme un homme qui se noie et qui appelle à l’aide, je dis : « Tu es celui que mon cœur aime ! »

Jésus sourit, et il posa la main sur mon épaule. Puis l’ombre couvrit de nouveau son visage : « Cependant, fils, tu me quitteras… Car tu m’aimes, en vérité tu m’aimes, mais tu ne me préfères pas. »

[…] Dans les Contrées-du-Chaos, je marchai avec les nôtres pour obéir à mon frère, l’Élu du Seigneur ; mais lorsqu’il passa sur l’autre rive avec le peuple entier, et que je demeurai seul avec Jacques de Zébédée dans ce pays inconnu dont les brigands avaient fait leur forteresse, je fus abattu. Jésus nous avait dit : « Pour ceux qui me suivent, il existe dans chaque ville beaucoup de pères et beaucoup de mères. » Je les cherchais, frappant aux portes des maisons ; mais j’étais plus seul quand on m’ouvrait – étranger au milieu de tous, solitaire dans la multitude – que lorsque, écroulé de fatigue au pied d'un arbre, je m'endormais de tristesse : personne, ici, pour m'aider…

Alors le soir, au lieu de me tourner vers le Seigneur, je recommençais à songer à la Jeune-Fille, à ses boucles flottantes, à l'odeur de ses vêtements et au parfum de son souffle, doux comme celui des pommes. Croyant me désaltérer au lait de la tendresse, je me gorgeais d'impureté ; bientôt, le Tentateur me faisait entrevoir des crimes délicieux. Au matin, je m'éveillais couvert de honte… Il vint un temps où même mon repos m'effraya.

Mes joies tournaient en tristesse, ma vie se changeait en mort, et ma lumière s'engloutissait dans les ténèbres. J'étais comme un chemin étouffé par la forêt.

< Nouvelle rencontre de Jésus avec ses frères, Jude demande à épouser Lydia, Jacques se joint aux disciples >

[…] Nous atteignîmes l'auberge en dehors de la ville, où se trouvaient déjà mes frères Jacques et José avec la joueuse de flûte […]

Or elle brisa ses instruments et, tandis que le Serviteur de Dieu rompait le pain de notre repas en disant les trois prières, elle donna à José sa couronne de fleurs fanées et les morceaux de sa flûte[1] ; et José, embarrassé, les jeta sous son lit de table.

[…] Mais quand j'eus entendu les fils de Zébédée parler de la Jeune-Fille tyrienne sans respect pour son

1. Le bris des instruments de musique était le signe d'une renonciation à la prostitution.

innocence, avec le même mépris que si elle avait été musicienne, je fus comme un fou et, me frappant le visage des mains, je dis : « Si l'on me coupait le bras droit, mon bras gauche défendrait sa pureté ! Car je désire être avec elle dans un seul amour jusqu'à l'avènement du Royaume ! »

Alors Jean se mit à rire : « Si les hommes aimaient Dieu comme ils aiment leurs semblables, il n'y aurait rien qui leur résisterait ! »

Et Judas l'Iscariote et l'autre Judas, surnommé Thomas, dirent à Jésus : « Serait-il juste, Rabbi, qu'il fût permis à Jude de prendre une épouse alors que nous, nous avons abandonné nos femmes et nos enfants pour te suivre ? Dans ces jours-là, tu nous disais : *Quiconque aimera son père et sa mère plus que moi ne pourra être mon disciple,* et : *Libérez-vous de toutes les chaînes pour n'en garder qu'une.* Se peut-il que tes commandements soient différents pour tes frères de sang ? »

Jésus se tourna aussitôt vers eux, sa voix taillait des lames de feu : « Êtes-vous sans intelligence ? Voyez : les doigts de ma main sont-ils semblables ? Les épis dans les champs sont-ils de même poids ? Et les arbres donnent-ils tous le même fruit ? Je n'ai pas besoin qu'on me rende témoignage contre celui-ci ou contre celui-là ! Vous jugez selon la chair, moi je sais ce qui est dans le cœur de chaque homme et je ne vais pas chercher des figues sur un olivier ! » Puis, comme un grand calme succède à la tempête, il dit : « Pour Jude, la douceur dans les choses humaines est le parfum de sa nature. Que cette douceur soit pour lui une occasion de chute, comment l'ignorerais-je ?

Même aux démons il parle avec tant de timidité qu'il n'arrive pas à les chasser ! Mais si sa chair est faible, son cœur est ardent. Il finira par entendre la parole du Père. Non pas, peut-être, avec ses oreilles, mais avec sa lumière... »

Jacques, se tournant vers l'Élu du Très-Haut, prit alors la parole et dit : « Dans le temps où je fus guéri de ma blessure, si j'avais été assez fort pour marcher avec toi jusqu'à Tyr, Jude ne t'aurait pas suivi, car c'est moi qui l'aurais fait : la vie qui m'a été rendue appartient à l'Éternel et à toi, le saint qu'il a choisi pour sauver son peuple. Maintenant je suis là, Rabbi : je viens combattre tes ennemis avec l'épée de ma bouche. Pour remplacer notre jeune frère qui n'est pas propre au ministère, me voici avec Sara, presque aussi solide et aussi droit que du temps où je labourais avec toi. Laisse Jude prendre ma place auprès de notre mère, avec la femme que nous lui donnerons pour épouse.

— Quelle femme ? demanda José qui était étendu entre l'Iscariote et le Zélote et se faisait verser beaucoup de vin. De quelle femme s'agit-il ? J'entends ici Judas et le Zélote : à voix basse, ils disent que celle de Tyr qui a fait perdre l'esprit à Jude n'est pas une fille d'Israël ! N'y a-t-il pas de femmes dans notre peuple pour qu'il aille en prendre une chez les incirconcis ? Et de quoi parlons-nous : de mariage, ou bien de fornication[1] ?

---

1. José veut dire que le mariage avec une non-Juive n'est qu'une débauche. Cependant, ces mariages « mixtes » n'étaient inconnus ni de l'Ancien Testament ni de certaines communautés de la Diaspora – à condition que l'épouse se convertît.

— Veux-tu diffamer le fils de ta mère ? dit Jésus avec colère. Qui es-tu, toi José, pour juger ainsi ton prochain ? Qui t'a établi juge de ton frère ? Apprends donc que la fillette est purifiée depuis qu'à Tyr sa mère et elle ont mangé une miette de notre pain. Je te le dis, même en Israël je n'avais pas trouvé une aussi grande foi que celle de ces femmes ! Aussi, à l'heure du grand banquet, auront-elles part au pain entier. En vérité, toutes celles qui, dans les Nations, craignent Dieu et mendient le pain céleste seront rassasiées comme les filles du Royaume[1]. Car il est écrit : *L'enfant ne portera pas l'iniquité de son père.* À tous, l'Éternel a donné le repentir qui conduit à la vie. Ne savez-vous pas qu'il est dit : *Je ne désire pas la mort de celui qui meurt, convertissez-vous et vivez,* n'avez-vous aucune mémoire ? Voici ce que notre Père céleste vous enseigne : quand vos fautes iraient de la terre au ciel, quand elles seraient plus rouges que l'écarlate et plus noires que le sac, si vous vous retournez vers lui en disant *Abba,* il vous exaucera comme si vous étiez des saints ! Amen. »

Et je sus, en entendant ces mots, que Jésus m'aimait, comme il aurait aimé un fils s'il n'avait depuis longtemps rompu tous les liens de la chair pour s'attacher au Seul.

Mais ce que nous disait le Serviteur de Dieu ne plut pas à José. Il se mit à se gratter la tête. Ayant vu la guérison de Jacques, il commençait à croire en Jésus, mais il

1. C'est seulement à propos de la Syro-Phénicienne et de sa fille que, dans la *Vie de Jude*, Jésus semble ouvrir sa prédication à des non-Juifs.

espérait dans son cœur que notre bien-aimé deviendrait roi d'Israël et qu'il combattrait avec l'épée et le bâton les païens qui dévorent la terre des fils d'Abraham et qui souillent notre sanctuaire. Il disait : « Les gens des Nations pullulent sur le corps de notre mère comme une vermine, les laisserons-nous nous étouffer ? » Il disait : « Avec les tétrarques leurs complices, les adorateurs de César nous prennent tout : l'eau et le pain, la laine et le lin, l'huile et le vin. Israël est leur butin. Quand donc éprouveront- ils notre colère ? » Et depuis la mort de notre frère Simon, dont il avait recueilli la veuve et l'enfant, il délaissait souvent son travail de potier et partait sur les chemins en criant vengeance : vengeance contre les soldats d'Antipas qui avaient les pieds légers pour répandre le sang, et vengeance contre le préfet de la Judée qui venait de mêler le sang de Galiléens révoltés avec celui de leurs propres sacrifices.

Ce soir-là, à l'auberge, échauffé par le vin, José nous dit : « Il n'y a pas de justes parmi les Nations, pas un seul ! Les Grecs[1] ne connaissent pas le chemin de la paix. La destruction et le malheur sont sur leur route. Contre eux, il faut tirer l'épée ! »

Et Jésus lui dit : « Ceux qui prendront l'épée périront par l'épée… Vous avez appris qu'il a été dit : *Œil pour œil et dent pour dent,* mais je vous dis : Si ton ennemi a faim, donne-lui du pain, car le Père fait lever son soleil sur les méchants et sur les bons. »

Alors José soupira profondément, puis, remettant la main au plat, il dit : « Au moins, allons en Judée,

1. Le mot désigne ici, par extension, les Romains et les Syriens – bref, les païens.

car les enfants d'Abraham y souffrent plus qu'ailleurs sous le joug des idolâtres. Ce n'est pas dans nos campagnes qu'il faut paraître, c'est à Jérusalem. Montre-toi, Jésus, montre-toi aux principaux du Temple pour qu'ils voient les œuvres que tu fais et qu'ils en soient troublés. Annonce-leur le Royaume, et annonce-le aussi aux pèlerins. Montons tous ensemble pour le jour de la Dédicace, restons-y avec tes disciples pour le jeûne de l'Expiation, puis tu y enseigneras toute la semaine, jusqu'à la fête des Cabanes. »

Mais Jésus lui répondit : « Mon temps n'est pas encore venu. Toi, ton temps est toujours prêt car les riches et les puissants ne peuvent te haïr, tu n'es encore qu'une vapeur qui sort de la marmite... Moi, ils me haïssent parce que je rends témoignage que leurs actes sont mauvais. Aussi les sacrificateurs disent-ils que j'égare la multitude comme faisait le Baptiste. Ils chercheront à me faire mourir. Que ceux d'entre vous qui le veulent montent pour la Dédicace et qu'ils préparent le chemin du Seigneur. Quant à moi, ce n'est pas mon heure[1]. »

Depuis qu'il avait commencé à annoncer le Royaume, l'Élu du Très-Haut ne montait plus au Temple qu'en secret. Aussi, cet automne-là, demeura-t-il d'abord en Galilée avec Pierre, André et Jean de Zébédée, disciples en qui il se fiait de préférence à tous. Et il garda mon frère Jacques auprès de lui.

Les autres, accompagnés d'une petite troupe de Galiléens, montèrent à Jérusalem, voulant préparer la voie du Serviteur de Dieu par de grandes réjouissances

1. Rapprocher de *Jean* 7, 1-9.

et un fort mouvement du peuple. Ils espéraient persuader ainsi l'Élu du Seigneur de monter publiquement pour la fête des Cabanes. Se souvenant que Zachée, le chef des publicains de Jéricho, avait promis de nous aider, et comptant sur Jonathas, le cousin du forgeron, ainsi que sur Cléophas et ceux de Képharnaüm qui travaillaient aux bâtiments du Temple, ils pensaient trouver dans la ville assez d'abris sûrs pour notre Rabbi. Ils en avaient discuté ensemble à l'auberge pendant que [...]

< *Jude épouse la jeune Syro-Phénicienne* >

Jésus voulut se retirer seul au bord de la mer, pour prier dans un lieu où l'on étendait les filets. À Jacques et à José, il dit avant de s'éloigner : « Dans le désert, Moïse prit une femme éthiopienne[1], et l'Éternel notre Père, ayant trouvé ce mariage bon, châtia Aaron et Miryam qui avaient parlé contre leur frère. »

Cependant, dans son cœur, Jésus craignait pour moi, parce que beaucoup dans notre peuple murmureraient contre ma femme et que je n'avais ni science ni patience pour les confondre. Sans attendre davantage, Jacques – qui, lui aussi, connaissait les Écritures – demanda en effet : « Rabbi, n'est-il pas écrit que le Très-Haut a dit à nos pères exilés, lorsqu'ils revinrent de Babylone : *Ne donnez pas vos filles aux fils des étrangers et ne prenez pas leurs filles pour vos fils* ? Et ceux qui avaient épousé des

1. Voir *Nombres* 12.

Samaritaines ne durent-ils pas les renvoyer, elles et leurs enfants ? »

Mais Jésus lui répondit : « Mon frère, cette parole n'est ni de Dieu ni d'un de ses prophètes : elle est d'un scribe[1]. » Et laissant là Jacques, honteux, le Serviteur de Dieu sortit de la ville.

Pour faire les noces à Nazara avant le départ des disciples, le temps manquait. Aussi Marie de Magdala offrit-elle le festin dans sa maison aux pierres noires.

Talitha se purifia dans les bains selon le rite, et elle brûla ses habits. Une disciple, femme d'un intendant de la princesse Cypros qui possédait de grands domaines à Tibériade, revêtit la Jeune-Fille d'une robe aux brillantes couleurs. D'elle, la fillette reçut aussi des chaussures en peau de dauphin et un voile d'Égypte en lin fin. Mais, avec sagesse, la fiancée dit à Marie et à Matthieu : « Ce sont des vêtements qui s'usent. Prenez-les. À l'avènement du Royaume, l'Éternel me vêtira d'une robe qui ne s'use pas. » Aussitôt Matthieu vendit le voile et les chaussures, et il put distribuer plus de deux cents deniers aux pauvres et aux malades de la Magdaléenne.

Ce fut encore Marie de Magdala qui, telle une mère, mena jusqu'à la chambre nuptiale la Jeune-Fille aux pieds nus et aux paupières baissées.

---

1. Il s'agit du *Livre d'Esdras* (ve siècle avant notre ère) qui se présente comme le rapport administratif d'un scribe juif employé par le roi des Perses et se trouve rattaché non au *Livre des Prophètes,* mais aux *Chroniques,* simples récits.

À la fiancée, je dis : « Tu es ma sœur, ma mère et ma fille, ma maîtresse et mon esclave, unis-toi à moi. »

Et je m'approchai d'elle. Et elle me reçut.

< Jude et sa jeune épouse rentrent au village >

[…] Ma mère était assise sous le figuier. De sa main droite, elle lançait une toupie pour amuser les fils de Jacques. De sa gauche, elle retenait sur ses genoux le nourrisson de mon frère Simon, qui pleurait. Je vis que près d'elle, sur le banc, elle avait posé un linge blanc et, dessus, deux pommes qu'elle avait trempées dans le miel ; mais elle avait oublié de les donner aux enfants, et les fruits étaient couverts de mouches qui y restaient collées. Je vis aussi que notre chèvre noire, attachée à l'anneau de l'appentis, avait maigri, que l'herbe folle poussait entre les rangées de fèves, que la barrière des brebis était mal fermée, que notre rosier de Damas dépérissait. Alors, poussant Talitha vers le banc, je dis : « Mère, voici ta fille », puis, me tournant vers Talitha : « Femme, voici ta mère[1]. »

Et aussitôt, ramassant la houe, je ceignis mes reins.

Comme notre mère avait d'abord mal entendu le nom que je donnais à ma bien-aimée et qu'elle continuait à l'appeler *Tabitha,* qui signifie « gazelle » en hébreu, bientôt je ne l'appelai plus, moi aussi, que Tabitha. N'est-il pas écrit en effet : *Fais ta joie de la*

1. Rapprocher de *Jean* 17, 26-27. Mais, ici, il ne s'agit pas de protéger Marie mais de protéger Talitha, et c'est Marie la protectrice.

femme de ta jeunesse, biche d'amour, gracieuse gazelle ? Et quand, bientôt, elle porta notre premier-né dans son sein et que je pus lui dire : « Bénie soit ta source ! », le nom de Jeune-Fille ne lui convenait plus ; c'est ainsi que, pour nous tous, Tabitha devint son nom.

< *Vie de Jude et des siens au village* >

[…] Or, dans notre maison, venaient les enfants des journaliers et des pauvres veuves du village car, pour eux comme pour les fils de ses fils, ma mère trempait des pommes dans le miel ; et elle ne se demandait pas s'il nous resterait assez de fruits pour nous-mêmes.

Aux Portes, les Anciens disaient : « Il est écrit *Celui qui donne ne connaîtra pas l'indigence.* Marie de Joseph, qui ne renvoie personne les mains vides, finira ses jours dans l'opulence. » Ils disaient aussi : « Elle donne à tous. Mais elle donne parce qu'elle peut donner : son fils ne gagne-t-il pas beaucoup d'or en guérissant des publicains ? Et ne possède-t-il pas des bateaux sur la mer de Galilée ? »

Ainsi l'avare se persuade-t-il que rien ne coûte au miséricordieux. Dans notre village, les hommes mesquins avaient la main tendue pour prendre et repliée pour donner ; et nos riches cousins prodiguaient aux pauvres plus de conseils que d'aumônes. Mais comment notre mère aurait-elle pu, à elle seule, rassasier tous les affamés ?

Maintenant que Jacques n'était plus dans notre maison pour lui parler avec sagesse, et que José travaillait toujours davantage pour nourrir les enfants que Léa ne lui avait pas donnés[1], elle se trouvait livrée tout entière à la bonté de son âme. Car moi, son dernier-né, je n'osais lui dire : « Mère, c'est dans le temps de l'abondance qu'il faut songer au temps de la famine » : je craignais de la voir retomber dans l'affliction qui avait obscurci son cœur après la mort de Simon.

Il est écrit : *N'attriste pas ton père dans sa vieillesse et, si son esprit faiblit, sois indulgent.* Or notre mère vieillissait. Ses genoux lui causaient de grandes douleurs et ils étaient parfois comme de la cire qui fond. Elle n'avait plus assez de forces pour bâter l'âne sans aide. Et tandis que Tabitha pilait le grain, épierrait le champ et trayait nos brebis, elle restait assise sur le seuil de la maison, filant la laine et tissant le lin, d'une main encore habile mais déjà gonflée par l'âge. Elle dormait peu et se levait au premier chant de l'oiseau en disant : « Que la lumière est douce à voir ! Bénies soient les créations de l'Éternel ! »

Il arrivait qu'elle s'étonnât de ne pas entendre le bruit du rabot au fond de la cour. Alors, se rappelant qu'il n'y avait plus de planches sous l'appentis parce qu'il n'y avait plus de charpentier, elle secouait la tête et disait : « Mes fils ne bâtissent plus de maisons, ils bâtissent le Royaume. Le Très-Haut a fait d'eux ses architectes. Loué soit son Nom ! Désormais, toutes les générations me diront bienheureuse ! »

---

1. Peut-être les deux fils de Jacques et, sûrement, la fille de Simon que José a recueillie.

Du temps où il apprenait le travail du bois, Jacques avait promis à notre mère de lui « faire des jours aussi longs que les jours de l'arbre » ; cependant, il l'avait quittée. Moi, je voulais la nourrir de fleur de farine et de miel jusqu'au jour où son souffle retournerait à Dieu.

Quand Marie n'était pas avec les enfants autour d'elle, occupée à leur raconter l'histoire de David et Saül ou à leur chanter des chansons, elle m'interrogeait sur l'enseignement de Jésus et les foules qui le suivaient. « Il leur donne un cœur nouveau, disait-elle pleine de joie, un cœur de chair à la place de leur cœur de pierre ! C'est ainsi qu'il hâte le temps du Royaume – bientôt, mon enfant, nous n'aurons plus besoin de garder nos pommes ! » Elle disait : « Je ne suis pas surprise que tous accourent vers lui, car il les délivre en même temps de leurs péchés et de leurs démons. Et il ne leur parle pas à la manière des scribes et des docteurs : aux petites gens comme nous, il parle en paraboles, et tous le comprennent. »

Je ne rapportai pas à ma mère les paroles que Jésus m'avait dites, un jour que le peuple le pressait si fort sur le rivage qu'il avait dû remonter dans la barque : « Beaucoup viennent vers moi, s'assoient devant moi et écoutent mes enseignements, mais peu les pratiquent : je suis pour eux comme un chanteur d'amour qui joue de beaux airs[1]... »

---

1. Même constat désabusé chez le prophète Ézéchiel.

< Marie, Jude et José apprennent que Jésus a reçu un bon accueil à Jérusalem >

En ce même temps, le chef de notre synagogue, dont le frère était scribe au Sanhédrin, vint et parla à notre mère : « Des pèlerins de Galilée, montés à Jérusalem pour la fête des Cabanes, y ont accueilli un prophète avec des transports de joie, dit-il. Ils l'appelaient *Jésus, Fils de David,* et agitaient en son honneur des rameaux d'olivier. Devant la Porte, ils criaient : “Hosannah ! Béni soit le règne qui vient, celui de notre père David[1] ! Qu'il se lève, notre divin roi, contre les ennemis qui nous enveloppent ! Qu'il brise les bras des *Kittim* et les fasse tomber dans la fosse !” Ce Jésus est galiléen, comme ceux qui l'ont accueilli et comme nous. Se peut-il, femme, qu'il s'agisse de ton fils premier-né ? Pourtant, de Galilée, il ne peut venir aucun prophète, nos scribes le savent.

— Mais Dieu, lui, le sait-il ? » demanda ma mère.

Alors, comprenant qu'elle le raillait, l'homme se radoucit et, s'adressant à elle, il dit seulement : « Enquiers-toi de ton fils. Si tu apprends qu'il prophétise à Jérusalem, fais-le-moi savoir pour que j'aille l'entendre à mon tour. Et lorsqu'il se déclarera roi, je me prosternerai à ses pieds, comme tous ceux de ce village. Car il est la perle de notre petite patrie, et nous l'avons toujours chéri. »

---

1. Ces exclamations montrent que la fête religieuse prenait un sens politique.

Lorsqu'il se fut retiré, ma mère se mit à rire : «Qu'y a-t-il entre cet homme et moi? Les paroles de ce menteur s'envolent au-dessus de ma tête comme des nuages : le vent les disperse... Mais toi, mon fils, descends maintenant à Képharnaüm et renseigne-toi : notre bien-aimé est-il revenu chez lui? Comment ceux de Jérusalem ont-ils reçu la promesse du Royaume? Car, dans le temps où il demeurait parmi nous, ton frère redoutait cette cité, il disait : "Jérusalem lapide les prophètes, elle demande des signes mais ne voit pas les prodiges." Si ses compagnons t'apprennent qu'en Judée leur rabbi a trouvé des ouvriers pour sa moisson et que la récolte est proche, alors interroge-les sur notre Simon : quand sera-t-il relevé d'entre les morts? Va, petit, va en hâte et reviens.»

Mais tandis que je descendais ainsi vers la mer de Galilée, voici que je rencontrai la Magdaléenne, suivie de Suzanne, sa servante. Elle me dit : «Le Maître n'est plus ici. Avec les disciples qui sont restés dans ma maison, nous monterons bientôt au Temple pour y célébrer la Pâque avec lui.»

Or, dans ces mêmes jours, vinrent aux Portes de notre village des muletiers qui avaient vendu à Jérusalem des tapis de pourpre de Tyr et qui rapportaient du baume de Jéricho pour le vendre en Syrie. Le chef de ces hommes savait beaucoup sur Jésus. Il dit à notre mère : «Aux hérodiens de la Judée qui l'interrogeaient sur l'impôt, ton fils a conseillé de donner au César le denier que celui-ci exige. Je crois que, dans son cœur, il se dit : Il ne faut pas devenir une occasion de chute pour les enfants d'Israël[1]. Cette pensée-là est bonne, vois-tu, car rien ne vaut la paix romaine pour le commerce. »

Mais, en apprenant cette parole de Jésus, José fut saisi d'indignation. Déjà, quand il devait payer sa part du tribut au tétrarque de la Galilée, il s'enflammait de colère. Ses entrailles bouillonnaient et la fumée lui sortait par les narines. S'il avait demeuré dans la Judée, il n'aurait pas voulu payer l'impôt des Romains : « Pourquoi les enfants de Dieu paieraient-ils un impôt aux étrangers dans le pays que leur Père leur a donné ? demandait-il. S'il est vrai que Jésus parle ainsi aux petits de Jérusalem, je comprends pourquoi ils ne sont plus très nombreux à suivre sa Voie ! » Mais je lui dis : « Amen, mon frère, tu sais comme ces hérodiens sont pervers : si le Maître avait dit "Payez l'impôt", ils auraient crié au sacrilège, et s'il avait dit "Ne payez pas", ils l'auraient dénoncé comme rebelle. Mais le Béni du Seigneur a pris ces hypocrites à leur piège : ne leur a-t-il pas demandé de lui montrer le denier ? Et voici : s'ils ont entre leurs mains la monnaie impure des Romains, eux qui craignent tant de se souiller, qu'ils la leur rendent ! Et qu'ils rendent à Dieu ce qui est à lui : cette terre d'Israël où nous bâtissons le Royaume. »

Le muletier avait dit aussi à notre mère : « Certains tiennent ton fils, que Dieu le garde !, pour un ivrogne et un luxurieux, car il ne jeûne pas comme le Baptiste et n'écarte pas de lui les gens de mauvaise vie. » Selon

1. Même réflexion dans *Matthieu* (17, 24) mais à propos de l'impôt du Temple.

ce que nous assurait le caravanier à la langue perfide, une femme de Jérusalem aux cheveux dénoués était entrée dans la salle du banquet qu'un publicain donnait en l'honneur de Jésus. Elle portait entre ses mains un vase d'albâtre ; et, cassant le col du vase, elle avait répandu le parfum sur la tête et les pieds du Serviteur de Dieu. Or c'était du vrai nard, qu'on aurait pu vendre trois cents deniers ! Et la femme, en pleurant, avait essuyé les pieds de l'Élu avec sa chevelure. Tous étaient scandalisés, mais lui ne l'avait pas repoussée… Disant cela, le muletier riait dans sa barbe, car il n'avait pas le cœur bon.

Quand elle entendit ces choses, ma mère s'écria : « Jacques n'est-il pas avec son frère ? Ne peut-il empêcher ces débauchées d'assiéger mon fils ? Et que fait ma bru Sara ? La honte est sur notre maison ! » Puis elle se reprit : « Non, Jésus sait ce qui est juste. Nul ne peut le détourner de la voie que le Seigneur lui a tracée. Loué soit le Très-Haut ! »

Et les jours suivants, se reprochant d'avoir douté de l'Élu, elle s'accusait devant Dieu : « Éternel, ne garde pas rancune au fils des faiblesses de sa mère. Qu'en toutes choses il fasse ta volonté, non la mienne. Cependant, je crains pour lui, je ne vois partout que pièges et trappes ; et quand je chante, mon chant n'a plus de gaîté, même les enfants s'éloignent de moi… Éternel, tu me sondes et tu me connais, c'est toi qui as formé mes reins, n'abandonne pas l'œuvre de tes mains ! »

Mais un matin, tandis qu'elle balayait la maison, elle se tourna joyeuse vers Tabitha et dit : « Voici ce que nous allons faire : avant les Azymes nous partirons,

José, Jude et moi, car toi tu es enceinte. Je prendrai l'âne et nous irons à Jérusalem pour immoler la Pâque. Ainsi pourrons-nous prier l'Éternel dans son Temple, et moi je verrai mon fils.» Disant cela, elle avait retrouvé la vigueur d'une jeune fille.

< *Dans les jours qui précèdent la Pâque et les Azymes, Marie, José et Jude arrivent à Jérusalem* >

[…] au-delà du Kédrôn, derrière la colonnade de Salomon, dans le jardin que Jonathas le Galiléen possédait autour de son huilerie. Ma mère et d'autres femmes couchaient dans la tour du pressoir. Je dormais sous les arbres, avec José et l'âne.

N'ayant pas trouvé là Jésus et ses disciples comme nous l'espérions, j'interrogeai des pèlerins qui passaient sur le chemin, et l'un nous dit : «Il se retire chaque soir au village de Beth-Ania, où l'un de ses partisans le reçoit dans sa maison. Le village est à dix ou douze stades de la ville, derrière la colline des Oliviers où vous dormez. Mais le jour, c'est dans le Temple avec ses élèves que vous le trouverez, car il y enseigne.

— Et Jacques ? demanda José. L'avez-vous vu ? C'est un homme de haute taille, qui boite un peu et porte deux gros phylactères aux bras. Où loge-t-il ?» […]

[…] Or beaucoup de Judéens venus du nord de la ville traversaient le Temple sans prier, ni sacrifier, ni écouter les maîtres : descendant de la porte des Brebis, ils passaient avec leurs charges par l'esplanade des Païens et le Portique royal pour raccourcir leur chemin ; ainsi ajoutaient-ils à la confusion et au désordre du lieu consacré. Car, avant de parvenir à la troisième cour et d'étendre les mains vers le Saint[1], les pèlerins devaient passer par la ruelle des vendeurs d'amulettes, l'allée des marchands de galettes, la cour des changeurs, l'enclos des bestiaux, les échoppes des oiseleurs et les écoles des rabbis. Dominant cette multitude grouillante et caquetante, les soldats romains, debout sur la muraille de la forteresse, se tenaient comme des idoles de pierre posées sur le toit d'un temple païen. Comment l'Éternel aurait-il reconnu là son Tabernacle ?

Dans cette confusion, je ne retrouvai même pas Jésus ; j'aurais voulu manger la Pâque avec lui et avec notre mère, mais pour acheter l'agneau sans tache que nous mangerions tous ensemble il me fallait d'abord acquérir la monnaie du Temple. Or les changeurs étaient devenus si avides de nos drachmes et de nos deniers qu'ils en exigeaient toujours davantage pour nous donner les pièces frappées du chandelier[2]. Ils

---

1. Les fidèles ne peuvent contempler que l'entrée du Saint, cœur du sanctuaire.

2. La monnaie du Temple, obligatoire dans l'enceinte, portait des symboles judaïques (à l'inverse des « impures » monnaies grecque et romaine sur lesquelles figuraient des visages humains). Les changeurs, placés sous l'autorité du Grand Prêtre, percevaient sur chaque opération monétaire une « taxe de change » au profit du Temple : ce n'était pas eux, mais la caste sacerdotale qui se montrait trop gourmande…

adoraient le Mammon plus que l'Éternel leur Dieu. Aussi, sur l'esplanade, le moindre des agneaux vendus pour le sacrifice coûtait-il autant qu'un veau gras chez nous, et les colombes de Jérusalem dix fois plus que celles des campagnes.

Je dis à ma mère : « Entendons-nous avec une autre famille de Galilée pour partager avec elle l'achat de l'agneau et le repas pascal. » Ma mère dit : « Je parlerai à ces gens du bourg de Dalmanoutha qui dorment dans le même jardin que nous. » Passant sur le marché aux herbes, elle dit encore : « À deux familles pour un petit agneau, nous n'aurons chacun qu'une bouchée de viande… Mais ne crains pas, je mettrai beaucoup de *harosset*[1] dans le plat pour que nous mangions à suffisance. »

< *La « purification » du Temple* >

[…] Le jour suivant, je vis qu'une foule sortait du Temple en grande hâte par les portes basses qui sont sous l'escalier et sous l'arc qui mène au palais des Hasmonéens. Montant les marches jusqu'au Portique royal, je trouvai toute l'esplanade des Païens agitée de mouvements contraires : certains fuyaient comme devant un incendie, d'autres cherchaient à s'avancer pour voir de plus près. On entendait des cris, un fracas de bois brisé ; des colombes affolées volaient partout, et des brebis échappées de leur

1. Sauce au vinaigre enrichie de raisins secs, de noix et de dattes.

enclos semaient le désordre parmi les pèlerins. Les portiers et les lévites chargés de la garde tentaient de se frayer un passage vers la Belle Porte[1] pour se rapprocher du trouble. Mais ils n'y parvenaient pas, et chacun s'interrogeait.

Il y avait près de moi des Israélites de la Dispersion que l'on nomme *hellénistes*[2]. Montés pour adorer pendant la fête, ils ne comprenaient pas mes questions, car ils n'entendent plus rien à la langue de leurs pères. Donnant des coups de tous côtés, ils poussaient les femmes et les vieillards devant eux pour sortir à leur suite.

Alors, voyant du haut de la forteresse tant de Juifs s'agiter, les Romains sonnèrent la trompette du rassemblement. Aussitôt, la foule du sanctuaire fut saisie d'une épouvante encore plus grande. Tous fuyaient, tous couraient, même les paralytiques qui mendient à la Belle Porte.

Enfin une vieille Judéenne, que j'aidai à se relever car un bœuf l'avait renversée, s'écria : « C'est à cause du prophète, ce Galiléen qui se prétend fils de David... Comme s'il pouvait sortir un prophète de la Galilée ! Et David ? David n'était-il pas un Judéen ? Comment cet *am ha-aretz* serait-il un fils de David ? » Elle croyait s'adresser à un homme de sa ville car, ayant demeuré plus d'une année chez les Parfaits de

1. La Belle Porte séparait l'esplanade ouverte à tous de la « zone réservée » aux Juifs (qui commençait à la cour des Femmes).

2. Juifs de la Diaspora originaires d'Alexandrie, Antioche, Éphèse, Cyrène, Chypre ou Corinthe. Hellénophones, ils ne parlaient plus l'araméen ni l'hébreu.

Jérusalem, je ne parlais plus à la manière rude des Galiléens. Elle poursuivit : « Aujourd'hui, ce fils de David se prend pour Moïse : il a crié contre nous et parlé du Veau d'or, alors que nous faisions tranquillement nos affaires. Il renversait les tables des changeurs, leurs balances, il ouvrait les cages, brisait les enclos, il a même culbuté mon siège… Maintenant il chasse les bêtes et les marchands avec un fouet de cordes, en criant : "Bandits ! Race de l'adultère et de la prostituée ! Il est écrit : *Ma maison sera une maison de prière,* mais vous, vous en faites une caverne de voleurs !" Cet homme est fou ! En agitant le peuple, il attirera sur nous la colère des Romains : je te le dis, mon fils, ils monteront sur nos têtes, amen ! Puisses-tu ne jamais voir *l'abomination de la désolation*[1] ! Amen, amen », et aussitôt elle […]

< Bar-Timée, de Jéricho, renseigne Jude >

À la Porte des Eaux, alors que la nuit tombait, je reconnus Bar-Timée, un aveugle de Jéricho qui suivait toujours les disciples depuis que le Maître lui avait rendu la vue en mettant de la salive sur ses yeux. Je lui demandai : « Où est l'Élu du Seigneur ? Les gardes se sont-ils emparés de lui ? »

Il répondit : « J'ai vu le Fils de David sortir par cette Porte avec Pierre, André, la Magdaléenne, et les deux de Beth-Ania que ton frère Jacques a placés auprès de lui pour qu'ils le défendent avec leurs épées. Car il a dit

1. Expression qui désigne la profanation du Temple.

à plusieurs[1] : “Maintenant, nous voilà tous exposés à tomber : le berger et ses brebis seront également frappés. Que celui qui a une épée la prenne, et que celui qui n’a pas d’épée vende son manteau et en achète une.” Cependant, dans la cour des Païens, personne n’a mis la main sur le Rabbi, et ici, à la Porte de la ville, les lévites de l’octroi[2] n’ont pas cherché à le prendre. En vérité, le Grand Prêtre craint de faire arrêter l’Élu dans la maison du Père, car certains parmi les pauvres sont frappés de son enseignement. Et les principaux sacrificateurs disent dans le Sanhédrin : “Amen, ne prenons pas le Galiléen au milieu de la foule en fête, de peur de provoquer un tumulte qui précipiterait le peuple dans les escaliers. Nombreux sont ceux qui s’y écraseraient, car de telles choses adviennent quand tous sont rassemblés pour les Azymes.” »

Puis, voyant que ces paroles n’apaisaient pas l’inquiétude de mon cœur, Bar-Timée me rappela que Jésus aimait à dire : *Ne vend-on pas cinq passereaux pour deux sous ? Cependant, aucun d’eux n’est oublié devant Dieu.* Et l’Aveugle s’écria : « Ne vaux-tu pas davantage que ces oiseaux ? et combien plus encore le *Netzer* notre Maître, que l’Éternel a choisi pour restaurer la maison d’Israël ! » Alors je demandai : « Mais la nuit, quand le Temple dort… les hérodiens ne peuvent-ils se saisir de lui ?

1. Ici, le pronom « il » renvoie probablement à Jacques et non à Jésus, auquel *Luc* (22, 36) attribue, peut-être à tort, cette même parole.

2. Aux portes de Jérusalem, le Trésor du Temple percevait des taxes sur les « impures » marchandises produites à l’extérieur.

— La nuit, dit-il, le Maître prend son repos hors de la ville, à Beth-Ania, dans la maison de Simon le Lépreux, qu'il a guéri. Ton frère Jacques dit qu'aucun lévite n'ira le chercher là-bas, ils craignent trop de se souiller ! » Et Bar-Timée, qui avait acheté de quoi manger, vint dormir avec moi dans le jardin de Jonathas.

< Jude entend Jésus prédire la destruction du Temple >

[…] Après avoir chanté les Quinze Psaumes sur les quinze degrés de la cour d'Israël en implorant la protection du Seigneur, je fis encore une fois le tour du parvis des Païens pour y chercher le plus bel agneau au plus bas prix et le réserver. Car la Pâque approchait : c'était déjà la veille de la Préparation[1]. Or ma mère devenait trop lasse pour rentrer chaque matin dans la ville et monter les escaliers ; elle restait dans la tour du pressoir de Jonathas, où elle gardait notre âne et les petits enfants que des pèlerins lui laissaient pendant le jour.

Traversant la cour des Femmes, je trouvai Salomé avec la Magdaléenne, et elles me dirent : « Le Maître enseigne chaque jour sous le portique de Salomon avec les autres rabbis » ; mais, sous la colonnade où se trouvaient les maîtres de sagesse, je ne pus m'approcher de lui : les élèves qui l'écoutaient en rangs serrés m'en empêchaient.

De mon bien-aimé, je ne voyais pas le visage parce qu'il enseignait assis sur la base d'une colonne, mais

1. Avant-veille de la Pâque.

j'entendais qu'il s'irritait contre ceux du Temple qui cherchaient le moyen de le surprendre par leurs questions et lui tendaient des pièges : « Malheur à vous, docteurs de la Loi, scribes à la nuque raide, vous êtes comme le chien couché dans la mangeoire des bœufs : vous ne mangez pas de foin, mais vous ne voulez pas laisser les bœufs en manger[1] ! Et vous, sadducéens au cœur dur, vous bâtissez de beaux tombeaux pour les prophètes, mais ce sont vos pères qui les ont tués ! » Et la foule commença à s'agiter autour de lui quand, le souffle de l'Éternel l'enflammant, il parla encore plus fortement contre ses ennemis : « Malheur à vous, lévites rapaces qui dévorez les maisons des veuves pour vous enrichir ! Malheur à vous, *Kohanim*[2] et hérodiens[3], vous êtes comme des sépulcres blanchis, beaux au-dehors, mais, au-dedans, pleins de corruption ! Et vos richesses sont comme vos cœurs : pourries ! »

Un des lévites prit alors la parole et dit : « Rabbi, en parlant de la sorte, tu nous outrages ! Nos jours ne s'écoulent pas dans l'opulence. Tout l'argent que nous recevons des enfants d'Abraham est pour le service de Dieu et pour les bâtiments : ne vois-tu pas ces belles pierres, tout cet or, et les ornements déposés en offrande ? » Alors Jésus lui répondit : « Les jours

---

1. Voir *Évangile de Thomas, logiôn* 102.

2. Sacrificateurs héréditaires descendants d'Aaron (le *Kohen),* élite de l'aristocratie sacerdotale.

3. La précédente lignée de Grands Prêtres ayant été exterminée par Hérode, leurs successeurs, surnommés *hérodiens,* étaient considérés comme proches des occupants Romains.

viendront où, de ces grandes constructions, il ne restera pas pierre sur pierre[1]… Pleure, Jérusalem, et couvre ta tête de cendres : tu seras foulée aux pieds, tes fils seront emmenés captifs. Et parce que tu n'as pas reconnu les temps où tu étais visitée[2], même ton sanctuaire sera ravagé ! »

Le lévite, entendant cela, fut dans la stupéfaction, puis il se mit à crier : « Que veux-tu donc, Galiléen ? détruire ce Temple ? brûler la ville ? Insensé ! Faux prophète ! »

Et Jésus répéta : « En vérité, je te le dis : pas pierre sur pierre… »

Alors certains parmi la foule s'écrièrent : « Il blasphème ! Il blasphème ! » Et, prenant des moellons dans les tas disposés pour les travaux des bâtiments, les porteurs d'eau et les fendeurs de bois[3] cherchaient à saisir le Serviteur de Dieu pour le lapider.

À cause de ce tumulte et du bruit, les sentinelles que les Romains avaient placées sur les murs de la forteresse firent comme la veille et embouchèrent les trompettes. Aussitôt, croyant que la cohorte oserait descendre dans le lieu saint par les degrés qui relient la citadelle au sanctuaire, tous les fils d'Israël coururent vers les portes ; et quand la cour des Païens

1. Thème récurrent chez les prophètes depuis la destruction du Premier Temple.

2. Allusion à la vaine succession des prophètes bibliques.

3. Le Temple employait, pour les tâches matérielles les plus rudes, une « caste » d'ouvriers spécifiques, descendants d'anciens prisonniers de guerre.

revint dans la tranquillité, voici : Jésus n'était plus entre leurs mains.

< *La menace* >

[…] En ce même soir, remontant la vallée du Kédrôn au pied de la ville splendide et marchant vers le mont des Oliviers couvert d'amandiers en fleur, j'allais comme dans la vallée de la mort, le cœur plein d'angoisse.

Ma force se desséchait dans la détresse comme l'argile au soleil, car je voyais qu'il y avait des divisions dans le peuple de Judée à propos de Jésus. Certains croyaient à cause de sa parole, disant : « C'est Élie redescendu des Cieux[1]. » Mais beaucoup s'écriaient : « Il a un démon, il a Beelzébul, il est fou, pourquoi l'écoutez-vous ? » Et, dans mon cœur, je pensais qu'à cette heure les scribes et les sacrificateurs disaient entre eux : « Les soldats du César Tibère craignent nos querelles, gardons-nous de les irriter pendant la Pâque[2] car ils viendraient détruire notre ville : n'est-il pas plus avantageux qu'un seul homme meure et que le reste de la nation ne périsse pas ? Accusons donc, avant la Pâque, celui qui veut être roi d'Israël et qui jette le trouble dans nos parvis ! »

---

1. Le prophète Élie, monté au ciel « dans un tourbillon » sous les yeux d'Élisée, reviendrait, croyait-on, avant le jour du Jugement.

2. Pendant la Pâque, la garnison romaine était renforcée et le préfet quittait Césarée (où il résidait habituellement) pour contrôler lui-même la ville sainte.

Or il arriva que, n'ayant retrouvé aux Portes ni mon frère Jacques ni José et rentrant auprès de ma mère par le chemin des Oliviers, je rencontrai l'aînée de mes sœurs. Chaque année, elle montait de la Galilée avec ses gendres aux longues barbes pour célébrer la Pâque et les Azymes. Elle me dit : « N'est-ce pas nos frères que tu cherches ? Apprends que, vers la dixième heure de ce jour, Jésus dînera avec ses disciples dans une maison de la ville basse dont le propriétaire vend du vin : on y tient des salles toutes prêtes à l'étage pour ceux qui viennent du dehors[1]. Jésus connaît cet homme. Il a chargé Jacques et Pierre de mettre les coussins dans la salle, et Jacques a envoyé José acheter de quoi composer le repas, car pas un des Douze ne sait négocier aussi habilement que notre frère José. »

Et je lui dis : « Comment sais-tu ces choses ?

— J'ai vu José près du réservoir de Siloë, répondit-elle, et il rapportait vingt petits oiseaux pour les faire rôtir[2]. Il a acheté aussi de l'huile pour les lampes et des parfums à brûler. S'ils font un pareil festin le jour de la Préparation[3], que ne feront-ils le jour de la Pâque ! »

---

1. De nombreux marchands de vin avaient alors, à côté de leur entrepôt, une ou deux salles à manger qu'ils louaient. Il ne s'agissait pas d'auberges : seul le vin était fourni.

2. Les propos de la sœur de Jude, et la composition du repas, semblent exclure l'hypothèse d'un repas pascal. Dans *Jean,* la Cène n'est pas non plus un repas pascal.

3. Les journées du calendrier juif commençaient dès le crépuscule.

Alors je demandai à ma sœur : « Comment Jésus rentrera-t-il ensuite à Beth-Ania ? La nuit sera tombée… »

Elle dit : « La lune est pleine[1].

— Mais les nuées qui s'amoncellent voileront la lune. Or le chemin est escarpé.

— Ils coucheront dans les jardins : n'est-ce pas ce que nous faisons tous, en attendant de devenir princes dans le Royaume ? Inquiète-toi plutôt de notre mère. Ramasse en chemin du petit bois et des sarments, et allume un feu pour elle car il fait froid. »

J'allumai un feu dans la nuit. J'espérais qu'il guiderait Jésus jusqu'à nous. Car, ignorant le nom de l'homme à qui appartenait la maison où mes frères dînaient, j'étais dans la crainte. Je ne pus cacher à ma mère que mon esprit était abattu : « Ils sont tous rassemblés dans une maison pour un banquet. Et quand ils auront fini, il sera trop tard pour que notre bien-aimé retourne chez le lépreux de Beth-Ania. Les prêtres le prendront…

— Pourquoi les prêtres sauraient-ils où mon fils dîne et où il va dormir ? » demanda ma mère.

Et je lui dis : « Parce que je le sais moi-même. Et ma sœur le sait. Mes frères le savent aussi et, avec eux, beaucoup de parents des disciples. Comment n'y en aurait-il aucun, parmi tous ces Galiléens, pour trahir Jésus ? Ils aiment tant à parler sur les marchés et à montrer leurs beaux habits sur les parvis ! Il faudrait

---

1. La Pâque était toujours fixée au 15 Nissan, moment de la pleine lune.

mettre une garde à leur bouche et des soldats sur la porte de leurs lèvres ! »

Alors, auprès du feu, ma mère se mit à prier, et son visage était beau dans la lumière. Elle dit au Seigneur : « Éternel, je n'ai pas un cœur qui s'enfle, je ne m'occupe pas des choses trop grandes et trop élevées pour moi. Je me fie toute en toi. Tu as créé la lune et les étoiles, et les myriades de grains de sable qui sont dans la mer, comment ne saurais-tu pas qu'il reste à ton Élu beaucoup de villes à visiter pour y annoncer ton Royaume ? et que beaucoup de fils d'Israël sont encore à sauver ? Toi qui protégeas David du glaive meurtrier, ne laisse pas réussir les projets des méchants, n'abandonne pas si tôt ton enfant aux oppresseurs, ne permets pas que ceux qui te sont infidèles puissent dire : "Le bras du Père est sans pouvoir"... Vois, mon Seigneur : près de toi ta servante garde l'âme tranquille, comme un enfant sevré qui s'endort sur les genoux de sa mère. J'ai l'âme comme un enfant sevré[1]. Car j'ai mis mon espoir en toi, depuis toujours et à jamais. »

Ayant ainsi prié, ma mère ne rentra pas dans la petite tour avec les femmes, elle fit son lit près du muret, tout à côté du foyer, sans crainte des flammes ; puis elle se coucha autour du feu, qui ronronnait comme un jeune lion qu'elle aurait pris dans son giron ; et aussitôt elle s'endormit, tant était grande sa confiance.

Je mis la toile au-dessus d'elle et m'assis pour veiller, espérant encore que Jésus viendrait dans ce jardin

1. Rapprocher du *Psaume* 131.

car il le connaissait. Mais bientôt mes yeux s'appesantirent, et je m'endormis.

< Le dernier repas >

[…] Dans la maison du marchand, ayant rendu grâce, l'Élu du Seigneur s'était mis à leur dire[1] : « Mes petits enfants, j'ai désiré de toutes mes forces vous réunir pour manger ce repas-là avec moi. Car je ne suis parmi vous que pour peu de temps encore. Maintenant mon âme est troublée, je sais que mon heure est proche : grande est la puissance des ténèbres dans la ville de Jérusalem ! Je vous le dis, cette cité me hait, mais bientôt je m'en irai… Là où je vais, vous ne pouvez aller. Que votre cœur, pourtant, ne s'alarme pas : ceux qui m'aiment garderont ma parole. Conservez aussi la mémoire de ce repas. Assemblez-vous lorsque vous aurez faim, car je suis le pain qui nourrit.

Et vous, enfants, quand vous serez réunis tous ensemble, vous serez ma chair et mon sang. Alors la flamme brûlera, et jamais elle ne s'éteindra. »

Or les disciples se regardaient les uns les autres, ne sachant de quoi il parlait. Mais Pierre, qui voyait sa tristesse, s'écria soudain : « Je partirai avec toi, Maître, avec toi ! Ne nous laisse pas orphelins ! Moi, je ne te quitterai pas, même s'il fallait mourir pour toi ! » Aussitôt, le reprenant, Jésus lui dit : « Simon, quand je partirai, Satan te réclamera pour te passer au tamis, il te

1. Le récit qui suit, Jude le tient sans doute de son frère Jacques.

criblera comme le froment… Je prie pour que tu ne défailles pas lorsque ces choses s'accompliront[1]. »

Après cela, comme il en avait coutume, il prit le pain, le rompit en autant de morceaux qu'il y avait de convives, et il en distribua les parts en nommant, un à un, ceux qui étaient étendus autour de lui. Or il y avait là les Douze et six autres – notre frère Jacques, les deux de Beth-Ania, Matthias le tailleur de pierre, et les deux Bar-Sabbas : Jude le stucateur, surnommé *Justus,* et son frère Yossi qui était piqueur de sycomores[2]. Et tous trempèrent leurs bouchées dans la sauce, disant entre eux : « Le Maître se retire au désert afin d'échapper aux prêtres du Temple, mais bientôt il reviendra plus fort et, avec l'aide des anges, il restaurera la royauté divine sur la terre d'Israël. »

Jean de Zébédée, qui mangeait toujours de grand appétit, ayant demandé au Béni de Dieu : « Rabbi, quand tu nous quitteras, comment veux-tu que nous jeûnions ? », Jacques de Zébédée se mit à rire de son frère, et tous rirent avec lui. Alors Jean, en proie à la confusion, posa aussitôt d'autres questions : « Comment donnerons-nous l'aumône ? Et comment prierons-nous le Seigneur ? Et lequel, en attendant ton retour, deviendra le plus grand parmi nous ? » Jésus lui répondit : « Où que vous soyez allés, mes enfants, vous vous tournerez vers Jacques le Juste, pour qui

1. Rapprocher de *Luc* 22, 31-34.

2. Tous ceux qui sont nommés ici exerçaient des métiers du bâtiment ou de petits métiers, tel le piqueur de sycomores qui incisait les fruits pour hâter leur maturation.

ont été faits le ciel et la terre[1]. Il saura vous rassembler quand on vous persécutera à cause de moi, et il vous conduira. »

[…] Le même soir, prenant la coupe des mains du serviteur, il en but une gorgée, rendit grâce au Seigneur et dit : « Buvez ce vin entre vous. Amen, je vous le dis : je ne boirai plus jamais du fruit de la vigne jusqu'au jour où je le boirai, nouveau, dans le royaume de Dieu. » Et ils se rassurèrent encore dans leur cœur en pensant que, par ces mots, le Maître signifiait seulement qu'il venait, comme le Baptiste, de prononcer le vœu d'abstinence pour le reste de sa vie.

Or voici : dès la bénédiction, Jésus avait renvoyé José qui avait préparé le repas pour eux tous et était resté à les attendre à la porte du marchand de vin ; puis, avant d'avoir avalé la dernière bouchée, il avait renvoyé aussi les deux de Beth-Ania qui étaient venus avec des épées, et Jacques les avait suivis sans attendre l'action de grâces. Si bien qu'à la fin du repas, quand le Maître demanda lesquels parmi ses disciples avaient des épées, il ne se trouva que Bar-Ptolémaïs[2] pour en tirer une.

Alors le visage de Jésus devint sombre comme la cendre. Il dit au fils de Ptolémaïs : « C'est assez.

---

1. Voir *Évangile de Thomas, logiôn* 12. Phrase écrite pour ceux qui, après la disparition de Jésus, étaient restés fidèles à l'Église judéo-chrétienne de Jérusalem dont Jacques fut l'« évêque ». De même que le célèbre « Tu es Pierre, et sur cette pierre je bâtirai mon Église » fut sans doute écrit pour des chrétiens de la mouvance romaine.

2. Il s'agit de celui que les évangélistes nomment Barthélémy ou Bartolomée.

Remets l'épée dans son fourreau, car il est écrit : *Ce n'est pas mon épée qui me sauvera.* » Et il dit encore : « Levez-vous, partons d'ici, je suis un passant. »

Mais en descendant l'escalier de la maison, une faiblesse le [...]

< *Guétsémani* >

[...] Car Judas l'Iscariote avait dit : « Maître, tu es las, pourquoi monter jusqu'au jardin de Jonathas ? Nous n'avons pas de torches et, sur la colline, tous les feux sont éteints. Reste plutôt en bas, près du torrent, dans l'oliveraie de Guétsémani où dorment ceux de la Pérée et du Jourdain. » Et André, le frère de Pierre, dit : « Je les connais, Rabbi, et toi aussi tu les connais. Ce sont des pèlerins de Beth-Abara, des disciples du Baptiste, ils nous feront une place. » Et Jésus dit : « Si tu veux... »

[...] triste, alors, jusqu'à la mort : « Père, éloigne de moi cette coupe ! » Mais quand, se relevant de sa prière, il revint vers ses disciples qu'il avait laissés à la distance d'un jet de pierre, il les trouva endormis. Soupirant profondément dans son esprit, il dit : « Quand finira la nuit ? »

À ce moment Judas, qui seul était resté éveillé, revint du fond de l'oliveraie vers Jésus et, posant la main sur son épaule, il lui dit : « Ne crains pas, Rabbi. » Aussitôt une bande de lévites, de serviteurs du Temple et de portefaix armés de bâtons sortit de l'ombre et se rua derrière lui. Abandonnant l'Élu de Dieu entre leurs mains, tous les disciples s'enfuirent dans la nuit. Et Judas courait avec eux en poussant des cris [...]

< *Le procès* >

[...] jusque dans la maison de Joseph Kaïphe, le Grand Prêtre nommé par les Romains. Ce Kaïphe était le gendre d'Hanân, et, par lui, Hanân gouvernait encore le Sanhédrin et commandait dans le Temple. Car il avait été lui-même Souverain Sacrificateur[1] et, lorsque les Romains l'eurent renvoyé, il fit nommer à sa place son fils aîné, puis le mari de sa fille ; et eux n'osaient rien faire sans son avis, car il gardait un grand pouvoir[2].

Aussi, sur l'ordre de Kaïphe, les lévites menèrent-ils d'abord le Serviteur de Dieu dans le palais d'Hanân. Celui-ci, assis dans une chambre haute avec des amis, commença par entendre les deux témoins que les sacrificateurs avaient choisis pour établir le blasphème. Puis, au milieu de la nuit, il fit monter Jésus, et les lévites restèrent en bas, dans la cour, se chauffant à un réchaud.

Or le Béni du Seigneur ne répondait rien aux faux témoins qui disaient : « Nous l'avons entendu, il blasphème le Temple de l'Éternel, il veut le détruire pour le rebâtir à sa gloire. » Et comme l'Élu gardait

---

1. Synonyme de Grand Prêtre.

2. Cette situation, corroborée par l'historien Flavius Josèphe, perdura longtemps : Hanân avait été Grand Prêtre pendant sept ans, Kaïphe le resta pendant vingt ans.

le silence, ces deux hommes de fraude parlèrent tant que, à la fin, ils se contredirent. Alors, voyant qu'il ne pourrait soutenir l'accusation de blasphème devant le Sanhédrin[1], Hanân, hors de lui, fit le geste de déchirer ses tuniques, et il rendit le prisonnier aux gardes.

Kaïphe leur commanda aussitôt de livrer le Galiléen aux Romains ; car, s'il ne pouvait être établi qu'il eût blasphémé, eux seuls pouvaient le faire mourir pour les troubles causés dans le sanctuaire.

Ayant lié les mains de Jésus, les lévites le menèrent donc de grand matin chez les païens, dans le palais du préfet Pilate. Mais là, ils restèrent à la porte pour ne pas se souiller parce qu'ils devaient manger la Pâque le soir même. Pilate sortit de sa maison vers eux, et il leur demanda : « Quelle accusation portez-vous contre cet homme ? » Ils répondirent : « C'est le brigand galiléen qui a causé de grands désordres dans le Temple. Il dit : Je suis le roi d'Israël. Il insulte l'autorité, sème la discorde, et incite les pauvres à la révolte. »

Alors Pilate, regardant Jésus qui ne portait qu'une seule tunique et un mauvais manteau, l'interrogea en ces termes : « Est-ce toi, le roi ? Réponds : es-tu un roi ? Le roi des Juifs ? » Et Jésus répondit : « C'est toi qui l'as dit. »

Aussitôt ce cruel préfet, qui haïssait les enfants d'Abraham, monta sur son tribunal en s'écriant qu'il n'y avait d'autre roi dans la Judée et la Samarie que

---

1. Le Sanhédrin (soixante et onze membres) ne pouvait être réuni que le lendemain.

le divin Tibère César. Ensuite, assis sur l'estrade, il posa d'autres questions ; mais Jésus ne répondait pas. À la fin, Pilate, étonné de son silence, se mit en colère, car c'était un chien courant qui aimait à relancer son gibier pour jouir de sa frayeur.

< *Dans le jardin de Jonathas* >

[...] Quand à l'aube je m'éveillai près du feu éteint, aucun des bruits de la nuit n'était monté de Guétsémani jusqu'à mon oreille : j'avais reposé dans la confiance du Seigneur.

Je vis que ma mère était déjà levée. Elle revenait de la source d'en haut avec sa cruche, car dans ce jardin nous manquions d'eau ; la cruche était lourde, je courus pour l'aider. Elle me montra le ciel, qui rosissait au-dessus des toitures d'or du Temple. Le vent avait chassé les nuages. Elle dit : « Nous aurons une belle journée. Vois comme la ville étincelle ! »

Après avoir dit le *Shéma Israël,* je chantai joyeusement les mots d'Isaïe : *Réveille-toi, Jérusalem, réveille-toi, revêts ta parure ! Revêts tes habits de fête, Jérusalem !* Et quand ma mère dit à son tour : *Ville du Seigneur, je ferai tes créneaux de rubis, tes portes de saphir, et toute ton enceinte de pierres précieuses,* je compris qu'à force de nous entendre, mes frères et moi, répéter les paroles du prophète, elle les connaissait maintenant aussi bien qu'un scribe. Alors mon cœur fut dans l'allégresse, car, enfin, je partageais avec elle le trésor de l'Écriture.

Je rendis grâce au Seigneur, Dieu de l'univers, et ma mère dit : « Hâtons-nous, mon enfant, allons immoler l'agneau sans tache que tu as réservé pour le sacrifice et nous achèterons aussi les herbes amères : la femme de Dalmanoutha connaît une maison près de la Porte des Esséniens où elle préparera le repas avec moi. »

C'était environ la deuxième heure ; à cet instant, un homme sauta le muret et vint vers nous en courant. Je reconnus Bar-Timée, le mendiant, qui se jeta à mes pieds hors de souffle : « Ils ont arrêté le Maître ! À Guétsémani ! Ils les ont tous arrêtés ! Non, pas tous : j'ai vu Pierre s'échapper… Vois, fils : je dormais dans mon manteau, ils ont voulu se saisir de moi, j'ai lâché le manteau et je me suis sauvé presque nu ! »

Pendant qu'il parlait, ma mère s'était rapprochée, elle demanda : « Que se passe-t-il ? D'où vient cet homme ? Où sont mes fils ? » Et je dis ce que je pouvais à peine croire moi-même : « Les hommes du Temple se sont emparés de Jésus et des autres ! À cette heure, ils sont peut-être dans la prison… »

Sous son voile noir, elle devint plus blanche que la laine. Elle dit : « Allons là-bas. » Mais elle trébucha plusieurs fois sur les pierres du chemin en courant derrière moi pour descendre au lit du torrent.

[…] Quand, emporté sur l'autre rive par la foule des pèlerins qui montaient vers la Porte, je me retournai une dernière fois, je vis qu'elle était tombée à genoux dans la poussière et elle criait : « Où sont Jacques, José, Sara ? Où sont-ils, tous mes enfants ? Et Jésus, la lumière de mes yeux ? Délivre mon unique, Seigneur, délivre-le ! »

[…] Or la poutre que les Romains nomment *patibulum*[1], il ne la portait pas attachée sur la nuque, comme les brigands qu'on menait avec lui pour être suspendus et qui semblaient courbés sous le joug : sur l'ordre des soldats, un autre portait ce bois à sa place. C'était un homme nommé Shimôn, Israélite de la ville de Cyrène dans la Libye[2] ; il avait une grande force et tenait la poutre en équilibre sur son épaule, avançant d'un pas égal, tel le licteur qui porte les faisceaux devant César.

Derrière lui venait Jésus, suivi à distance par ses bourreaux comme un général vainqueur est suivi par son armée. L'Élu du Seigneur était coiffé d'une couronne de feuillage tressé et vêtu d'une tunique pourpre, aussi brillante que celle d'un triomphateur[3].

Mais quand la procession des condamnés se trouva face à moi dans la ruelle, je vis que la couronne du triomphe était une couronne de ronces et que le Serviteur de Dieu était nu, seulement vêtu de son sang

1. Il s'agit de la poutre transversale, la seule qu'on faisait porter aux condamnés ; car le pieu vertical restait en permanence sur le gibet, les bourreaux se bornant à emboîter à son sommet le *patibulum* s'il comportait une mortaise *(crux commissa,* en T), ou à ajuster ce *patibulum* dans une encoche pratiquée sur le poteau *(crux immissa).*

2. Au sens grec d'Afrique *(Libué).*

3. Comment Jude pouvait-il connaître l'ordre et le décorum de ces cortèges qu'on ne voyait qu'à Rome ? L'hypothèse d'un ajout dû à un copiste ne peut être exclue.

qui ruisselait et de sa chair qui pendait. Car, avec leurs lanières plombées, les soldats l'avaient fouetté jusqu'à l'os[1].

La marche le faisait souffrir ; et quand, près de l'endroit où nous nous trouvions, il buta contre un pavé, un soldat de l'escouade le piqua avec la pointe de sa lance. Fermant aussitôt les yeux pour m'épargner ses souffrances, je n'eus pas le temps de voir sa face, ni de lire la planchette qu'on lui avait accrochée au cou pour faire connaître, dans les trois écritures du pays, la raison de sa condamnation : « Roi des Juifs. » Mais, dans la foule, quelques-uns lisaient ces mots d'une voix forte : « Jésus, le roi des Juifs », et aussitôt ils riaient de ce cortège royal. D'autres, cependant, disaient avec tristesse : « Nous espérions que c'était lui qui allait délivrer Israël. » Beaucoup se taisaient.

Quand les dix de la décurie nous eurent dépassés, je fus pris dans la foule qui marchait après eux vers le gibet ; je ne voyais plus les condamnés, pas même le sommet de leurs têtes. Nous franchîmes les deux murailles et prîmes la route qui conduit vers la Grande Mer.

Arrivés à un stade de la ville – au-dessus d'une carrière où il y avait des sépulcres, un lieu chauve que les Judéens nomment *Golgotha* –, nous découvrîmes les pieux préparés.

C'était environ la quatrième heure[2]. J'étais parvenu dans les premiers rangs du peuple, mais les

1. Certains condamnés à la crucifixion mouraient dès la flagellation.

2. Dix heures du matin.

soldats empêchaient les Juifs d'aller plus avant et de monter sur la butte. Ils laissèrent seulement deux femmes s'approcher : c'étaient des femmes pieuses de Jérusalem, qui apportaient aux condamnés du vin mêlé de myrrhe pour adoucir leurs souffrances. Le Fils de David ne voulut pas en prendre. Il se tenait debout avec peine, secoué de frissons et appuyé sur le *patibulum* que le Cyrénéen avait fait glisser de son épaule. Ils attendaient que les bourreaux eussent mis sur les pieux les poutres des autres. Et le corps de mon bien-aimé était rouge comme celui du fouleur qui sort du pressoir, et son sang coulait par terre comme du vin.

Sur la route, passants et voyageurs commençaient à s'arrêter. En bas, nous nous trouvions assez loin de ceux qu'on allait crucifier, mais les soldats, qui avaient dénudé les condamnés dans la cour de Pilate, nous découvraient maintenant la honte[1] de ceux qu'ils exposaient sur le rocher.

Je n'avais jamais vu mon frère ainsi dévoilé. Par pudeur, je voulus détourner les yeux de son corps nu, mais, en les levant vers son visage, j'accrochai son regard. Ses lèvres remuèrent, comme s'il m'avait vu et s'efforçait de me parler ; sans cesser de regarder vers moi, il répéta deux fois les mêmes paroles. Moi, à cause des clameurs de la foule, des insultes des méchants, du bruit des maillets sur le bois et des cris des brigands dont les Romains clouaient les

1. Au sens double de honte morale et de « parties honteuses ». La nudité totale était de règle pendant la flagellation et la marche vers le gibet.

talons[1], je n'entendais pas ce qu'il disait. Quant à deviner les mots sur ses lèvres gonflées par les coups, l'éloignement et mes larmes m'en empêchaient.

Depuis que j'étais à Jérusalem, j'avais cherché Jésus partout sans le trouver, et quand enfin je le voyais, que je le voyais tout entier, je ne pouvais plus l'entendre.

Lui, pourtant, m'aima jusqu'au bout. De sa bouche ensanglantée, encore une fois il fit les mêmes mouvements, prononça les mêmes mots, qu'il espérait graver dans mon esprit mais qui ne parvenaient pas jusqu'à mes oreilles... Soudain, je pris peur : craignant qu'il ne finît par attirer sur moi l'attention des soldats, et voyant qu'il s'épuisait à dire ce que je ne comprenais pas, je cédai mon rang aux hommes vils qui me bousculaient pour approcher du gibet.

Ce fut vers la cinquième heure que ses bourreaux lui attachèrent la poutre aux épaules et le prirent enfin, le dernier, pour le monter sur la croix. De la ville derrière nous s'élevait le bêlement des agneaux que les sacrificateurs commençaient à égorger[2], l'air sentait le sang, la graisse, la fumée, des chiens errants tournaient autour du gibet, cherchant leur nourriture. Dans la foule qui grossissait, des vendeurs d'orge

---

1. La crucifixion provoquait la mort par contraction du diaphragme et asphyxie lente : après avoir attaché les bras des crucifiés à la poutre, on leur clouait les pieds sur un étroit support pour éviter une mort trop rapide. À l'inverse, pour hâter la mort, on brisait les jambes des crucifiés, qui, privés d'appui, s'étouffaient en quelques minutes.

2. On commençait à « sacrifier la Pâque » dès la veille à midi. Ce jour-là, l'égorgement se pratiquait dans toutes les cours du Temple.

grillée commencèrent à vanter leur marchandise. Les gens avaient faim, ils se pressaient, s'échauffaient, ricanaient, et injuriaient les crucifiés ; alors je me reculai davantage au milieu d'eux, jusqu'à perdre de vue les bois du supplice qui n'étaient pas très hauts[1]. Et je rentrai dans la ville, ne pouvant contempler, même de loin, la honte de mon frère, son agonie et sa mort.

Ce cruel supplice, ma mère le vit, pourtant ; et elle gardait les yeux ouverts, tenant « son unique » au bout de son regard, comme pour l'aider à respirer. Et elle gémissait : « Penche-toi, croix, pour que j'embrasse mon fils, pour que je l'étreigne ! Penche-toi, croix, penche-toi, je veux enlacer mon enfant ! » Pleurant sans bruit, elle disait : « Malheur aux yeux qui voient ainsi les tourments d'un fils… » Alors l'Éternel eut pitié : sa vue se retira de ses yeux comme la vie se retirait de son âme et, dans cet instant, elle devint aveugle[2].

---

1. Il suffisait que les pieds des condamnés ne touchent plus le sol.

2. Il n'y a ici aucune lacune apparente dans le texte copte ; mais il est clair que le copiste a omis un passage du texte original puisque rien n'indique comment Marie – que son fils Jude avait laissée en route – a pu parvenir jusqu'au Calvaire. Quant à la cécité soudaine de la mère de Jésus, ni les Évangiles canoniques ni les apocryphes n'y font allusion. Il pourrait donc s'agir d'un ajout au texte d'origine.

TROISIÈME LIVRE

Jour de ténèbres et d'obscurité. Nous étions dispersés comme la bale emportée par les vents, comme la fumée qui sort de la fenêtre. Nous étions tremblants et hébétés. Sans abri, sans berger, sans foi : le Fils de David était tombé dans la fosse creusée par les impies. Il avait été mis à mort comme un brigand, celui dont nous disions : « Nous vivrons dans son ombre, avec les élus », celui que nous avions cru saint entre tous les hommes et aimé du Très-Haut.

Les disciples qui n'avaient pas couru hors de la ville dans le premier moment se cachaient dans des citernes, des jardins ou des celliers, s'attendant à être livrés. Car c'était le jour du sabbat, et nous ne pouvions marcher vers la Galilée sans transgresser la Loi.

Chacun restait seul dans sa détresse, et tous gémissaient : « Où est Pierre, habile sur les flots, qui fut notre pilote dans les tempêtes ? Où est Jacques, le frère du Maître, que même les lévites craignaient ? Et André, qui connaissait toutes les routes de la Judée et ne s'y égarait jamais ? Où sont-ils, ceux qui nous guidaient ? L'Éternel a muré nos chemins, barré nos sentiers, et à nos prières il ferme tout accès… Quels sont nos péchés, Seigneur, pour que tu nous abandonnes de la sorte ? Avons-nous blasphémé, mangé des bêtes immondes, pris la voie de la violence ? Suivions-nous de faux prophètes ? Secours-nous contre ta colère ! »

Priant ainsi le Tout-Puissant, j'avais fui d'abord vers le haut quartier qu'on nomme « Sion », dans l'espérance de trouver un asile chez les Parfaits, qui n'aiment ni les prêtres du Temple ni les légions de César. Mais à l'instant de frapper à leur porte, je me rappelai qu'il est écrit : *Des renards se promènent sur le mont Sion,* et j'y vis un avertissement du Seigneur : si je revenais dans la communauté des esséniens, des « renards » m'y trahiraient...

Poussant alors mes pas vers la Porte du Midi, dans une rue que le sabbat rendait déserte, je vis un homme sans manteau, assis en haut d'un escalier, la tête couverte. Aussitôt je reconnus les franges tressées du châle de Jacques, que ma belle-sœur Sara avait tissé. Me jetant dans les bras de mon frère, je l'embrassai.

Et voici : appuyés contre le mur, ne sachant où aller, nous nous lamentions en pleurant des larmes amères. Nous gémissions l'un près de l'autre comme deux hiboux des ruines, n'osant même plus prononcer le nom du Maître, car la honte de son supplice était sur nous. Le Serviteur de Dieu était mort, malgré ses promesses et celles des prophètes ; et il était mort de la mort infamante des esclaves et des assassins.

Et je disais dans mon cœur : « Qui lui donnera une sépulture ? » Car, dans ce temps-là, nous ignorions où les païens jetteraient son corps. Nous ne savions même pas qu'il était mort sans qu'il fût besoin de lui briser les jambes, et qu'aussitôt les Romains l'avaient descendu de la croix pour ne pas scandaliser le peuple d'Israël dans un jour deux fois saint[1].

Pierre fut le premier des Douze à nous rejoindre. C'était au crépuscule, juste après la fin du sabbat. Le visage dissimulé sous un pan de son manteau, il pénétra dans le cellier où nous avions trouvé refuge quand Jacques, dans sa détresse, s'était rappelé ce commandement de l'Éternel : *Entrez dans vos celliers et cachez-vous, le temps que passent ma colère et ma rancœur*[2]. Ce fut là que Pierre vint à nous, guidé par Salomé de Zébédée car les femmes allaient par la ville sans se cacher.

Pierre était abattu, ses yeux rougis par les larmes. Il nous fit le récit des journées qu'il avait passées après avoir fui Guétsémani avec les autres. Et voici ce qu'il nous dit : suivant de loin les gardes du Temple, il avait réussi à entrer dans la maison d'Hanân où des Anciens interrogeaient notre Maître. Mais bientôt il en fut chassé par la peur : une servante, le reconnaissant pour un Galiléen parce qu'il parlait à la manière rugueuse des pêcheurs du lac, le dénonça comme disciple. Alors, la chair saisie de frayeur, ayant juré qu'il ne connaissait pas le prisonnier, mais craignant d'être percé à jour partout où il irait, il s'était tenu loin du

1. Jude reste ici en accord avec l'*Évangile de Jean* : Jésus serait mort la veille d'un jour de sabbat qui se trouvait être aussi, cette année-là, le premier jour des Azymes – ce qui amène les historiens à suggérer le 7 avril de l'an 30 ou le 3 avril de l'an 33.

2. Cité aussi par le pseudo-pape Clément (env. 95 de notre ère).

Temple et n'avait même pas osé marcher jusqu'au palais du préfet. Il était sorti de la ville en profitant d'un rassemblement de troupeaux aux Portes, et il avait demeuré une nuit et deux journées dans les décombres d'une petite ruine, sur la route de Jéricho. En pleurant, il nous dit : « Qu'on ne m'appelle plus jamais Pierre ! Car je m'effrite comme l'argile, je suis plus léger que la paille sèche ! Jésus m'avait prédit que je l'abandonnerais, il disait : "Tout orgueilleux que tu sois de ton courage, tu seras criblé comme le froment, et le Noir[1] prendra sa part." Il l'a prise en effet, il l'a prise, j'ai renié celui que j'aimais !

— C'est bien le signe, dit Jacques, que les prédictions de Jésus s'accomplissent et qu'il était un grand prophète... »

Mais Pierre lui dit : « Ton frère n'a pas prophétisé qu'il allait mourir avant la Pâque. Ni mourir sur la croix comme un voleur, un sans-Loi ! Pourquoi Dieu aurait-il choisi pour son Élu une voie si infamante ? Pourquoi l'aurait-il rassasié d'opprobres ? Amen, je te le dis : Jésus était un juste et un saint, et il faisait de grands miracles, mais il n'était pas Celui qui doit venir, Celui qu'espère la maison d'Israël. Nous nous sommes trompés sur lui, je me suis trompé sur moi : maintenant mon cœur est dégoûté de mon pain, et mon âme dégoûtée de ma vie. Car je l'aimais, je l'aimais... », et, disant ces mots, il pleurait.

Or Jacques, depuis qu'il parlait avec Pierre, gagnait en confiance. Il dit : « Garde-toi de blasphémer,

---

1. Synonyme de Satan, courant, notamment, chez les esséniens.

Simon ! Le Fils de David a été tué par les fils du Malin parce qu'il est écrit : *Celui qui nous faisait respirer, le Messie de l'Éternel, a été pris dans leurs fosses.* Adorons la volonté du Seigneur et portons-lui nos cœurs brisés : ce sacrifice vaut encore mieux, à ses yeux, que le sang des boucs et la graisse des agneaux[1] ! Ensuite, nous rassemblerons le petit troupeau de nos frères dans un lieu sûr et, ensemble, nous attendrons la Fin des temps en priant le Tout-Puissant. »

Après cela, s'adressant à moi, Jacques dit : « Mon frère, toi qui parles comme les habitants de la Judée, sors dans les rues et informe-toi de la Magdaléenne. Trouve-la, elle premièrement. Ensuite, trouve Bar-Timée l'Aveugle : il est judéen, personne ne le recherche, et c'est un mendiant, personne ne le regarde. En se rendant en tous lieux, il pourra aider à notre salut. »

Et je fis ce que Jacques avait ordonné. La Magdaléenne s'était logée non loin de la synagogue des Affranchis[2], avec Salomé, la mère des *Beni-Régès,* et Marie d'Alphée, mère de Petit-Jacques. Toutes trois demeuraient assises dans le deuil et les larmes. Dans un lieu voisin se cachaient Bar-Ptolémaïs et Matthieu, tandis que les deux frères, Jean et Jacques, étaient descendus dans une citerne vide, chez la sœur de Matthias. Allant des uns aux autres accompagné de Salomé, j'appris qu'André et Philippe contrefaisaient

1. À l'inverse des baptistes et des esséniens, Jésus et Jacques ne rejetaient pas totalement les sacrifices du Temple, mais ils prêchaient pour des offrandes plus spirituelles.

2. Synagogue construite grâce aux dons des anciens prisonniers juifs de Pompée.

les hellénistes près de la synagogue des Cyrénéens[1] et qu'ils s'apprêtaient à reprendre la route de la Galilée aux premières lueurs du jour, emmenant avec eux tous ceux qu'ils pourraient guider. On ne savait rien de Thomas, ni de mon frère José, ni de Judas.

Bar-Timée, qui avait dormi sur le toit d'un corroyeur[2] de sa parenté, me dit : « Quand nous avons fui Guétsémani, plusieurs ne sont pas rentrés dans la ville. Ils ont couru sur les routes avant le commencement du sabbat, ils sont à Beth-Ania ou à Jéricho, car le Rabbi y avait gagné à notre Voie beaucoup de pharisiens qui attendent le Royaume. Vous autres, Galiléens, hâtez-vous de descendre vers le Jourdain si vous ne voulez tous périr dans cette ville adultère ! »

Mais la Magdaléenne désirait rester afin de pleurer Jésus pendant les sept jours du deuil. Car elle savait où il avait été enseveli. Elle me dit : « À la nuit tombante, peu avant le commencement du sabbat, j'étais montée jusqu'au lieu appelé Golgotha, et, regardant de loin, je vis les soldats qui descendaient des croix les corps des suppliciés et les jetaient dans la charrette[3]. Or il advint qu'un homme de bien, coiffé comme le sont les importants du Sanhédrin, donna de l'argent aux

1. Il existait à Jérusalem des lieux de prière et de discussion en langue grecque pour les pèlerins hellénistes de la Diaspora qui ne comprenaient plus la langue locale.

2. Ces ouvriers du cuir, considérés comme impurs, étaient utiles au Temple, car les prêtres récupéraient les peaux des animaux sacrifiés pour les faire tanner et les revendre.

3. La Loi mosaïque ne permettait pas de laisser le cadavre d'un supplicié sur les lieux du supplice, même en dehors du sabbat ou de la Pâque.

soldats pour emporter le corps de Jésus, et il le remit à ses serviteurs. Aussitôt, ceux-ci vinrent au pied de la colline près du lieu où je me tenais, et ils pénétrèrent dans la carrière où étaient des tombeaux neufs, taillés dans le roc. Là, en se hâtant, ils purifièrent le corps[1], répandirent sur lui l'aloès et les aromates, l'enveloppèrent dans un linceul et le déposèrent dans la chambre du troisième sépulcre ; puis ils roulèrent la pierre devant la tombe. » Et Marie de Magdala me dit encore : « Demain, dès le lever du jour, je descendrai au tombeau avec Salomé. Nous nous couvrirons la tête de cendres, nous nous frapperons la poitrine, nous jeûnerons, et nous pleurerons notre rabbi sept jours de suite avant de retourner en Galilée. »

Apprenant ces choses, Jacques me dit : « La Magdaléenne a de la sagesse, maïs il ne convient pas que les femmes de Képharnaüm restent seules à Jérusalem. Toi et moi, nous demeurerons avec elles jusqu'à la fin des Azymes. Pierre aussi. Et les fils de Zébédée. Amen. »

Nuits de détresse et de tribulations. Et, pour nous, jours de sombres nuages que ces Azymes. Le lendemain de l'Omer[2], Matthieu m'ayant confié la

1. Il s'agit de laver le corps et de l'enduire de produits favorisant la dessiccation. Ces soins, même réduits au minimum, furent certainement effectués avant la fermeture de la tombe, car la réouverture avant une année était assimilée à un viol de sépulture.

2. Le lundi 17 Nissan, fête de la fertilité et de la récolte de l'orge.

bourse[1] avant de s'éloigner à son tour, je suivis le mendiant Bar-Timée jusqu'à une maison adossée au mur d'une tannerie. C'était au bout d'une rue en escaliers, misérable, où les femmes se prostituaient, où les enfants couraient presque nus, où la chair était si impure qu'elle souillait la tunique. La maison avait deux grandes chambres, elle appartenait à un Juif de Chypre qui la louait à une veuve d'Askalôn nommée Rachel ; cette femme laissait sa chambre haute et son toit[2] à des voyageurs. C'est là que Jacques avait choisi de demeurer avec ceux des disciples qui n'étaient pas encore partis sur les chemins.

Je fis un marché avec la veuve. Bar-Timée murmurait contre la Magdaléenne, qui retardait notre fuite, et contre Jacques, qui se rangeait à l'avis d'une femme. Et Simon le Zélote, qui nous avait rejoints, disait : « Pourquoi attendre davantage ? Mes os tremblent. Rentrons dans nos familles. Le *Netzer*[3] est mort, il est descendu au *Shéol*[4], et nous ne pouvons plus témoigner pour lui. Car il n'a pas frappé à la joue nos ennemis, ce sont eux qui l'ont frappé. Et devant le peuple entier ! Hélas, frères, nous suivions un faux prophète, nous sommes de grands pécheurs, implorons le pardon du Très-Haut. »

1. Judas n'apparaît comme le trésorier du groupe que dans l'*Évangile de Jean*.

2. Terrasse.

3. Pris ici comme synonyme de « Fils de David ».

4. Dans le judaïsme, séjour des morts.

Comme les trois femmes de Képharnaüm restaient logées près de la synagogue des Affranchis, je ne les vis plus jusqu'à la fin des Azymes. Car, dans ces jours-là, la foule était toujours aussi nombreuse dans la ville que les astres dans le ciel, et nous n'avions pu encore retrouver ni Sara, ni notre mère, ni José. Je les cherchais, tandis que Jacques, qui avait appris que Judas s'était pendu, restait comme un jardin sans eau. Il disait : « Vont-ils tous se donner la mort avant même que les païens ne les découvrent ? Honte à nous ! » Et il ne voulait plus manger son pain[1].

Quand je retrouvai Marie de Magdala, je vis qu'elle chancelait sur ses jambes et qu'elle aussi, maintenant, était dans la crainte. Elle n'allait plus au tombeau. Salomé me tira à part et me dit : « Quand nous sommes descendues vers les sépulcres le troisième jour, nous avons vu que la pierre du tombeau avait été roulée. Or elle était très grande. Marie fut aussitôt frappée de stupeur. Moi, malgré ma peur, j'entrai dans le sépulcre, et voici : le corps n'y était plus ! Marie me dit : "Auraient-ils pris notre Maître ?" Elle se baissa elle-même pour regarder dans la tombe, puis elle cria : "Ils l'ont enlevé, et nous ne savons pas où ils l'ont mis !" Le jour d'après, comme elle était retournée seule là-bas, elle revint dans la maison toute tremblante. Elle était comme absente à elle-même et ne nous parlait plus… Le Maître avait chassé d'elle sept démons, se peut-il que l'un d'entre eux soit revenu ? »

---

1. Cette «grève de la faim» entreprise par Jacques est également mentionnée par Jérôme, qui l'emprunte à l'*Évangile des Hébreux*.

Marie de Magdala m'aimait comme elle aimait Tabitha, ma femme ; lorsqu'elle se trouva seule avec moi, elle rompit le silence et dit : « Quand je suis retournée au tombeau pour la deuxième fois, j'ai trouvé que la porte était restée roulée sur le côté. Je voulus entrer, car, la veille, j'avais seulement regardé par l'ouverture. À peine dans le vestibule, je sursautai : sur la banquette de pierre, il y avait un homme assis. Je ne distinguais pas son visage à cause de l'obscurité, mais il me dit : "Femme, pourquoi pleures-tu ? Qui cherches-tu ?" Moi, pensant que c'était le gardien des sépulcres ou le jardinier, je lui dis : "Homme, si c'est toi qui as emporté le corps de mon Maître, dis-moi où tu l'as mis, et je le prendrai." Alors, dans l'ombre, l'homme dit doucement : "Marie…" Et moi, en entendant mon nom, je criai : "Rabbouni, mon petit rabbi, c'est donc toi ?" Mais l'homme se recula au fond du tombeau et dit : "Ne me touche pas ! Va dire à mes disciples que je suis ressuscité des morts. Dis-leur que je les précède en Galilée." Saisie par la peur, je m'enfuis du sépulcre. Et, d'abord, je ne pus rien dire à personne à cause de mon effroi. Puis, je pensai que si ma langue témoignait de ce que j'avais vu et entendu, les autres ne me croiraient pas[1]. Ils diraient : "Ce sont des contes" ou bien : "Voilà que les démons de ses reins reviennent dans son cœur !" Garde-moi le secret, petit.

— Se peut-il, dis-je, que toutes ces choses ne soient que la tromperie d'un jardinier qui veut rire à nos

1. Rapprocher de *Jean* 20, 13-17, et *Marc* 16, 7.

dépens ? l'œuvre d'un méchant qui satisfait son âme en abusant d'humbles pêcheurs de Galilée ?

— Certes, dit-elle, je n'ai pas reconnu le Maître, mais c'était sa voix, c'était bien sa voix. Et d'où le jardinier aurait-il su mon nom ? »

Cependant, nous ne pouvions porter la nouvelle à ceux que Jacques et Pierre rassemblaient dans la maison de la veuve d'Askalôn : tous se seraient moqués en disant que la Magdaléenne s'était trompée de tombeau ou qu'elle avait rencontré un fantôme. Il est vrai que si, à notre Marie, on demandait : « Ce jardinier, l'as-tu vu manger ? », elle ne savait rien dire d'autre que : « Dans le tombeau, nous n'avions pas de pain[1]. »

Pourtant, revenant vers Jacques et les autres, j'avais moi aussi l'esprit troublé, je croyais apercevoir mon bien-aimé au coin de chaque rue. Et je plaignais la Magdaléenne, que j'avais laissée pleurant parce que l'homme du tombeau lui avait dit « Préviens mes disciples » et que c'était la première fois qu'elle désobéissait à Jésus.

Comme je remontais vers notre chambre haute à la nuit tombée, Jean de Zébédée vint à moi. Son visage rayonnait, son âme exultait, il brillait comme un ange. « Le Maître est vivant ! Il est ressuscité ! me dit-il.

— Je sais, Marie m'a tout raconté, mais elle...

— Pourquoi me parles-tu de Marie ? C'est Cléophas qui vient de rentrer et qui nous a tout dit. »

1. Dans la mentalité d'alors, l'épreuve de la nourriture est décisive : un « fantôme » n'est plus un fantôme s'il peut avaler quelque chose.

Je fus dans l'étonnement : Cléophas n'était-il pas retourné vers la Galilée ce jour même, après Philippe et André ? Alors Jean me dit : « Cléophas et Yossi bar-Sabbas préféraient passer par le chemin des montagnes, car ils ont des parents à Ephrem. Ils ne sont partis qu'à la septième heure, quand le vent eût enfin chassé la pluie. Alors qu'ils n'étaient encore qu'à vingt stades[1] de Jérusalem, un voyageur qui portait son châle sur la tête comme un capuchon a rattrapé leurs pas ; et, leur disant *Shalom,* il s'est mis à faire route avec eux. Bientôt, l'homme leur demanda : "De quoi vous entreteniez-vous en marchant ?" Le visage sombre, Cléophas lui dit : "Nous parlions de Jésus le Galiléen, qui était un prophète puissant en œuvres et en paroles. Ignores-tu que nos principaux sacrificateurs l'ont livré aux Romains, qui l'ont crucifié ? Nous espérions, nous, que ce serait lui qui délivrerait Israël… Mais voici maintenant quatre jours que ces choses se sont passées, et Israël, notre héritage, restera dans les mains des impies. Nous demeurerons dans les liens, et notre eau, nous la boirons toujours à prix d'argent." Mais le pèlerin leur dit : "Prenez courage, mes enfants !" Et, partant de Moïse et de David, il se mit à leur expliquer ce qui, dans les Écritures, concernait la Promesse. Lorsqu'ils eurent ainsi parcouru quarante stades en l'écoutant, ils arrivèrent près d'un village nommé Les Sources[2] où ils voulaient faire halte avant la nuit, car

1. Environ quatre kilomètres.

2. « Sources » ou « Sources chaudes » se dit « Emmaüs » en araméen, nom alors courant en Palestine. L'Emmaüs de Jude ne correspond pas nécessairement à l'actuelle ville d'Amwas.

il y a là une grande auberge et ils craignaient le retour de la pluie. L'homme parut vouloir aller plus loin, mais Cléophas et Yossi bar-Sabbas le pressèrent en disant : "Bon rabbi, reste avec nous, le jour décline, la pluie menace, reste." Alors il entra dans l'hôtellerie avec eux. Et, comme il était à table en leur compagnie, il dit les bénédictions sous son châle, rompit le pain en trois parts, et en remit une à chacun d'eux. Aussitôt, les yeux de Yossi et de Cléophas s'ouvrirent : à cette fraction du pain, ils le reconnurent – c'était Jésus ! Mais lui, se levant, disparut dans la foule au même instant. Et ils se dirent l'un à l'autre : "Notre cœur ne brûlait-il pas au-dedans de nous quand il nous parlait en chemin ? C'était lui, c'était bien lui !" Et, quittant la table aussitôt pour revenir vers nous, ils ont repris la route dans la hâte alors que le soleil disparaissait. »

Et Jean me dit encore : « Ils ont parcouru le chemin si promptement qu'ils sont déjà là-haut, avec Pierre, Jacques, Bar-Timée, et tous tremblent d'agitation. Des torrents passent sur nos âmes ! »

C'est alors que, pénétrant à mon tour dans la salle, et osant rompre la promesse faite à Marie de Magdala, je racontai ce qu'elle avait vu au tombeau. Il y eut un tonnerre de joie et beaucoup d'exclamations : « Il ne nous a pas abandonnés ! », « Il fallait que cela fût », « Il est ressuscité ! », « C'était écrit[1] », « Il l'avait toujours dit ! », « Où est-il ? Qu'il entre ! »

Cependant, quelques-uns doutaient encore, disant : « Le jardinier du sépulcre n'a rien mangé, et le pèlerin

---

1. Pour les premiers chrétiens, « c'était écrit » dans *Osée* (« Au troisième jour Il nous relèvera ») et dans le *Livre des Jours*.

des Sources non plus : il a disparu avant d'avoir avalé une seule bouchée ! N'est-ce pas toujours ainsi que font les visions ? » Et d'autres ajoutaient : « Qui sont nos témoins ? Une femme et un simple d'esprit ! » Ils parlaient de la sorte parce que Yossi, le piqueur de sycomores, n'avait pas la finesse de son frère Jude, dit *Justus,* et qu'on pouvait lui faire accroire beaucoup de choses.

Tous, enfin, se tournèrent vers Jacques, qui dit : « Peut-être notre sœur Marie et nos deux frères ont-ils vu des anges ? » Mais Cléophas protesta : « L'habit du voyageur n'était pas blanc ! » Et je dis : « Si celui qu'a rencontré la Magdaléenne avait été un ange, sa lumière aurait éclairé le vestibule du tombeau. Or Marie est restée dans l'obscurité... »

Alors Pierre dit : « Retournons dans la Galilée sans plus tarder. Car la vision de Marie l'a ordonné, et nous verrons bien si quelqu'un nous attend là-bas. » Mais Jacques dit : « Prions d'abord. Restons encore ici sept jours et jeûnons pour que l'Esprit de l'Éternel, souffle de conseil et d'intelligence, nous pénètre et nous guide. Après ce temps, si Jésus n'est pas revenu, nous déciderons. »

Et il fut fait comme il le voulait : ensemble, nous persévérâmes sept jours dans la prière et dans l'attente, avec celles des disciples[1] qui nous avaient rejoints.

Ma mère vint aussi. Car voici : après le supplice de Jésus, Sara l'avait trouvée aveugle et assise dans la poussière du Golgotha. Et elle l'avait conduite chez Simon le Lépreux à Beth-Ania, d'où Bar-Timée la

1. Ici au féminin pour désigner les femmes du groupe. Les *Actes* fournissent aussi un exemple d'utilisation du mot au féminin.

ramena jusqu'à notre chambre. Il la guidait par sa ceinture comme un enfant et elle étendait les bras devant elle. À cette vue, je fus couvert de honte, j'avais abandonné celle qui m'avait engendré, j'embrassai ses mains en implorant son pardon.

Avec douceur, elle caressa mon visage et mes cheveux ; et, en souriant, elle dit : « Quand mes yeux voyaient la lumière, j'ignorais que tu avais la barbe aussi dure... » Puis elle dit : « Adorons l'Éternel. »

Au septième soir de prière, qui était le dixième jour après la mort de notre bien-aimé, comme les portes de notre chambre haute étaient toujours fermées à cause de la crainte que nous avions, on vint y frapper. Et c'était André, le frère de Pierre. Il revenait de la Galilée pour nous annoncer, lui aussi, que Jésus était vivant, il l'avait vu : le Serviteur de Dieu s'était montré à plusieurs sur les bords du lac de Guénésareth.

Et voici de quelle manière il se montra à eux : André, Jacques de Zébédée, Matthieu d'Alphée, Petit-Jacques et Philippe étaient partis ensemble de Jérusalem dès le deuxième jour. Arrivant chez eux vers le soir, les quatre pêcheurs montèrent aussitôt dans la barque de Zébédée ; mais ils ne prirent rien, car, cette nuit-là, la lueur de leur lampe n'attira pas vers la surface les poissons des profondeurs. Or, ayant beaucoup marché, ils se trouvaient trop las pour relancer sans cesse le filet dans cette mer dépeuplée. L'aube venant, ils revinrent sans espérance vers le rivage. Alors qu'ils ne se trouvaient plus qu'à deux cents coudées du bord, ils virent, depuis la barque, un homme qui leur cria : « Enfants, avez-vous quelque chose à manger ? » Ils lui répondirent : « Nous n'avons pas cinq poissons. » L'homme leur dit : « Apportez-les quand même. » Remettant leur tunique, ils affalèrent la voile et ramèrent vers la berge, traînant le filet derrière la barque sans le remonter. Lorsqu'ils furent à terre, ils virent un feu de braises tout préparé et du pain. L'homme, se tenant encore à l'écart, leur dit : « Tirez donc hors de l'eau ce que vous venez de prendre. » André et Petit-Jacques retournèrent pour remonter le filet. Et voici : il était plein de poissons de toute espèce, au nombre d'environ cinq cents ! Alors, l'homme, qui tournait le dos au soleil levant[1], leur dit : « Venez déjeuner. » Aucun des disciples qui se trouvaient là n'osa lui demander : « Qui es-tu ? », car ils savaient bien maintenant que c'était l'Élu du Seigneur : qui d'autre aurait pu accomplir un tel miracle ? S'approchant des braises, l'homme prit le pain et leur en donna, et il fit de même pour le poisson, dont il mangea. Aussitôt qu'ils furent rassasiés, André reprit la route de Jérusalem pour nous annoncer la nouvelle.

C'était la troisième fois que Jésus se montrait ainsi aux disciples depuis son supplice et sa mort sur la croix. Et personne, cette fois, ne douta qu'il était ressuscité car ils étaient quatre à l'avoir vu ; et Jésus ne portait pas une robe resplendissante mais un manteau de grosse laine, et il avait mangé du poisson rôti[2].

---

1. Comme dans les deux récits d'apparition précédents, Jésus n'est pas immédiatement reconnu : ici, de même que dans *Jean* 21, 4, il se tient à contre-jour.

2. Jude tient à marquer qu'il ne s'agit ni d'un ange de lumière ni d'un fantôme.

Alors, riant et parlant ensemble, nous fûmes dans une joie si grande que des moqueurs nous auraient crus pleins de vin doux. Nous nous embrassions. Pierre riait. La Magdaléenne chantait à plein gosier. Notre bouche s'ouvrait sur des cris d'allégresse : le Serviteur de Dieu ne s'était-il pas relevé d'entre les morts ? Nous étions comme des gens qui rêvent. Et je pris ma flûte, et Marie d'Alphée psalmodia avec sa cousine : *De la poussière il relève le faible, du fumier il retire le pauvre.*

Ensemble nous nous mîmes à prier pour que l'Élu revînt bientôt au milieu de nous. En effet, ayant dit à la Magdaléenne : « Je vous précède en Galilée », il était apparu à nos frères au bord de la mer comme il l'avait annoncé. Or, mangeant ensuite avec les quatre sur le rivage, il leur avait dit : « Je monte à Jérusalem. » Et, dans son cœur, André avait pensé que, par cette parole, Jésus leur ordonnait de retourner dans la ville pour y attendre son retour dans la gloire du Père.

Comme nous respections les commandements du Serviteur de Dieu et qu'il accomplissait toutes ses promesses, nous eûmes foi dans cette parole. Nous attendîmes sa venue, disant : « Encore un peu de temps, et Celui qui Vient sera là. »

Ainsi demeurâmes-nous quelques jours de plus enfermés dans la maison de la veuve d'Askalôn, chantant des hymnes. Dans ce temps, plusieurs disciples qui avaient appris la nouvelle au lieu où ils avaient fui revinrent vers nous. Mon frère José, qui avait d'abord regagné Nazara avec notre âne, fut de ceux-là ; il me dit : « Ta femme est heureusement accouchée d'un fils qui a été circoncis au huitième jour, et elle l'a nommé

Yeshua[1]. » Revint aussi Matthieu, qui rapportait dans sa ceinture un collier d'or ; il l'avait reçu en don d'un caravanier de Batanée qu'il avait baptisé à la veille de la Pâque. Si Matthieu avait eu le temps d'en remettre le prix à Jésus avant qu'il fût arrêté par ceux du Temple, l'Élu aurait dépensé la somme le soir même sans rien garder pour le matin. Car il disait : « Le lendemain aura soin de lui-même. »

En ne réapparaissant que dans ces jours de dénuement, l'or du caravanier était un signe de Dieu, dit Jacques. Et aussitôt, voyant que le nombre de personnes réunies autour de nous pour prier croissait sans cesse, qu'il était d'environ quarante et qu'il avait fallu dresser une tente sur le toit pour abriter les femmes, il vendit le collier et nous fit changer de maison pour une plus grande. Il la choisit dans la ville basse, près de la piscine de Siloë, et elle avait une cour et plusieurs chambres. Ensuite, Jacques envoya Matthieu avec Pierre pour apprendre la bonne nouvelle aux collecteurs d'impôts[2] de Jéricho : Jésus était ressuscité, et nombreux étaient ceux auxquels il se montrait.

Dans ces mêmes jours, ma mère me dit : « S'il m'apparaît, je ne le verrai pas… Crois-tu qu'il me laissera toucher son visage ? »

Me souvenant que l'Élu avait dit à Marie de Magdala : « Ne me touche pas », je dis à notre mère : « Tu

1. Jésus, en araméen.

2. Il s'agit probablement de solliciter les mécènes du mouvement naissant.

n'auras pas besoin de le toucher : quand il viendra, il te rendra la vue. »

Alors elle me demanda : « Quelle sera son apparence ? J'ai peur, fils. En vérité, je crains de recouvrer la vue. »

Et je dis : « Mère, ne crains pas : il ne saigne plus… »

Peu de temps après, comme je prenais ma mère par la main un jour de sabbat pour la conduire dans la synagogue proche des bains de Siloë, elle dit : « Je vois des colonnes qui marchent », je dis : « Mère, ce sont des hommes pieux qui vont à l'assemblée. » Encore quelques pas et elle me dit : « Je vois des arbres qui courent », et je dis : « Ce sont leurs femmes, qui se sont attardées au *miqveh* [1] et qui cherchent à les rattraper. » Puis elle me dit : « Je vois des fleurs qui dansent… » Je dis : « Mère, ce sont les petits enfants qui attendent leurs parents. » Alors elle dit : « Des enfants ? En effet… Ils dansent en rond… Il y a là quatre filles et deux garçons… Je les vois ! Je vois leurs visages, fils ! La lumière du Seigneur, j'ai retrouvé la lumière ! », et, levant les mains vers les cieux, elle dit : « Glorifions l'Éternel, notre Dieu. Louons-le, car il est bon. Il a eu pitié de sa servante, il permet que je revoie mon fils de mes yeux quand il reviendra dans la maison. Acclamons le Dieu d'Israël ! » Mais aussitôt, se reprenant, elle dit : « Et Simon ? Quelqu'un a-t-il vu Simon ? Quand Jésus est revenu du séjour des morts, a-t-il ramené avec lui son frère Simon ? »

---

1. Bain rituel de purification.

En ce temps-là, les onze principaux disciples de Jésus décidèrent, étant réunis dans la nouvelle maison, de choisir parmi les autres un « douzième » qui pût remplacer Judas dans leur conseil. Pierre voulait que ce fût un témoin, l'un de ceux qui avaient accompagné Jésus pendant tout son ministère, depuis son baptême par Jean jusqu'à sa résurrection d'entre les morts. Or, mon frère Jacques ne pouvait être regardé comme l'un de ceux-là car il n'avait rejoint notre bien-aimé que la dernière année, peu avant le temps où tous descendirent vers la Mer Salée.

Mais, me prenant à part dans la cour avec le visage d'un homme qui ne recevra pas le salaire de sa peine, Jacques me dit : « À moi aussi, mon frère, Jésus est apparu. Et de sa résurrection, je suis, non moins que les autres, un témoin véridique. Voici : c'était peu avant la fin des Azymes[1], dans ce temps où ma force était épuisée et où mes os dépérissaient à cause de la mort du Serviteur de Dieu, de la folie de Judas, et de la fuite des nôtres. Dans la maison de la veuve, je restais comme un vase brisé tandis que tu parcourais la ville pour rassembler nos brebis épouvantées. Et je jurai dans mon cœur que je ne mangerais plus mon pain, car je désirais goûter la mort. Une nuit, comme je me consumais sans trouver le repos, je vis devant moi une table brillante et un gros pain. Un homme vêtu de blanc vint jusqu'à la table, il rompit le pain et me le donna en disant : “Mon frère, mange ton pain,

1. Moins d'une semaine après la Crucifixion.

car le Fils de l'homme est ressuscité d'entre ceux qui dorment[1]." Puis il disparut et, craignant d'avoir été trompé par un rêve, je n'osai rien dire à personne. Cependant, je repris courage et je recommençai à manger. Or, sache-le, ces choses arrivèrent avant la rencontre que firent Cléophas et Yossi bar-Sabbas sur la route des Sources.»

Et je répondis à mon frère : «Amen, Jésus est vivant! Un jour prochain, qui sera le dernier de ce monde, il viendra au milieu de nous et, prenant avec lui les ouvriers de la onzième heure comme ceux de la première, il nous emmènera tous dans le royaume des Cieux.»

Pierre et André présentèrent alors deux témoins au choix du Seigneur : Yossi bar-Sabbas[2] et Matthias. Puis ils firent cette prière : «Seigneur, toi qui connais les cœurs de tous, désigne celui des deux que tu as choisi afin qu'il nous soit associé dans la mission que Judas a abandonnée pour aller en son lieu[3].»

Ils tirèrent au sort, et le sort tomba sur Matthias. Le Très- Haut avait bien choisi.

---

1. La nature de l'apparition et la phrase prononcée sont les mêmes dans l'*Évangile des Hébreux.* Paul *(I Corinthiens* 15, 7) témoigne aussi de cette apparition à Jacques.

2. Cette affaire d'élection, rapportée aussi dans les *Actes,* donne le sentiment que Pierre cherchait à imposer des critères que Jacques, à son avis, ne remplissait pas : l'«ancienneté» dans le groupe et une apparition «personnelle» de Jésus.

3. Même formulation prudente que dans les *Actes des Apôtres* 1, 25.

Environ dans ce même temps, je dis à Jacques : « Faisons monter de Galilée nos femmes et nos enfants, avec ceux de Jéricho et de Beth-Ania qui aimaient le Serviteur de Dieu et qui suivent sa Voie. Car, lorsque viendra la fin de toute chair et la destruction des peuples de la terre, cette maison sera aux yeux du Seigneur comme l'arche que construisit Noé. »

Alors nos familles vinrent s'établir à Jérusalem. Et ma femme Tabitha monta avec Yeshua, notre fils premier-né. Et Léa monta aussi, avec la fille de Simon et le cadet de Jacques. Et le nombre de ceux qui furent ainsi réunis était d'environ soixante-dix[1].

Certains des Galiléens qui nous rejoignirent avaient, eux aussi, rencontré Jésus réveillé des morts. L'aimé de Dieu s'était fait voir à eux clairement dans une vision, et les habits qu'il portait étaient d'une blancheur telle qu'il n'y avait foulon qui pût blanchir ainsi. Ils disaient : « L'Éternel l'a relevé », et ils priaient maintenant pour hâter son retour. Et ceux qui n'avaient rien vu priaient aussi, jour et nuit, pour contempler enfin l'Élu du Seigneur rendu à la vie.

Un soir, comme nous nous trouvions à prier et chanter dans la cour de la maison, l'une des Galiléennes se mit à crier : « Je ne mourrai pas, le Seigneur est avec moi », et une autre lui répondit « Alléluia ! ». La première reprit, toujours criant : « J'ouvrirai la bouche et son esprit parlera par moi », et plusieurs dirent ensemble « Alléluia ! ». Puis beaucoup parlèrent en même temps, l'une s'écriant : « Le Très-Haut est sur

1. Chiffre magique (multiple de sept) qui peut n'avoir aucun rapport avec la réalité.

ma tête comme une couronne ! », l'autre : « Il a posé sur moi les traces de sa lumière ! » Ensuite, l'assemblée répondait d'une seule voix « Alléluia, alléluia ! ». Or, quand les femmes criaient alléluia, Marie de Magdala commença à battre des mains et, aussitôt, toutes battirent des mains. Leurs paroles raccourcirent : « Mon miroir, c'est le Seigneur.

— Alléluia !

— Ma joie, c'est le Seigneur.

— Alléluia !

— Mon soleil, c'est le Seigneur.

— Alléluia, alléluia ! »

Une jeune vierge, sœur de Simon le Zélote, se jeta par terre en criant : « Ce que l'œil voit, que l'oreille l'entende ! » et, pénétrée par l'Esprit de Dieu, elle se mit à prophétiser. Elle vit venir le Jour du Très-Haut : « Le glaive fait couler le sang, il y en a jusqu'au ventre du cheval, il y en a jusqu'au jarret du chameau… » Elle dit : « Des nuages arrivent de l'orient, ils apportent une terrible tempête : toutes les rivières débordent, renversant les cités et leurs murailles, et elles écrasent la Babylone du couchant[1] ! » Mais quand elle put lire le Nom du Père écrit sur la tablette du ciel, elle se réveilla et se tut[2].

Le lendemain, pendant que nous chantions de toute notre âme et que nos femmes tapaient dans leurs mains, ce fut Salomé que le don céleste illumina. La voix même de l'Éternel parlant par sa bouche, elle

1. Manière cryptée de désigner Rome. Rapprocher des *Quatrième* et *Sixième Livres d'Esdras,* apocryphes juifs du début de notre ère.

2. Dans le judaïsme, le nom de Dieu ne doit pas être prononcé.

prophétisa contre la ville de Jérusalem : « Malheur à toi, prostituée ! Rase ta tête, débauchée ! Car tu seras rouée de coups au point que tu ne pourras plus accueillir tes amants. Et tes enfants, assoiffés d'eau, boiront leur propre sang. »

Alors l'Esprit jeta par terre l'un des Douze[1] ; il ne tomba pas comme un possédé car il n'écumait pas ni ne s'agitait pas, il tomba comme les jeunes filles et comme Salomé, doucement couché par le Souffle, ayant lui aussi reçu du Seigneur le don de voir et d'annoncer. Ainsi ravi en extase, il vit clairement le Dernier Jour et le châtiment des pécheurs : « Je vois un escalier de mille marches, qui s'ouvre sous les pas des apostats et des idolâtres. Et voici : au bout de l'escalier, des hommes sont attachés par les pieds, la tête en bas, et les anges des tourments les frappent avec des barres de feu... Plus loin, une femme adultère est suspendue par les paupières et, abomination des abominations, des serpents enroulés autour de son cou lui tètent les seins... Maintenant, je vois des vers. Des vers d'une grandeur infinie, des vers qui ne cessent jamais de manger : devant eux, les pécheurs se tiennent en file, et, à chaque souffle, les vers avalent douze mille âmes d'un coup comme ils avaleraient des mouches. »

Ayant entendu ces choses terribles, nous eûmes le cœur vivement touché, il y eut une grande crainte et clameur de paroles : « Repentons-nous ! Repentons-nous par Jésus ! Éternel, sauve-nous du Satan ! Prends pitié de nous, pauvres pécheurs, sauve-nous de la mort ! »

---

1. Parmi les Douze, Pierre et Jean prophétisaient (voir aussi *Actes des Apôtres*).

Mais, dans la suite, plusieurs de ceux qui avaient reçu le baptême purent enfin voir au-delà des épreuves et des tremblements du Dernier Jour : la Demeure des Justes leur apparut, et le Royaume qui resplendissait dans leurs yeux se glissa dans les nôtres, comme du temps où Jésus nous enseignait la vérité sur la montagne de Galilée.

Ces visionnaires de l'allégresse nous dirent : « Les rachetés de l'Éternel vivront dans la paix. De leurs glaives ils forgeront des serpes, alléluia ! La lumière du soleil sera sept fois plus grande qu'aujourd'hui et il y aura douze récoltes dans l'année. Alors les fils de l'étranger qui mangent des souris[1] et de la chair de porc, les fils de l'étranger qui labourent notre dos sans pitié deviendront nos ouvriers… Temps béni, frères, où toute chose portera du fruit ! » Et Jean de Zébédée et d'autres voyants nous dirent aussi : « L'Éternel prépare pour ses saints un festin de vins vieux et de mets pleins de moëlle. La table est mise, c'est Jésus l'Élu qui nous y mène, car lui seul connaît le chemin. » Du matin au soir, notre petite foule répétait avec eux : « *Maranatha, Maranatha* – que le Seigneur vienne, que le Jour arrive, et que Jésus, qui seul sait aller de la mort à la vie, nous emporte avec lui ! Alléluia ! Grâce à l'Élu, la mort est engloutie pour toujours ! »

En ce temps-là, nul ne s'inquiétait plus du bon ordre ni du travail, nous nous exhortions l'un l'autre en veillant. Le cœur plein de visions, nous étions remplis

1. Probablement des loirs, dont les Romains étaient friands.

d'impatience et nous disions entre nous : « L'attente ne sera plus longue, avant la fête des Semaines[1] le ciel s'ouvrira. » Dans cette espérance nous ne formions plus qu'une seule âme, nous ne dormions pas, et nous mangions peu car la bourse de Matthieu s'épuisait. Cependant, suivant les ordres de Pierre et Jacques, nous donnions encore du pain aux petits enfants et aux veuves de la Galilée qui étaient accourues auprès de nous.

Or, quand ce pain même commença à manquer, ma mère vint vers Jacques, à pas menus, appuyée sur son bâton, et elle dit : « Mon âme s'émeut de compassion pour nos veuves, car leur pain est mêlé de sciure. Or il ne nous reste plus à distribuer que dix *omets*[2] de grain… Vendons ce que nous possédons encore dans notre village. Et que tous fassent de même : qu'ils vendent leur champ.

— Mère, dit Jacques, beaucoup des nôtres n'ont jamais eu de champ et ils n'ont plus de maison…

— Alors, qu'ils vendent leur manteau, leur ceinture, leur gobelet ! À quoi bon un manteau que la teigne rongera ? À quoi bon un gobelet, quand chacun à la fontaine peut boire dans ses mains ? Pour monter vers le Royaume, allégeons-nous, mon fils. Mais faisons vite, ou bien la plupart mourront sans avoir atteint le Jour du Seigneur[3]…

— Mère, le Royaume et ses fleuves de lait sont si proches que nous serons promptement rassasiés. Jésus ne nous a-t-il pas dit : "Encore un peu de temps

1. La Pentecôte, sept semaines après la Pâque.

2. L'*omer* équivaut à trois litres.

3. Le Jugement dernier.

et vous me verrez" ? Or déjà il m'est apparu, à moi Jacques, qui suis l'aîné de ses frères. Demain, il sera là pour tous. »

Le lendemain était le cinquantième jour après la Pâque, premier jour de la fête des Semaines. Comme nous nous trouvions nombreux à jeûner et à prier, assis dans le même lieu, voici : il y eut une grande tempête et les ténèbres recouvrirent la terre. Le ciel gronda. Il s'allumait et s'éteignait sans que parussent ni le soleil ni les étoiles. Des femmes crièrent de frayeur, et Jacques les exhortait en disant : « Prenez confiance dans le Seigneur ! Aucun de vos cheveux ne se perdra ! »

Alors il vint du ciel un vent si violent que la maison se mit à gémir comme une femme dans les douleurs. Et le vent s'engouffra jusque dans la salle où nous étions, arrachant la porte. Toute la maison trembla, les murs vacillaient comme ceux d'une cabane. Aussitôt la terreur fut sur nous, car, avec ce souffle de la justice et de la destruction, entra une boule de feu. Elle traversa l'assemblée, brûlant et renversant tous ceux qui étaient sur son passage. Puis des langues, semblables à des flammes, apparurent dans le tourbillon. Et, se séparant les unes des autres, elles se posèrent un instant sur chacun.

Quand enfin tout fut revenu dans le calme et dans le silence, chaque disciple demanda à ses voisins ce qu'ils avaient vu. Nous posions beaucoup de questions autour de nous. Mais aucun ne comprenait ce que disaient les autres, car, brusquement, nous parlions tous dans d'autres langues que celle de nos pères. Tout était confondu : j'interrogeais Bar-Timée dans le langage des Mèdes, et Bar-Timée me répondait dans la langue de la Libye; José, qui haïssait les Nations, parlait dans la langue des Grecs, et André, qui était aussi habile dans cette langue que dans la nôtre, empruntait les paroles des légionnaires thraces[1] pour répondre au José grec[2].

Au bruit qu'avait produit la tempête entre nos murs, puis au tumulte que nous faisions maintenant en parlant tous en langues[3], une multitude de pèlerins accourut à la porte de la maison. Or, en nous écoutant, ils étaient dans l'étonnement et ils se disaient les uns aux autres : « Ces gens qui parlent ne sont-ils pas des Galiléens ? D'où vient que nous les entendions parler dans les langues d'au moins douze Nations ? »

Alors Pierre éleva la voix pour témoigner, devant la foule réunie, de ce qui venait d'arriver dans notre maison : « Fils d'Israël, ce qui survient ici est ce qu'avait annoncé le prophète : *Dans les derniers jours, le Seigneur répandra de son Esprit sur toute chair. Vos fils et vos filles prophétiseront, vos jeunes gens auront des visions.* Oracle du Très-Haut. »

Puis, à nous qui étions restés debout derrière lui, Pierre parla en ces termes : « Frères, l'Éternel nous a

1. Auguste avait installé en Galilée des colonies de vétérans thraces de son armée.

2. Bien entendu, Jude ignore tout du thrace, du mède, ou du libyque…

3. Il ne s'agit pas d'une pratique des langues étrangères, mais d'un phénomène de glossolalie qui rejoint le prophétisme.

envoyé le Souffle afin que nous parlions en langues, car il nous charge de porter la nouvelle du Royaume aux enfants d'Abraham qui ne peuvent l'entendre dans la langue de nos pères. Nous devons sortir de cette maison et prêcher les Juifs babyloniens de la Batanée ainsi que les pèlerins hellénistes qui sont dans la ville. » Et mon frère Jacques dit à son tour : « Un feu est allumé, il ne s'éteindra pas qu'il n'ait consumé les fondements de la terre. Allons crier sur les parvis que l'Élu du Seigneur est ressuscité et qu'il connaît le chemin de la mort à la vie. Hâtons-nous ! », et aussitôt il monta au Temple sans détour, comme un homme qui n'a plus de crainte.

Sur le parvis des Païens, il s'exprima ainsi : « Depuis que les sans-Loi ont fait mourir Jésus sur le bois[1] beaucoup parmi nous l'ont vu vivant dans sa chair, car le Très-Haut l'a relevé d'entre les morts. Il est vivant[2] ! C'est le signe que notre Père adresse à cette génération perverse : l'heure du Jugement approche. Israélites mes frères, sauvez-vous de la mort ! Entrez avec nous dans l'arche des saints : notre Juge est à la porte[3] ! »

C'était la première fois que Jacques enseignait. Parfois il avait guéri des malades dans leurs maisons et chassé des démons de l'espèce ordinaire, celle qu'on

1. Jacques, prudent à l'égard du Temple, ne met que les Romains en cause.

2. Jusqu'à la Résurrection, l'exclamation « Il est vivant ! » faisait référence à l'Éternel, par opposition aux dieux « morts » des païens.

3. Voir *Épître de Jacques* 5, 9.

fait sortir par la prière, mais au-dehors il n'exhortait pas les foules, car sa voix était faible et il était économe de ses paroles. Cependant, en ce jour de fête, il prêcha ; et, la peur s'emparant des cœurs, quarante Judéens le suivirent depuis le Temple jusqu'à notre maison. Or, parmi ceux qui nous rejoignirent ainsi, plusieurs étaient des pèlerins venus des campagnes[1]. Ils couchèrent dans notre rue ; mais, bientôt, ils nous demandèrent à manger.

Notre mère, courbée et pâlie sous son voile, revint vers Jacques et lui dit : « Ne vois-tu pas qu'il faut nourrir ces pauvres gens avant de les baptiser ? et que nos petits enfants meurent de faim ? Est-ce là la volonté du Seigneur ? Je t'en conjure, par Jésus ton Maître et mon fils bien-aimé, ne tarde pas davantage : achète de l'orge et du son, et vendons nos biens pour payer les marchands. »

Tabitha, dont le lait se tarissait, vint se montrer à moi avec notre petit Yeshua dans les bras, et, pleurant, elle me dit les mêmes paroles ; et Léa, qui avait perdu depuis longtemps la fierté de sa jeunesse et le goût des parures, me glissa dans la main ses derniers pendants d'oreilles « pour acheter du pain, dit-elle, au fils de Jacques et à la fille de Simon ».

À la fin, voyant que toutes les femmes nous assaillaient sans cesse de leurs plaintes, de leurs « ah » et

1. Les disciples galiléens, tous d'origine rurale, touchaient plus facilement les habitants des campagnes (que la faim ou la foi poussaient vers Jérusalem) que ceux de la ville.

de leurs « hélas », les Douze se résignèrent à faire ce qu'elles voulaient : tandis que Pierre et Jean continuaient à parcourir la ville en exhortant les Judéens et les pèlerins, Jacques et José acquirent des mortiers, des meules à bras et du grain avec l'argent qu'ils empruntèrent à un scribe du Sanhédrin.

Puis José, retournant dans la Galilée, vendit ce qu'il tenait de l'héritage de sa femme dans la ville de Khorazîn et les biens qu'il avait acquis dans notre village, car, grâce aux briques et aux pots, il était devenu le plus riche de notre famille. Nous ayant remis tout son argent pour nourrir les pauvres, il dit : « Je crois que, cette fois, Jésus va se montrer à moi : n'est-il pas juste qu'il me récompense de mon offrande ? Car il s'est montré à Jacques qui n'avait rien donné, pas même une pièce de cuivre ! »

Alors je me mis à supplier Jésus à chaque heure du jour, disant : « Si tu ne te montres pas à moi, Bien-Aimé, au moins montre-toi à José. Il l'a mérité, il l'espère, et son âme a soif de toi ! » Mais plus tard, comprenant que le Béni de Dieu ne viendrait pas vers lui, José me dit : « En vérité, je n'attendais pas de rétribution. Car l'Élu, du temps où il n'était encore que mon frère aîné, a toujours été plus prompt à s'irriter qu'à louer... »

Comme au temps où nous suivions Jésus dans la Galilée, Matthieu tenait la table des comptes et, lorsque je n'instruisais pas les postulants que Philippe et André s'apprêtaient à baptiser, je l'aidais en tout. Pierre s'emportait contre nos dénombrements, notre souci des ventres affamés, et ce qu'il appelait « des pensées dignes d'un négociant de Tibériade ou d'un saleur de Magdala ». Il disait : « À quoi bon ces soins inutiles ? Si la Fin n'est pas pour aujourd'hui, elle est pour demain ! Et, sitôt dans le Royaume, nul n'aura plus besoin d'argent : à tous, la nourriture sera donnée à profusion. Laissez là ces drachmes, ces deniers qui souillent vos mains[1], et priez ! »

Et quand il prêchait dehors, il disait au peuple : « Que celui qui achète soit comme quelqu'un qui ne profitera pas ; celui qui bâtit comme quelqu'un qui ne va pas habiter ; celui qui sème comme quelqu'un qui ne va pas récolter ; celui qui taille comme quelqu'un qui ne va pas vendanger ; et ceux qui se marient comme s'ils restaient veufs... N'engendrez plus, et vivez dans vos maisons comme sur une terre étrangère, car le départ est proche ! Oracle du Très-Haut ! » Et souvent, lorsqu'il priait et que beaucoup autour de lui parlaient en langues ou prophétisaient, il tombait lui-même en extase[2].

Tel n'était pas le cas de mon frère Jacques, qui se recueillait mieux dans le silence. Il cherchait à ordonner nos assemblées, disant aux principaux de notre conseil : « Les choses qu'énonce celui qui parle en langues demeurent mystérieuses pour ses frères. C'est pourquoi celui qui parle en langues doit avoir aussi

1. Monnaies grecques et romaines, donc « impures ».

2. Pour les « visions » de Pierre, voir la Transfiguration sur le mont Hermon et son extase dans la ville de Joppé (*Actes des Apôtres* 10, 9-16, et 11, 4-16).

le don d'interpréter. Sinon, qu'il se taise dans les réunions ! Ou qu'il parle à Dieu, qui comprend tout... Quant à moi, je vous le dis, je préfère cinq paroles intelligibles à dix mille paroles en langues[1]... »

Alors Philippe, l'un des plus anciens des Douze, répondit : « C'est ce que tu préfères en effet, car toi-même tu n'as pas reçu le don des langues. L'Esprit te visite peu. »

Philippe disait ces choses pour plaire à son cousin. Car André, qui savait déjà la langue des Grecs, avait pris goût à nous exhorter dans la langue de l'Inde, « à moins, disait-il, que ce ne soit celle des Scythes ? ». Un jour, devant moi, Jacques s'écria : « Pourquoi le Seigneur inspirerait-il à un fils d'Abraham la langue de l'Inde alors qu'il n'y a pas ici d'Indien à instruire ? Ne serait-ce pas plutôt une ruse de l'Adversaire[2], qui voudrait nous pousser à quitter le pays de la Promesse pour dilapider sur les mers l'héritage d'Israël ? »

Mais Pierre, au contraire, encourageait son frère, car lui-même ne connaissait que la langue de la Galilée, il ne lisait aucune lettre, et il admirait la science d'André, qu'il croyait capable d'écrire même dans la langue des anges !

Cependant, voyant qu'en assemblée André continuait à prêcher pour des Indiens absents sans rien traduire aux Israélites présents, Pierre, embarrassé, vint au-devant de Jacques et lui dit : « Certes, tu n'es pas dans l'erreur quand tu blâmes nos tumultes. Mais, pour le peuple de Judée, le parler en langues est un

1. Rapprocher des instructions de Paul dans *I Corinthiens* 14.

2. Le diable.

signe : il donne foi à beaucoup. Gardons-nous donc de l'abolir. Car la multitude est plus aisément fortifiée par des œuvres extraordinaires que par des paroles ordinaires. »

Et Jacques, qui désirait conserver l'amitié de Pierre, se souvint qu'il est écrit : *Un morceau de pain sec avec la paix vaut mieux qu'une maison pleine de viandes avec des querelles.* Dorénavant, il garda le silence au milieu des mots inconnus.

Il y eut encore entre nos saints un différend au sujet des prophéties. Quand nous étions tous rassemblés dans la cour, les postulants qui entraient pour nous écouter nous regardaient parfois comme des insensés. Ils se disaient les uns aux autres : « Que signifie cela ? » Car beaucoup d'adeptes, hommes et femmes, tombaient en extase, se jetaient face contre terre sous l'effet de l'inspiration et, interrompant le disciple qui nous lisait la Loi ou celui qui enseignait, ils se mettaient à prophétiser tous en même temps.

Jacques, qui ne prophétisait pas mais cherchait à s'instruire par les prophéties et par les homélies, s'irrita bientôt de ne plus pouvoir entendre aucune parole claire. Un soir, s'adressant encore aux Douze réunis[1], il dit avec sévérité : « L'Éternel est-il un Dieu du désordre ? Et l'Élu du Très-Haut n'a-t-il pas appris à ses disciples que l'esprit des prophètes doit obéir aux

1. Malgré sa jeunesse, non seulement Jacques participait aux réunions des Douze alors qu'il ne faisait pas partie du groupe, mais il exerçait sur eux une autorité certaine sans s'interroger sur sa légitimité.

prophètes ? Je demande que nos frères et sœurs qui prophétisent retiennent en eux leurs visions jusqu'à ce que les autres aient fini de parler. Et qu'il n'y ait pas plus de deux ou trois prophètes à la fois quand nous nous réunissons. L'Éternel, béni soit son Nom !, hait toute vaine agitation, car le chaos est l'empire du Démon. » Jean, dont la mère prophétisait et qui prophétisait lui-même, se prononça contre la nouvelle règle, mais Pierre, cette fois, approuva mon frère.

Le lendemain, Jacques dit en assemblée : « Vous pouvez tous prophétiser, mais chacun à votre tour. Que, dans nos assemblées, tout se fasse dans l'ordre et la discipline ! Et que ceux qui parlent en langues se souviennent qu'on peut prier par le Souffle mais aussi avec l'intelligence, convaincre par le Souffle mais aussi avec l'intelligence[1]. Amen. »

Depuis que nous avions tous été baptisés par l'Esprit et par le feu, Jacques, Pierre, Jean et André sortaient chaque jour pour exhorter le peuple, disant : « La promesse du Royaume est aussi pour vous et vos enfants. Venez en aussi grand nombre que Dieu vous appellera ! »

Or notre communauté n'était pas comme celle des Parfaits qui mettent les postulants à l'épreuve pendant deux ou trois années : depuis le premier jour, sachant que le temps manquait, nous recevions dans notre arche sainte tous les petits d'Israël qui nous demandaient le baptême au nom de Jésus. La plupart étaient

1. Rapprocher de *Paul, I Corinthiens* 14.

venus en laissant derrière eux maison et vêtements – et qui son chantier, qui son four, qui sa charrue, qui son aiguille. Or le nombre de ceux qui se trouvaient ainsi réunis autour de nos trois « colonnes » était maintenant d'environ cent vingt[1].

De nouveau, l'argent de notre bourse fondit aussi vite que si nous le passions au creuset. Les pharisiens et les sadducéens nous surnommaient les *notsrim,* « nazôréens », mais nous nous donnions le nom hébreu d'*ébionim,* les Pauvres, car d'un jour à l'autre, ainsi que Jésus l'avait ordonné, il ne nous restait plus un centime. Et Jacques allait crier devant les palais : « Malheur à vous, les riches, car vous avez déjà votre récompense ! Malheur à vous qui êtes repus car, un jour prochain, vous aurez faim ! »

C'est alors que quelques hellénistes de la Diaspora, qui étaient rentrés des Nations avec leur argent pour habiter dans la ville, décidèrent de nous aider.

Le premier fut Joseph, un lévite originaire de Chypre, qui n'avait ni femme ni enfant. Pierre le surnomma *Bar-Nabbas*[2], « fils du Réconfort », parce qu'il mit toute sa force à nous secourir : sitôt baptisé, il alla enseigner la voie de Jésus en grec dans la synagogue des Alexandrins ; puis il vendit une vigne qu'il possédait à Rama pour nous en offrir le prix.

Vint ensuite Shimôn, qui était originaire de Cyrène : c'est lui qui avait porté le bois de Jésus. La nouvelle de la résurrection du « Galiléen » réjouit tant son cœur

---

1. Multiple de douze, c'est un chiffre magique au même titre que les multiples de sept.

2. Les *Actes des Apôtres* l'appellent Barnabé.

qu'il nous donna le champ d'où il revenait quand les Romains l'avaient chargé du bois de la croix. D'autres, d'Antioche et d'Éphèse, l'imitèrent bientôt, car, parmi ceux de la Dispersion revenus vivre dans la ville, il n'y avait aucun indigent.

Ces hellénistes, que nous baptisions, posaient devant Pierre ou Jacques ce qu'ils voulaient. Mais s'ils nous mentaient au sujet de leurs biens, cherchant à retenir pour eux la plus grande part, nous leur appliquions la même règle que les Fils de Lumière dans leur *yahad*[1] : puisqu'ils avaient espéré tromper l'Esprit de Dieu, ils ne pouvaient demeurer parmi les saints et nous les chassions.

Ainsi la fraude d'une riche helléniste de Damas s'étant découverte par la grâce de l'Esprit Saint, *lampe qui pénètre jusqu'au tréfonds de l'être,* elle fut aussitôt renvoyée de notre maison. Or il est écrit : *quand les rameaux sèchent on les brise* – frappée par le Souffle dans notre cour même, cette femme mourut, et nos jeunes gens durent l'emporter dehors tel un rameau brisé[2].

Devant cette œuvre de Dieu, une grande crainte s'empara de notre *qéhila*[3] et il n'y eut plus de mensonges sur ce qui nous était destiné. Hébreux et hellénistes[4] firent comme les petits de la Galilée : ils

1. Nom que les esséniens donnaient à leur communauté.

2. Voir aussi, dans *Actes* (5, 1-11), l'exclusion d'un couple de « tricheurs ».

3. Équivalent hébraïque du grec *synagogue* ou *ekklesia* (assemblée).

4. Hébreux et hellénistes étaient tous également juifs et circoncis. Mais les seconds ne parlaient que le grec, les premiers que l'araméen.

livrèrent ce qu'ils possédaient sans rien dissimuler, et nul, désormais, ne considéra l'un quelconque de ses biens comme sa propriété. Toutes choses furent communes entre nous.

Abandonnant leurs maisons, ces nouveaux venus ne pouvaient cependant abandonner leurs veuves – aïeules, mères ou tantes. Car Jésus, lorsque nous le suivions, n'aurait permis à aucun de détourner vers l'offrande le secours dû aux vieux parents : c'eût été, comme pour le *qorbân* du Temple, annuler l'un des commandements de la Loi pour suivre un commandement des pharisiens. Aussi, quand ils entraient dans notre *qéhila* des Pauvres, les nouveaux baptisés nous cédaient-ils, en même temps que leurs biens, le fardeau de leurs veuves.

Ce poids-là devint bientôt trop lourd pour nos épaules. Il aurait fallu pouvoir mettre ces pauvres femmes à la tâche ; mais beaucoup étaient parvenues à un si grand âge que Suzanne, Léa et Tabitha devaient les aider à lier la courroie de leurs sandales et leur donner dans la bouche le pain trempé.

Sara, qui avait toujours été habile au tissage, se procura du fil et fit acheter trois métiers qu'on monta dans notre chambre haute ; et les plus adroites de nos sœurs se mirent au travail avec elle. José alla vendre leurs ouvrages au marché-haut. Pour ces tuniques de laine fine, rayées de belles couleurs, qui plurent aux épouses des principaux sacrificateurs, il obtint un prix excellent car ces femmes goûtaient le luxe et quêtaient les suavités. Leurs riches maris achetaient pour elles des sandales à sonnettes et elles ne marchaient que sur des tapis. Alors Sara leur livra aussi des ceintures brodées comme à Damas, puis des chemises de lin fin.

Ma mère, qui restait dans la chambre haute, demanda une quenouille pour filer ; elle voulait aider les ouvrières. Mais ses doigts laissaient échapper le fuseau, ses mains avaient perdu leur force. Sous ses voiles noirs, elle était devenue faible comme un moineau d'hiver. Elle ne chantait plus. Et elle mangeait peu, par crainte d'ôter le pain de la bouche des enfants. Elle disait : « La lumière est douce, et mes yeux prennent plaisir à regarder grandir les fils de mes fils. » Cependant, elle ne se soutenait plus que par l'espérance de revoir Jésus, de le voir maintenant, à Jérusalem, de le voir resplendissant dans notre monde de ténèbres, de le voir dans toute sa gloire, mais aussi dans toute sa chair.

Se rappelant que, depuis le temps où notre bien-aimé avait agonisé sur la croix, des disciples avaient mangé avec lui au bord du lac de Guénésareth, elle soupirait : « Je suis bien lasse, Jude mon fils. Mes pieds descendent vers la mort. N'est-il pas temps que le Seigneur m'envoie dormir dans la tombe ? Seulement, si Jésus vient pour manger avec moi, s'il vient et que je ne suis pas là, il sera dans l'angoisse. Il m'appellera, le pauvre enfant, et je ne répondrai pas, il me cherchera et il ne me trouvera pas. Il croira que je l'ai oublié, que je l'ai abandonné. Lui, ma colonne d'argent, ma tour du Liban ! Je ne peux pas, vois-tu, je ne peux pas… »

Et, assise sur le banc de la chambre haute, elle attendait encore et encore, luttant malgré elle contre la mort comme un petit enfant épuisé lutte contre le sommeil.

Tous les jours, nous montions au Temple : Jacques, que le peuple de Jérusalem appelait maintenant « le Juste », ne se dérobait à aucun des préceptes de la Loi ; il montait dans le sanctuaire vers la neuvième heure[1] ; je l'accompagnais. Il priait longtemps, prosterné sur les degrés de la cour d'Israël ; et, bien qu'il se plût à répéter les paroles sévères d'Isaïe sur la graisse des agneaux, parfois il sacrifiait.

Mais il ne sacrifiait pas pour ses péchés[2], car le sang ne saurait laver les fautes ; l'eau seule et le repentir purifient le pécheur : tel était l'enseignement du Béni de Dieu. Jacques ne sacrifiait pas davantage pour rendre grâce, parce que les prêtres ne brûlaient alors qu'une partie de la victime ; ils se réservaient l'épaule et la poitrine, qu'ils revendaient aux bouchers afin d'augmenter leurs gains. Or, plus encore que l'Élu du Seigneur, Jacques avait en horreur ceux qui amassent ; se souvenant avec douleur du jour où, avec nos frères, il avait dépouillé Jésus, il disait : « À la racine de tout mal se trouve la cupidité, l'or est le fils aîné du Satan. » Aussi ne sacrifiait-il que pour offrir l'holocauste, car il brûle tout entier et ne profite qu'à Dieu. Mais, faute d'argent, son holocauste restait modeste : des tourterelles ou une couple de pigeons.

---

1. Trois heures de l'après-midi.

2. Le judaïsme connaissait quatre sortes de sacrifices d'animaux : l'holocauste, pour plaire à Dieu ; le sacrifice d'action de grâces, pour exprimer la reconnaissance ; le sacrifice d'expiation, pour la purification des péchés commis volontairement ; le sacrifice de culpabilité, pour les péchés involontaires et la « relève » du vœu de naziréat.

Quant à moi, je ne voyais qu'avec répugnance le sacrificateur ouvrir la tête des oiseaux avec l'ongle, en exprimer le sang contre l'autel, et déchirer les ailes. L'autel de Bronze et les hautes marches qui y menaient dégouttaient du sang des victimes qu'on immolait chaque jour par centaines ; les entrailles brûlées, le sang chaud et la graisse fumante répandaient une puanteur si affreuse que ni les coupelles d'encens ni les libations de nard sur l'autel des Parfums ne parvenaient à en masquer les relents. La cour des Prêtres sentait le carnage.

Agenouillé à l'entrée[1], je priais plus mal ici qu'au bord de la mer de Galilée. Et je n'étais pas non plus rempli de respect quand, aux trois fêtes de pèlerinage et le jour du Kippour, paraissait devant nous le Souverain Sacrificateur d'Israël : notre Grand Prêtre, coiffé de la tiare bleue et du diadème d'or où est écrit le nom secret du Très-Haut. Il avançait le cou raidi et le pas lent : ses vêtements superposés étaient caparaçonnés de tant de pierreries – et le collier des douze gemmes gravées aux noms des douze tribus pesait si lourd – que ce Fils des Ténèbres[2] marchait avec la componction d'un coq de basse-cour. À chacun de ses mouvements, il faisait tinter les grenades en rubis et les clochettes d'or qui formaient la bordure de sa tunique. La foule des pèlerins se récriait d'admiration. Pour moi, je ne voyais rien là d'admirable : aussi rutilant qu'une idole, aussi chargé qu'une bête de somme, le premier Juif d'Israël portait témoignage de la

1. Seuls pénétraient dans la dernière cour les fidèles accompagnant une offrande.

2. Jude retrouve ici des accents esséniens.

puissance romaine à chacune de ces apparitions. Car l'esclave, même pompeusement paré par ses maîtres, ne possède rien en propre, pas même son vêtement. Or c'étaient maintenant les sans-Loi qui donnaient ou refusaient à Joseph Kaïphe le manteau cramoisi, la robe de fil bleu, la tiare, le pectoral, et jusqu'à l'*urim* et au *tummim*[1] de ses ornements sacerdotaux.

De ce splendide héritage de nos pères, tout en effet restait enfermé dans la plus forte tour de la forteresse Antonia, au fond d'une armoire scellée que gardaient les soldats de César. Sept jours avant chaque fête, Kaïphe était contraint d'implorer le préfet de bien vouloir rouvrir l'armoire pour qu'il pût faire nettoyer ses vêtements. Et, sitôt la cérémonie achevée, les ornements sacrés retournaient chez les dévastateurs du monde, où ils demeuraient, pour des mois, dans la souillure et l'impureté.

Je dis à Jacques : « Pour honorer l'Éternel, une simple robe de lin blanc ne vaut-elle pas mieux que ces riches parures souillées par des impies ? Et pourquoi prier dans un temple fait de main d'homme quand chaque juste est un temple vivant élevé à la gloire du Père ? » Et Jacques me dit : « Garde-toi de blasphémer ! Quand tu n'étais encore qu'un petit enfant, Jésus aimait à prier dans le Temple. Et avant que Kaïphe n'en fît un marché et un tripot[2], notre bien-aimé en

---

1. Petits dés sacrés en ivoire que le Grand Prêtre devait porter sur la poitrine.

2. C'est à Kaïphe et Hanân qu'on attribue, peu avant 30, le transfert du marché aux bestiaux à l'intérieur du sanctuaire. Auparavant, il se tenait sur le mont des Oliviers.

admirait la grandeur. » Mon frère aurait-il mieux compris mon dégoût pour le sanctuaire s'il avait su que je ne pouvais y voir paraître celui qui avait livré Jésus sans désirer lui briser les dents ?

Après la prière, nous retrouvions les autres disciples sous le portique de Salomon où ils se tenaient tous ensemble, serrés les uns contre les autres comme des soldats en ordre de bataille, tandis que Pierre et Jean prêchaient.

Les sadducéens et les sacrificateurs aux turbans noirs les raillaient, disant : « Beaux faiseurs de miracles, si vous n'avez pas trouvé le corps de votre magicien dans son tombeau, c'est que vous l'en avez vous-mêmes tiré[1] ! Nul n'est jamais revenu du séjour des morts, vos apparitions sont l'œuvre de Beelzébul, l'héritier des ténèbres, ou de son père Satan, archisatrape des Enfers ! » Et ils nous adjuraient de dire enfin la vérité.

Puis venaient les docteurs pharisiens aux nombreux phylactères et, après nous avoir entendus, ils nous reprenaient aussi, quoique avec plus de douceur : « Vous êtes dans l'erreur, Galiléens. Cela vient de ce que vous êtes mal instruits : les justes ressusciteront, mais ce ne sera qu'à la Fin des temps. Et apprenez qu'ils se relèveront tous ensemble, et non pas l'un après l'autre. »

Les jeunes élèves qui étudiaient aux pieds de rabbi Gamaliel, le plus fameux des docteurs de la Loi,

1. Pour prévenir cette objection, les Évangiles postérieurs à *Marc* (et à Jude) affirmeront que le tombeau de Jésus avait été gardé.

venaient enfin : « Peut-être la langue de vos femmes est-elle pure de tout mensonge, nous disaient-ils, mais ces Galiléennes ne connaissent pas nos nécropoles. Or il y a dans cet endroit du Golgotha beaucoup de tombes creusées dans le rocher : qui sait si, aveuglées par leurs larmes, elles ne se sont pas trompées de tombeau ? Et n'est-il pas écrit dans les Prophètes que s'attacher au témoignage d'une femme, c'est vouloir retenir le vent ? »

Alors Pierre produisait d'autres témoins : Yossi, le piqueur de sycomores, Matthias, le tailleur de pierre devenu le douzième des Douze, et Cléophas le maçon qui avait repris sa tâche à deux pas de la colonnade et qui accourait aussitôt pour raconter, avec ses mots d'*am ha-aretz,* la vision de Jésus qu'il avait eue sur la route des Sources. Mais les jeunes disciples de Gamaliel secouaient la tête, et, relevant leurs longues robes, ils s'éloignaient en riant.

Vers ce temps-là, il vint dans notre maison de la ville basse trois baptistes aux pieds nus, ils avaient les cheveux sales et des barbes de *nazirs.* Ils nous firent de vives remontrances sur ce que nous ne donnions pas le baptême tel que Jean l'avait enseigné[1] : « Le baptême véridique ne peut se donner qu'en immergeant dans des eaux vives le corps entier du pécheur. Or comment les péchés seraient-ils effacés par le

1. *Paul* et les *Actes* (18, 25) font eux aussi allusion à deux types de baptême.

baptême misérable que vous donnez ici ? Avec une demi-cruche d'eau prise à la citerne ! Et dans le petit *miqveh* de votre cour, où l'on peut à peine se mouiller les pieds ! Qui prétendez-vous amener à la repentance par une fraude aussi honteuse ? Et par quelle autorité baptisez-vous ? par celle de Jean ? ou par celle d'un brigand ? Prenez garde, nazôréens, prenez garde car, en agissant de la sorte, vous abusez le peuple et vous offensez Dieu !

— Shalom, frères, leur dit Jacques le Rempart, soyez les bienvenus sous notre toit : notre *qéhila* vous est reconnaissante du zèle qui vous anime. Aussi, bien que vous n'ayez pas autorité sur ceux qui suivent la voie de Jésus, je veux répondre à vos questions. Voici : pour ce qui est de l'eau, il nous suffit d'une seule coupe, fort petite, car, ayant été baptisés par le feu du Très-Haut, nous baptisons par l'Esprit en imposant les mains. Quant au Serviteur de Dieu, auquel le Précurseur votre maître[1] avait rendu témoignage, nous avons vu, et beaucoup d'autres avec nous, qu'il s'est relevé d'entre les morts. Il reviendra bientôt, son crible à la main, trier son grain et, pour nettoyer son aire, brûlera la repousse de l'ivraie avec la vieille paille[2]... Que celui qui a des oreilles pour entendre m'entende ! »

---

1. Jean le Baptiste, tôt qualifié de Précurseur par les disciples de Jésus.

2. La « repousse de l'ivraie » désigne ici les baptistes, la « vieille paille », les sadducéens.

Ce fut tout. Les trois baptistes qui couvaient pour nous des œufs de basilic[1] reculèrent devant Jacques et nous n'entendîmes plus parler d'eux.

Comme j'étais chargé, avec André, de baptiser les postulants que nous trouvions assez instruits pour entrer dans la voie du salut, je fus bientôt assailli par les demandes des convertis[2] : baptisés, ils désiraient se faire baptiser encore, mais, cette fois, pour leurs morts ; sinon, ils craignaient de ne pas les retrouver quand viendrait le Jour de Dieu. Leur ignorance était grande, mais leur inquiétude si vive qu'elle toucha mon cœur. J'en exauçai quelques-uns, versant la coupe d'eau sur leur tête pour chacun des parents dont ils disaient le nom[3].

Mais les morts sont plus nombreux que les vivants : je vis qu'à baptiser ainsi les pères descendus dans le *Shéol,* nous n'aurions bientôt plus d'eau dans la citerne pour les enfants assoiffés. Alors je renvoyai vers Jacques ces nouveaux adeptes, et Jacques fut irrité contre eux et contre moi : « Tes convertis n'ont-ils pas entendu la Bonne Nouvelle ? Ne savent-ils pas que Jésus libérera des chaînes de la corruption tous ceux qui se sont endormis avant lui ? Il nous l'a promis, et le réveil de sa propre chair est le signe qu'il

1. Façon de dire qu'ils avaient de mauvaises intentions.

2. Convertis non à une nouvelle religion, mais à la « voie de Jésus » dans le judaïsme.

3. Ce « baptême pour les morts » est encore attesté par Paul (*I Corinthiens* 15, 29).

tiendra sa promesse… Jude mon frère, mon âme est troublée : qu'enseignes-tu à ceux que tu baptises ? Dis-leur seulement de se fier en Jésus, voilà l'*alpha* et l'*oméga* ! Et qu'ils laissent leurs morts où ils sont et d'où, assurément, Jésus les sortira ! Amen ! »

Cependant, quelques mères qui avaient perdu des petits enfants continuèrent à me poursuivre en pleurant. D'abord, je les chassai : « N'avez-vous pas entendu Jacques le Juste ? Êtes-vous sans intelligence ? » Mais elles revenaient toujours vers moi, m'attrapant la main, la mouillant de leurs larmes, et elles me chuchotaient à l'oreille les noms de ces petits qu'elles avaient nourris pour la tombe. Alors parfois, en me cachant de Jacques, mais en implorant le pardon du Très-Haut qui voit tout, j'écrivais en hâte sur le sable les noms qu'avaient reçus ces enfants ; et, faisant à ces pauvres morts l'aumône de quelques gouttes d'eau jetées sur les lettres de leur nom[1], je délivrais leurs mères des tourments d'un interminable enfantement.

La parole de Dieu croissait et se multipliait dans la ville ; mais quand nous nous tenions tous ensemble sous la colonnade de Salomon, il venait à nous plus d'hellénistes que d'hébreux.

Parmi eux, Étienne, arrivé d'Éphèse pour étudier aux pieds des docteurs du Temple ; Nicolas, un prosélyte[2] grec, circoncis à Antioche ; Nicanor, un fils d'Abraham

---

1. Identité « magique » entre le nom et la personne.

2. Païen totalement converti au judaïsme, circoncision comprise.

venu d'Alexandrie ; et Philippe, un Juif de Damas accompagné de ses quatre filles vierges qui, toutes, prophétisaient admirablement. Vint aussi un cousin de Bar-Nabbas : ce jeune homme, nommé Jonathan et surnommé Marc, était venu de Chypre avec sa mère pour vivre à Jérusalem où tous deux possédaient, dans la ville haute, une grande maison pleine de servantes.

De tous, Étienne était le plus jeune. Mais il avait tant de puissance qu'il étonnait le peuple par sa parole. Des hellénistes de la synagogue des Affranchis, ou de celle des Alexandrins, s'opposaient parfois à ses discours ; mais ils ne pouvaient résister à l'Esprit par lequel Étienne parlait. Ce fut lui qui, le premier d'entre nous, osa proclamer hors de nos murs que Jésus était bien le Messie d'Israël, le Fils de David annoncé par les prophètes : « La promesse que l'Éternel avait faite à notre père David, disait-il, il l'a tenue ! Le Messie est venu, son nom était Jésus, les adorateurs du César l'ont tué, et vous, sadducéens incrédules, vous étiez comme une bande en embuscade ! Mais le *Christos*[1] ne mourra plus : il reviendra bientôt sur les nuées, et Dieu précipitera dans la fournaise les Juifs prostitués aux Nations et les incirconcis de cœur ! »

La jeunesse d'Étienne ne le portait pas à la prudence. Or, quand il osait ainsi parler du Messie, les Anciens ne lui ménageaient pas leurs sarcasmes : « Le Messie devait-il mourir ? Est-ce là ce qui était écrit ? Quand donc ton faux prophète a-t-il détruit la force des Nations ? renversé leurs chars et leurs

1. En grec, même sens que le *Mashiah* hébraïque : celui qui a reçu l'onction.

cavaliers ? Quand a-t-il délivré Israël ? S'est-il seulement délivré lui-même ? N'est-il pas écrit pourtant : *L'Éternel sortira pour délivrer son oint* ? Avons-nous vu le Tout-Puissant descendre ton Messie de la croix quand, devant nous, il y souffrait mille tourments ? Non. Au contraire, nous l'avons vu trembler, ton Messie, nous l'avons entendu crier… Un Messie pendu au milieu des brigands ! Un Messie couronné d'épines, et qui s'étouffe, et qui pleure le sang ! Maintenant tu nous dis, toi, qu'il est revenu d'entre les morts, que son réveil porte témoignage qu'il était bien le roi promis ? Mais pourquoi ne se montre-t-il qu'à ses amis ? Ne devrait-il pas, plutôt, se montrer à ses ennemis pour les effrayer ? Enfant, laisse donc là ces nazôréens fraudeurs, ces trafiquants de prodiges, et apprends à lire aux pieds des bons rabbis. »

Bien qu'il eût la figure d'un ange, Étienne ne voulait pas être pris pour un enfant. Aux quolibets des Anciens il répondait par des invectives, et il se mit même à prêcher aux carrefours contre ceux du Temple, traitant les prêtres de Kaïphe d'« hommes au cou raide » et de « sauterelles dévorantes ». Il disait : « Vieillards iniques, votre alliance avec la mort sera détruite, votre pacte avec le *Shéol* ne durera pas ! » Et eux étaient furieux dans leur cœur, et ils commencèrent à grincer des dents contre lui.

Avec nous, ses frères hébreux, Étienne n'était guère moins bouillant qu'avec les prêtres et les sadducéens. En ce temps-là, nous n'avions dans notre *qéhila* ni viande ni vin et nous mangions la soupe de lentilles à la marmite sans y trouver de gras, mais chaque jour nos veuves dînaient à des tables que nous dressions pour elles ; la mère d'Étienne était du nombre. Cependant, les veuves des hellénistes restaient ensemble aux mêmes tables, ne se mêlant pas aux autres, car les gens de la Dispersion aiment à se grouper entre eux comme si les hébreux leur étaient étrangers. Or la mère d'Étienne se plaignit à son fils qu'à sa table on ne mangeait pas à suffisance. Aussitôt Étienne, véhément, dit à plusieurs de la Diaspora que leurs veuves étaient négligées dans la distribution. Et le cœur des hellénistes se remplit de fiel. Et beaucoup murmurèrent contre les hébreux.

Les Douze convoquèrent alors l'assemblée des disciples et, André traduisant, ils dirent à Étienne et ses amis : « Nous ne pouvons donner nous-mêmes à manger, car il ne serait pas convenable que nous délaissions le service de Dieu pour faire le service des veuves. C'est pourquoi, frères, vous choisirez parmi vous sept hommes que nous chargerons de cet emploi. Quant à nous, nous continuerons à nous appliquer à la prière et au ministère de la parole[1]. »

Les hellénistes élurent sept hommes, dont Étienne, Philippe de Damas et Nicolas d'Antioche, et les Douze, après avoir prié, leur imposèrent les mains ; puis les Sept formèrent entre eux une assemblée particulière, qu'ils appelèrent *diaconie.*

Ces *diacres* servirent aux tables des veuves, mais, suivant la voie qu'Étienne avait tracée, plusieurs passèrent en trois jours[2] de ce service des tables à celui de la parole. Et ils se répandirent dans la ville, prêchant

1. Rapprocher des *Actes des Apôtres* 6, 1-6.

2. Dans la langue de l'époque, « trois jours » signifie seulement « très vite ».

en grec près des piscines et dans la cour des Païens sans même attendre que les Douze les y eussent envoyés. Pierre et Jacques s'en alarmèrent, car, faute de pouvoir les comprendre, ils ne savaient pas quelle doctrine les Sept enseignaient.

Aussi, quand les hellénistes devenus trop nombreux proposèrent d'établir leur diaconie, avec leurs disciples et toutes leurs veuves, dans une maison située sur le mont Sion[1], les Douze acceptèrent avec soulagement. Seuls quelques-uns de ces Juifs grecs restèrent avec nous dans la ville basse : c'étaient des hommes faits, comme Bar-Nabbas et Philippe de Damas, ou des hommes sages, comme le très jeune Marc.

Vers le même temps, Jacques me retira du ministère des baptêmes, disant : « André n'a pas besoin de quelqu'un qui jette l'eau bénite sur le sable ! Qu'espères-tu y faire pousser ? »

Comme le bruit courait dans la maison que des apôtres s'apprêtaient à partir pour annoncer, jusque dans la Pérée et la Galilée des Nations, la bonne nouvelle de la résurrection du Serviteur de Dieu, je demandai à les accompagner. « Tu n'es encore qu'un enfant, dit Jacques.

— J'ai dix-neuf ans accomplis ! Jacques de Zébédée n'est pas plus âgé que moi. Pourtant, tu lui permets d'aller prêcher dans la Pérée…

---

1. Il s'agit du beau quartier de la ville, où se trouvaient l'ancien palais d'Hérode (devenu « résidence secondaire » du préfet) et le « monastère » des esséniens.

— Les fils de Zébédée ont de l'éloquence devant les foules et de l'à-propos dans les périls : sur la route, Jésus les envoyait toujours en avant. Mais sois sans amertume, mon frère. Dans la grâce, il y a diversité de dons et de ministères, mais c'est toujours le même Seigneur. Rappelle-toi ce que disait notre Maître : *Il y a plusieurs demeures dans la maison du Père.* À l'un, le Très-Haut a donné la sagesse ; à un autre, le don des guérisons ; à un troisième, le don de prophétie ; à d'autres encore, le don de la parole ou le discernement. Aucun de ces dons n'est plus grand ni plus petit que les autres, et chacun d'eux est nécessaire à tous : imagines-tu qu'un membre de ton corps puisse se passer des autres ? que l'œil dise à la main : Je n'ai pas besoin de toi[1] ? »

Alors je dis à Jacques : « Pierre a le don d'exhorter, en effet. Et Matthieu celui de compter. André est fait pour baptiser, Thaddée pour prophétiser, et José... José pour vendre, nous le voyons ! Quant à toi, l'Élu du Seigneur savait que ta nature te porte à diriger[2]. Mais moi ? Vois, frère : je gaspille l'eau baptismale, j'échoue à exorciser, je n'ai jamais prophétisé, je chante mal, je fuis l'éloquence, je n'ai pas le don des "langues", je crains les lieux inconnus, je ne puis conduire aucune mission, et je n'ai même pas été capable de me faire eunuque pour le royaume des Cieux ! À quoi suis-je bon, moi, le dernier de la lignée ?

---

1. Rapprocher de *Paul, I Corinthiens* 14.

2. Allusion à la réponse donnée par Jésus à ses disciples le soir de la Cène.

— Mon frère, dit Jacques, ne doute pas : tu es né pour aimer. N'est-ce pas ce que Jésus nous avait dit quand nous dînions tous à l'auberge avec la musicienne repentie ? En t'accordant ce don, Dieu t'a offert son bien le plus précieux. Apprends à le faire fructifier. »

Et, le jour suivant, il me dit : « Tu possèdes aussi un don plus modeste, mais qui peut être utile à nos frères : avec le calame ou le stylet, tu formes de belles lettres. Étudie, petit. Étudie tant que le jour luit. »

Cependant, pour étudier, je ne disposais que des tablettes de cire sur lesquelles nous faisions nos comptes, et je n'avais aucun livre que le vieux rouleau d'Isaïe. Comme je m'en inquiétais, Jacques fut dans l'étonnement. Il me dit : « N'est-ce pas assez ? »

Dans ce temps, il se présenta à la porte de notre maison un homme que j'avais rencontré chez les Parfaits dans le temps où j'y étais postulant. Lui non plus n'était pas entré dans leur *yahad* car il s'était marié. Mais s'étant établi près de leur maison, il réglait toutes leurs affaires dans la ville et accueillait chez lui les voyageurs venus du Jourdain pour visiter les saints[1].

Cet homme, nommé Isaac, avait entendu parler du Messie Jésus par des hellénistes, et il voulait savoir si nous, les nazôréens hébreux, les *ébionim,* professions la même foi. En me reconnaissant après ces quatre

1. Dans les principales villes, les esséniens disposaient de relais pour faciliter l'accueil des « sympathisants » et leurs propres déplacements.

années, il fut dans la joie et il m'embrassa. Et voici : se plaisant à contester avec moi, Isaac revint souvent ; et il m'apportait du papyrus usé que les Parfaits avaient en abondance. Car ces Fils de Lumière avaient construit dans leurs maisons des nids qu'on nomme *bibliothèques*[1] et ils y recopiaient l'Écriture.

Dans ces « nids », Isaac prit aussi pour moi des livres des Prophètes que j'allai dérouler chez lui. Il aimait à m'entendre parler du Royaume en s'asseyant contre moi. Cependant, il ne croyait pas que Jésus fût le Messie-roi, fils de David, ni le Messie-prêtre, fils d'Aaron[2], que les Nombreux attendaient. Un jour il me demanda : « Votre prophète se nommait-il lui-même *Mashiah* ? »

Je dis : « Ce mot ne fut jamais dans sa bouche et il nous défendait de le prononcer. Pourtant, se trouvant irrité contre nous, ses disciples, il dit une fois : "Il y a ici plus que Salomon !" Mais il ne se donnait aucun titre, sauf celui de Fils de l'homme, *ben-adam,* que l'Éternel donna autrefois à son prophète Ézéchiel.

— *Ben-adam ?* Ne sommes-nous pas tous des fils d'Adam ?

— Étienne dit que cette parole revêt un sens caché[3]. C'est pourquoi j'étudie l'Écriture : je veux porter

1. En grec dans le texte.

2. Les esséniens attendaient deux Messies, espérant, semble-t-il, rétablir une distinction entre le pouvoir sacerdotal et le pouvoir politique.

3. Allusion probable au *Livre de Daniel,* un apocryphe du IIe siècle avant notre ère, et au pseudo-*Hénoch*, apocryphe d'époque hérodienne.

témoignage aux incrédules que c'est bien notre Élu que les prophètes ont annoncé à Israël depuis le commencement du monde.

— Cependant votre Élu est mort, et Israël reste dans les fers.

— Mais il est ressuscité ! Avant que ne repousse encore une fois l'herbe des champs, il viendra nous délivrer. »

Ce fut dans ce temps du deuxième automne que, grâce à Isaac, je découvris les prophéties d'Osée et de Malachie, de Michée et de Zacharie, de Jonas et de Sophonie[1]. Je lus aussi des chants de notre roi David que j'ignorais, et tous ceux de Salomon. Or, en lisant, je fus frappé d'étonnement : rois ou prophètes – que leurs ossements refleurissent de leur tombe ! –, tous avaient parlé de Jésus. N'était-il pas écrit dans Malachie que Jean le Baptiste viendrait le premier : *Voici, dit l'Éternel, je vous enverrai mon messager, et il préparera le chemin* ? Dans Zacharie, la mort de l'Élu était annoncée : *Les habitants de Jérusalem pleureront sur lui comme on pleure sur un fils unique.* Dans les psaumes de David, je retrouvais chacun de ses tourments : *Ils ont percé mes mains et mes pieds, ils se partagent mes vêtements, ils tirent au sort ma tunique,* et, plus loin, je lisais sa résurrection et le baptême de feu que nous avions reçu de Dieu : *Il fait des vents ses messagers et des flammes de feu ses serviteurs.* Daniel,

1. Il s'agit de ceux qu'on appelle les « petits prophètes », en raison de la brièveté de leurs écrits. Ils furent bientôt mieux connus des premiers chrétiens que les « grands prophètes », à l'exception d'Isaïe.

enfin, me dévoila le mystère du Fils de l'homme : *Sur les nuées des cieux il arrivera quelqu'un de semblable à un fils de l'homme, il s'avancera vers l'Ancien des jours et sa domination sera éternelle* – seul Matthieu avait connu cette prédiction avant moi.

Ces choses cachées depuis la création du monde, je voulus les copier sur un petit rouleau de livre, un seul, et les publier pour les enseigner à nos frères et confondre nos ennemis : les prophètes ne rendaient-ils pas témoignage que notre Maître bien-aimé était le Messie ? Au fond des temps les plus obscurs, notre lampe brillait déjà !

Cependant, je ne pus achever mon ouvrage car, ayant appris que Jacques montait tous les jours au Temple et que, souvent, je l'accompagnais, Isaac se mit en colère et me chassa de sa maison en crachant derrière moi. Il dit : « Fils des Ténèbres, tu parles avec un cœur double ! »

En ces jours-là, notre *qéhila* fut frappée par les méchants qui rôdaient depuis longtemps autour de nous comme des lions rugissants.

Et voici comment ce malheur arriva : Étienne était monté au Temple avec trois de sa diaconie ; comme les gardiens ne le laissaient plus approcher du portique de Salomon où il troublait les rabbis, il prêchait la voie de Jésus sous le Portique royal. Un soir, à l'heure où beaucoup montent pour la prière, il s'en prit non seulement aux sacrificateurs hérodiens ainsi qu'il y était accoutumé, mais à tous les Judéens, disant : « Hommes de Jérusalem, après avoir tué vos prophètes, vous avez livré à nos ennemis le Roi-Messie ! Que votre péché retombe sur vos têtes, suppôts de la Grande Prostituée ! Je vous le dis : dans le propre sanctuaire du Seigneur, vous finirez par adorer Jupiter... Alors le Fils de l'homme reviendra et il brûlera du haut en bas cette maison des Puanteurs, cette soue à cochons ! »

Or quelques Judéens qui étaient de la famille du Grand Prêtre et de jeunes chercheurs de la Loi qui sortaient de la maison d'étude des pharisiens bleus trouvèrent que c'en était assez, que, cette fois, il parlait avec trop d'outrance. En se bouchant les oreilles, ils poussèrent de grands cris : « Blasphème ! Blasphème ! » Puis, se précipitant sur lui, ils l'entraînèrent hors de la ville, malgré la résistance que firent ceux de sa diaconie.

Sitôt que ces méchants furent devant la Porte, ils déposèrent leurs manteaux aux pieds d'un des leurs pour n'être pas embarrassés, et, ramassant des pierres, ils lapidèrent Étienne[1]. Tombé à genoux sous les coups, le malheureux priait et disait : « Seigneur, reçois mon esprit ! » Puis, après ces paroles, frappé à la tête, il s'endormit.

Alors commença une grande persécution contre les nazôréens. Tandis que deux de nos hellénistes emportaient en hâte le corps d'Étienne, les furieux visitaient sa maison sur le mont Sion, pénétraient dans d'autres

---

1. Lynchage selon Jude, et non exécution d'un jugement comme dans les *Actes*.

maisons, en arrachaient même les veuves, et ils faisaient jeter en prison tous ceux qui avaient reçu le baptême du Messie Jésus. Nicolas d'Antioche, qui avait été blessé par ces maudits au moment où ils s'emparaient d'Étienne, vint à notre maison, espérant se sauver. Aussitôt, pour le défendre, nos hébreux prirent leurs bâtons et, commandés par Simon le Zélote[1], ils se mirent devant l'entrée de notre petite cour. Mais ni les élèves des « bleus » ni ceux des sadducéens n'osèrent marcher contre nous : ils savaient que les Galiléens apprennent dès leur jeune âge à combattre avec leurs bâtons et qu'ils sont plus redoutables avec cette arme que les Parthes avec leurs arcs ou les Romains avec leurs glaives.

Quand Nicolas fut pansé, Jacques dit : « Il faut que nous nous dispersions. Nos hellénistes ne peuvent rester dans la ville, car la grande famine qui s'est abattue sur la Judée irrite maintenant le peuple et le porte aux extrémités. Voyez : quoique l'époque du jeûne soit passée, les Judéens, faute de nourriture, continuent à jeûner… La mort d'Étienne les échauffera encore davantage contre les nôtres. Aussi nos frères hellénistes doivent-ils descendre dans la Samarie et les villes grecques de la côte où personne ne les recherchera. Quant à nos hébreux, ceux qui le peuvent se sauveront de tout mal en allant prêcher la Bonne Nouvelle aux fils d'Abraham qui sont au-delà du Jourdain. »

1. « Dévot », mais aussi « patriote » apparemment déjà rodé aux émeutes.

C'est ainsi que quelques hébreux allèrent avec les hellénistes à Pella[1] dans la Décapole et que Philippe de Damas descendit dans la Samarie. Nicolas, Parménas et d'autres s'en furent vers la Galilée dans l'espérance de gagner le port de Ptolémaïs.

Tous les diacres s'en allèrent. Même les hellénistes qui n'avaient pas suivi Étienne et demeuraient encore dans notre maison durent se disperser : Bar-Nabbas et son cousin Marc retournèrent dans leur île de Chypre, tandis que Miryam, mère de Marc, gardait leur maison, et, avec une servante nommée Rhodé[2], y recueillait les veuves des dispersés. Ceux qui avaient fui ainsi allaient de lieu en lieu, annonçant à toute la terre Jésus le Galiléen relevé d'entre les morts.

À cause de ces départs, nous étions de moins en moins nombreux dans la maison. Jacques décida donc de nous faire encore changer de lieu. Dans la ville haute il trouva, non loin de l'endroit où les Fils de Lumière avaient établi leur maison de perfection, une belle demeure avec un vaste *miqveh* pour nos baptêmes. Mais, d'abord, il m'ordonna de détruire la mosaïque de la grande salle qui représentait des bêtes sauvages. Avec l'aide de Dieu et de deux de nos frères, je piochai le tout et la maison fut purifiée[3].

---

1. Ville « grecque » de Transjordanie où, selon Jude, Jésus avait déjà prêché.

2. Voir aussi *Actes des Apôtres* 12, 13-14.

3. Sans doute la maison d'un riche Juif hellénisé (présence simultanée d'un bain rituel et d'une mosaïque profane), comme les archéologues en ont trouvé beaucoup.

Une fois établi dans ce lieu, Jacques mit de l'ordre dans notre *qéhila* en défendant à nos hébreux de se mettre à enseigner de manière désordonnée, comme l'avaient fait les hellénistes : « La langue est un feu, et voyez comme il faut peu de feu pour faire flamber une grande forêt ! Quelqu'un qui ne trébucherait jamais quand il exhorte serait un homme plus qu'accompli, dans la Loi comme dans la Voie[1]. Or, accompli, qui l'est ? Mettez donc un mors dans votre bouche, comme vous le mettez aux chevaux pour qu'ils vous obéissent[2] ! » Ainsi fut-il résolu que dorénavant Pierre et Jean seraient les seuls des Douze à porter la Parole dans la ville.

Mais tandis que tous deux retournaient parler aux justes, il advint que, dans le Temple, ils guérirent un boiteux qui mendiait à la Belle Porte. Les Anciens du Sanhédrin, remplis de fiel et de jalousie, en furent fâchés ; mais, malgré leurs ordres, toute la ville connut le miracle. Le nombre des malades qu'on sortait pour nous dans les rues augmenta. Leurs familles les plaçaient dehors sur des paillasses afin que Pierre ou Jean, passant devant eux, les couvrissent de leur ombre. Des villages alentour, vinrent aussi beaucoup de paysans qui déposaient dans notre rue des malades et des gens que tourmentaient des esprits impurs.

Par la prière et l'autorité, nos « colonnes » chassaient les démons de ces possédés sans leur prendre

1. La Loi (de Moïse) et la Voie (de Jésus) : double obédience chère à Jacques.

2. Rapprocher de *l'Épître de Jacques,* 3.

d'argent[1]. Et Marie de Magdala guérissait les paralytiques en leur distribuant du pain d'orge, car la plupart de ces malheureux n'avaient d'autre maladie que la faim. La disette de la huitième année les poussait, en effet, à mettre dans leur pot des herbes mauvaises et des coloquintes sauvages dont ils mouraient ou restaient empoisonnés. Et leurs pauvres enfants étaient chétifs comme du blé séché avant que la tige soit formée.

Dans la maison du mont Sion, quand j'eus atteint l'âge d'environ vingt ans, Tabitha enfanta notre deuxième fils ; il fut circoncis au huitième jour et je l'appelai Daniel, du nom du prophète qui avait annoncé dans son livre la venue du Fils de l'homme.

Vers le même temps, la mort s'approcha de ma mère. Longtemps elle avait attendu le retour de son fils bien-aimé, disant avec tristesse : « Pourquoi ne se montre-t-il pas à moi comme il s'est montré aux autres ? Est-il irrité parce qu'au commencement de sa mission j'ai cru qu'il agissait comme un insensé ? Ou bien est-ce l'Éternel qui lui défend de se montrer encore ? Et pourquoi ? Parce que le Dernier Jour est proche ? Mon impatience est grande, fils : quand donc commencera la Fin des temps ? » Et je lui répondais : « Mère chérie, nul ne le sait… Mais certainement, ce Jour ne tardera plus. »

Quand son ange[2] informa ma mère qu'elle devait mourir dans l'année, elle céda aux maux qui la

1. Les guérisseurs se faisaient alors payer, au même titre que les médecins.

2. L'« ange gardien » était une croyance déjà établie chez les pharisiens et les esséniens.

persécutaient et se coucha sur son lit. En l'entendant dire qu'elle était prise dans les filets de la mort, je pleurai, et plus amèrement encore quand elle me dit d'une voix douce et calme : « Mon enfant, la nuit vient et j'ai toujours redouté les ténèbres. Je ne te demande qu'une faveur : que tu prennes une lampe neuve et que tu ne la laisses plus s'éteindre jusqu'à ce que j'aie fini de dire mes derniers désirs à mes enfants. Avant trois jours, je sortirai de mon corps… Maintenant, appelle mes fils, mes filles, les femmes de mes fils et les fils de mes filles. Et toi, ne m'abandonne pas. »

Je fis comme elle l'avait ordonné. Et quand je dis à Jacques : « Hélas, notre mère va mourir », il répondit : « Lequel, parmi les hommes emprisonnés dans la chair, peut ne pas goûter la mort[1] ? Mais par Jésus l'Élu, qui est mort et ressuscité, nous savons que la puissance de Satan est vaincue : nous ne resterons pas toujours séparés de ceux qui se sont endormis. »

Quand nous fûmes tous rassemblés auprès de notre mère (moi assis à sa tête avec Tabitha, Jacques et José à ses pieds avec Sara et Léa, et tous les autres, nos neveux et nos enfants, assis en cercle autour du lit ou debout près de la porte), elle nous contempla avec fierté et, souriant malgré ses souffrances, elle dit : « Me voici au milieu de vous tous comme une vigne fertile… »

Nous ayant dit ce qu'elle avait encore à nous dire pour la conduite de nos vies, elle nous recommanda le petit Siméon, le fils, devenu orphelin, de l'une de nos nièces qu'elle aimait particulièrement : « Veille

1. Expression biblique : faire l'expérience de la mort.

sur lui comme sur la prunelle de tes yeux», dit-elle à Jacques. Et tandis qu'elle parlait ainsi ou qu'elle se taisait, toutes nos lampes restaient allumées. Soudain, je vis la marque de la mort se graver sur son visage, et je ne pus retenir mes larmes en l'entendant gémir par l'excès de sa douleur et murmurer : «Malheur à ce corps qui fait de mon âme un désert ! » Au comble de la souffrance, elle s'écria : «Hâte-toi, Seigneur, d'accomplir ta volonté dans ta servante ! »

Cependant, l'heure de sa délivrance n'était pas encore arrivée... Levant les yeux vers moi, elle demanda avec angoisse : «Pourquoi avez-vous laissé s'éteindre les lampes ? », et je dis : «Nos lampes brûlent encore, mère chérie. » Elle s'apaisa en reconnaissant ma voix et dit : «J'ai perdu la lumière... Si mon fils apparaît, je ne saurai pas qu'il est là. » Et je lui dis : «Sois sans inquiétude, mère, il te parlera. »

Je tins ensuite ses mains dans les miennes pendant un long moment et, peu à peu, je sentis que la chaleur les quittait. Gardant toujours les yeux levés vers moi bien qu'elle ne me vît plus, elle dit encore : «Se peut-il que ma mort me rende étrangère à vous ?

— Non, répondit Jacques, car le temps n'est rien pour le Très-Haut. Tu ne dormiras qu'un instant, mère, et, quand tu rouvriras les yeux, nous serons déjà tous avec toi, dans la félicité du Royaume. Et nous nous inviterons les uns les autres sous la vigne et sous le figuier. »

Le bruit s'étant répandu dans notre *qéhila* que Marie de Jésus était à la mort, beaucoup vinrent à la porte de la chambre. Car nos Pauvres aimaient Marie comme une mère compatissante à tous les petits d'Israël et, dans le même temps, ils la révéraient comme la mère juste et sainte d'un seul. Pour nous qui étions ses autres fils, cette prière des *ébionim* fut douce à notre peine.

Maintenant notre mère restait sans pouvoir parler. Posant la main sur son cœur, je vis que son sein commençait à se glacer. Bientôt, dans celle qui avait dispensé la vie et la joie, le râle et l'étouffement montèrent avec force. Je n'avais pas lâché sa main et toutes nos lampes brûlaient. Cependant, elle était dans une détresse semblable à une femme en couches dominée par l'angoisse. La mort ne la dévorait pas comme la flamme, elle la consumait lentement, comme le soufre répandu sur une terre ennemie. Enfin, dans un long soupir, son âme se détacha[1].

Son corps gisait maintenant comme une enveloppe vide. J'abaissai ses yeux et fermai sa bouche, et je fis monter une prière vers notre Père : «Ô Père, je te supplie pour l'œuvre de tes mains. Que son âme n'emprunte pas les chemins resserrés où il est difficile de marcher ! Voici l'heure où notre mère, sainte entre toutes, a besoin de ta miséricorde. À tout homme qui fut mis au monde, ta pitié, Seigneur, est bien nécessaire quand arrive l'heure de la justification.»

Tandis que, derrière nous, nos parents et tous les frères de notre *qéhila* pleuraient et déchiraient leurs

---

1. Certains passages de ce récit rappellent deux apocryphes : l'*Assomption de Marie* et l'*Histoire de Joseph le Charpentier.* Les auteurs de ces textes avaient-ils lu la *Vie de Jude* ?

vêtements[1], Jacques se tint un moment au pied du lit pour contempler ce corps dont la chair commençait à se corrompre, dont l'humeur coulerait bientôt, dont la chevelure se desséchait déjà comme une fleur coupée. Avant que les femmes prissent soin de cette pauvre dépouille, il s'inclina pour cacher ses larmes, puis, d'une voix raffermie, il dit : « En vérité, nous le savons, ce n'est pas une mort que la mort de notre mère, c'est une vie éternelle. »

1. Formule traditionnelle d'expression du deuil, qui n'impose pas d'imaginer ces indigents déchirant leur unique chemise.

QUATRIÈME LIVRE

Marchant dans la crainte du Seigneur et dans l'espérance du Messie Jésus, notre *qéhila* s'édifiait et s'accroissait. Quatre années s'étaient écoulées depuis la mort du Béni de Dieu sur le bois : quatre années d'exhortations, de missions, de baptêmes, et maintenant nous étions environ quatre mille dans la ville.

Chacun désormais, se conformant à la Loi, vivait du travail de ses mains et restait dans sa maison. Dans celle du mont Sion où nous réunissions nos assemblées et partagions le repas du sabbat, ne demeuraient plus que Jacques et quelques Anciens[1]. C'était devenu la maison des malades, qui continuaient d'affluer dans nos murs, et celle de quelques hellénistes rentrés sans bruit des Nations où ils avaient fui.

Cependant, autour de ce refuge de paix, de ce rocher du salut, notre pays restait dans les troubles.

Il vint en effet dans la Samarie un faux prophète que beaucoup de Samaritains suivirent : il disait savoir par une vision que Moïse avait enfoui des vases d'or en haut de leur montagne sacrée, et il prétendait faire découvrir ainsi que ce mont était bien le lieu choisi par

1. Vraisemblablement ceux des Douze qui étaient encore à Jérusalem, à l'exception de Pierre qui disposait d'un « chez-lui » (voir *Paul, Galates* 1, 18).

nos pères pour adorer l'Éternel, et non pas le Temple de Jérusalem. Le peuple de Samarie, croyant ces paroles véridiques, accourut de toutes parts, et les plus jeunes, prenant les armes pour empêcher les Judéens de s'emparer de ce précieux trésor, fortifièrent un village au pied de la montagne[1]. Pilate, ayant appris ces retranchements, envoya contre eux ses cavaliers; les soldats tuèrent tous ceux qu'ils trouvèrent dans les maisons, ainsi qu'un grand nombre de familles venues sur les chemins du pèlerinage. Les cadavres tombaient comme tombe derrière le moissonneur la gerbe que nul ne ramasse. Car, sur le mont, les corps ne furent pas ensevelis et ils restèrent la proie des chacals.

Apprenant cette nouvelle, les Judéens eux-mêmes furent indignés. Ils en vinrent à gémir sur le sort de ces «impurs», mais malheureux, Samaritains et ils se plaignirent à Rome au nom des assassinés. Aussitôt César, ôtant sa puissance à Pilate, l'appela devant son tribunal, et le gouverneur de Syrie[2], qui était zélé pour la paix, vint à Jérusalem dans le temps de la Pâque : il n'exigea pas du peuple le tribut de l'année et restitua au Temple les ornements sacerdotaux que Pilate gardait dans sa forteresse.

Dans ce temps-là, ceux des hellénistes qui avaient été dispersés par la mort d'Étienne et qui prêchaient la voie de Jésus dans les synagogues de la Diaspora

1. Flavius Josèphe donne la même explication religieuse de l'événement, mais la réaction de Pilate laisse plutôt supposer une énième révolte contre l'occupant.

2. Vitellius, gouverneur de Syrie basé à Antioche, était le supérieur du préfet de Judée.

écrivirent à notre *qéhila* : des craignant-Dieu de plus en plus nombreux venaient à eux ; des Samaritains aussi se convertissaient dans la cité de Sébasté[1].

Jacques envoya alors, dans les villes grecques de la Palestine et de la Syrie, des *épiscopes*[2] choisis parmi nos Douze et nos Anciens afin de veiller sur la Parole. Mais il n'envoya personne dans la ville d'Alexandrie, car les Grecs de ce pays y massacraient alors tous les fils d'Abraham. Des Juifs d'Égypte se réfugièrent en Judée, et quelques-uns vinrent même frapper à notre porte ; comme aucun ne lisait la Loi et les Prophètes dans les livres saints de nos pères[3], nous eûmes de la peine à disputer ensemble et ils repartirent vers Césarée.

Quant à moi, je fis établir pour nos épiscopes plusieurs copies des prophéties que j'avais rassemblées chez l'essénien.

À chacun de nos apôtres[4], je donnai un petit rouleau de livre. Dans les villes où ils passaient, des hellénistes le traduisaient pour nos frères de la Diaspora. Ainsi la vérité se répandait-elle partout, et elle confondait nos ennemis.

Dans les synagogues de la Judée, on osait pourtant nous opposer encore que le vrai Messie d'Israël devait

---

1. Capitale, très hellénisée, de la Samarie.

2. En grec dans le texte : inspecteurs.

3. Ils ne lisaient que la *Septante,* Bible traduite en grec deux cent cinquante ans plus tôt.

4. D'abord, simples envoyés. Mais peut-être s'agissait-il déjà de certains des Douze ?

triompher des Nations et rendre son royaume à l'Éternel[1], et qu'il n'était écrit nulle part que le Messie périrait, et qu'il périrait sur le bois.

Comme à Étienne, ces incrédules nous disaient : « Votre Élu est ressuscité ? Mais pourquoi était-il mort ? En quoi sa mort servait-elle le dessein du Très-Haut ? De quelle façon fut-elle utile à notre peuple ? Nazôréens, répondez : où est notre délivrance ? » Et nous nous taisions car, ne sachant rien des desseins secrets du Seigneur, nous ne pouvions plaider.

C'est alors que le Tout-Puissant vint à notre secours et qu'il m'éclaira : je vis en songe le rouleau d'Isaïe que nous avions apporté de notre village. Il se trouvait posé auprès d'un rouleau plus gros, qu'un ange resplendissant me tendit en disant : « Prends et lis[2]. » En m'éveillant, je dis dans mon cœur : manquerait-il quelque chose à notre rouleau ?

Comme je n'étais plus l'ami de l'essénien, j'allai chez un scribe de la ville qui vendait aux pèlerins des phylactères et des copies des livres sacrés. Or il me connaissait : grâce aux aumônes de la mère de Marc, je lui avais donné de l'argent pour copier les collections de prophéties que j'établissais pour nos apôtres. Il ne refusa pas de me laisser sortir de son étui le livre d'Isaïe qu'il possédait. Et je vis aussitôt que le nôtre – qui s'achevait par le chant que ma mère avait aimé – était plus court que le sien.

1. Il ne s'agit pas ici d'un « royaume de Dieu » d'ordre spirituel, mais du royaume d'Israël qui, appartenant à Dieu, s'est trouvé envahi par les Nations.

2. Quand saint Augustin rapporte dans ses *Confessions* la vision qu'il eut à Milan, se souviendrait-il de ce songe de Jude ?

Quand la suite de la prophétie me fut découverte, je fus secoué comme un olivier au jour de la récolte : Isaïe y parlait de Jésus ! De Jésus souffrant, *méprisé et abandonné des hommes.* Annonçant la venue du *Netzer,* le prophète disait : *Ce sont nos souffrances qu'il a portées, nos douleurs dont il s'est chargé, et c'est par ses meurtrissures que nous sommes guéris.*

Dieu avait enfin levé mes doutes et délié mon sac[1] ! Des derniers jours du Messie, tout n'était-il pas écrit ? *Il a été compté parmi les criminels, lui qui portait le péché des multitudes et intercédait pour les criminels...*

Dans la bouche des docteurs de la Loi qui nous raillaient, il n'y avait donc point de sincérité : eux connaissaient la prophétie, et ils nous l'avaient cachée ! Ils savaient que le Messie, Fils de David, se chargerait des péchés d'Israël comme l'*émissaire*[2] de l'Expiation, et qu'il serait sacrifié sans ouvrir la bouche, comme l'agneau qu'on mène à la boucherie. Les Grands Prêtres, race de mensonge et de prostitution, serpents fuyards et tortueux, n'ignoraient pas que Jésus était le Messie promis et qu'il fallait qu'il fût mis à mort pour délivrer Israël de ses péchés et nous rendre l'amour du Seigneur et son royaume... Courant aussitôt chez Miryam, la mère de Marc, je reçus d'elle deux cents deniers pour faire copier par le scribe les lignes qui manquaient à mon livre.

De ce jour, dans toutes les lettres que Jacques envoya aux apôtres, je mis le témoignage de notre

1. Mis fin au deuil.

2. Bouc que le Grand Prêtre chassait de la ville le jour de Kippour.

prophète Isaïe afin que nul ne gardât le silence devant les incrédules, les railleurs et les arrogants. À nos frères humiliés, je fournis l'arme que j'avais trouvée et je dis : « Désormais, l'étendard du Messie Jésus sera porté plus haut que les cèdres du Liban. Et le vent dissipera comme la paille la parole des méchants. »

Pierre et Jean étant rentrés de leur mission au-delà du Jourdain, un jeune homme aux sourcils joints, petit et noir comme un Égyptien, demanda à faire leur connaissance. Il voulait aussi voir Jacques le Juste et se joindre au repas de notre *qéhila* le jour du sabbat.

Il portait le lourd manteau des voyageurs et, le prenant pour l'un des Juifs qui fuyaient Alexandrie, je lui dis : « Frère d'Égypte, je ne sais pas ton langage, va d'abord auprès d'André qui t'instruira et te baptisera. » Mais il me répondit : « Mon nom est Saül[1], de la tribu de Benjamin, je viens de Damas où l'un de vos adeptes m'a baptisé. Après ce temps, je me suis retiré dans le désert pendant trois années pour prier et méditer. »

Il parlait la langue de nos pères, mais à la manière chantante et zézayante des Grecs. Il me raconta comment, revenant à Damas où il voulait prêcher la voie de Jésus dans les synagogues, il avait trouvé cette ville dans une grande émotion : on disait que des légions de Rome montaient pour l'assiéger[2] et le peuple s'en prenait aux

1. Le futur apôtre Paul.

2. À la suite de la victoire du roi des Arabes sur Hérode Antipas, protégé par les Romains, la légion de Syrie fit mouvement vers Damas.

Romains. Or, bien qu'il fût israélite et fils d'Israélite, Saül était citoyen de Rome – ce qu'il m'annonça avec la même fierté que s'il eût dit « descendant d'Aaron »...

« J'ai craint les pierres et les couteaux, reprit-il, c'est pourquoi j'ai fui Damas pour gagner Jérusalem[1]. Sur l'esplanade des Païens, j'ai trouvé l'un de vos hellénistes, un homme de Chypre nommé Bar-Nabbas, qui loge chez une femme appelée "Myriam de Marc" : c'est lui qui m'a instruit de l'endroit où prient les disciples du Messie. »

Le nom de Bar-Nabbas, que nous respections tous, ouvrait les portes de notre maison. Aussitôt je menai à Pierre ce petit homme aux yeux brillants, dont la langue ne restait jamais en repos : tout en parlant, il s'accrochait à mon bras avec tant de véhémence que je devais m'arrêter à chaque pas. Il espérait une lettre de Pierre pour porter la Parole à nos frères des synagogues d'Asie, car, étant né à Tarse dans la Cilicie – « ville qui n'est pas sans importance », disait-il –, il prétendait connaître tous les Juifs de la côte. Il disait « les Juifs », comme font les Grecs. Pierre, l'ayant entendu, le renvoya vers Jacques : tous deux ne désignaient aucun émissaire sans s'être concertés.

Saül logeait alors chez sa sœur. Il revint deux jours plus tard pour parler à Jacques.

Comme il était dans notre cour, attendant d'être appelé, il dit en s'aggripant à mon bras : « Sais-tu que je fus autrefois instruit dans la Loi aux pieds du rabbi

---

1. Selon Jude, Paul aurait été menacé à Damas en tant que Romain et par les Arabes. Non, comme l'indiquent les *Actes des Apôtres,* en tant que disciple du Christ et par des Juifs.

Gamaliel ? Le plus fameux de tous les maîtres ! Et, sans mentir, j'étais plus avancé dans les traditions de nos pères que la plupart des hellénistes de mon âge. » Il ne regarda pas le petit livre que j'avais fait pour nos apôtres et où j'avais copié ce qu'Isaïe écrivait du Serviteur de Dieu souffrant pour nos péchés : « Je sais ces choses, me dit-il, car je connais toute l'Écriture. Et si j'avais été avec toi plus tôt, tu n'aurais pas été autant d'années sans connaître les desseins cachés du Très-Haut ! »

Interrogé par Jacques le Juste, il dit aussi : « La Promesse que j'ai annoncée aux Damascènes dans les synagogues, je ne l'avais reçue ni apprise d'aucun homme. C'est du Messie lui-même que je l'ai reçue. »

Il avait eu une vision de Jésus, qui lui avait parlé, puis d'autres révélations dans le désert. Depuis ce temps, il était poursuivi de signes et de prodiges, grâce auxquels il n'ignorait plus rien, dit-il, de la doctrine que notre Père céleste et Jésus, son Messie, lui demandaient maintenant d'enseigner aux brebis perdues de la Dispersion et aux craignant-Dieu des Nations[1].

Cependant, Jacques ne voulut pas se hâter de donner à Saül la lettre par laquelle nous demanderions à nos frères de Tarse et de la Cilicie de le recevoir et de le nourrir, car, me dit-il, « c'est plutôt dans la

1. Cet élargissement par rapport à la prédication initiale de Jésus ne pouvait choquer la communauté de Jérusalem, les hellénistes d'Étienne ayant déjà repoussé au-delà de la Palestine les limites d'action des nazôréens.

Cyrénaïque[1] que nous aurions besoin de deux ou trois saints : Alexandre et Rufus, les fils de Shimôn, appellent à l'aide. Ils m'ont fait dire par un marchand que leur moisson serait plus abondante s'ils avaient davantage d'ouvriers... Mais ton Saül, lui, ne veut prêcher que dans la Cilicie ! Que savons-nous de ce pays ? Est-il au nord ? au midi ? Y avons-nous seulement des frères ? Qui leur a enseigné la Voie ? Et ce jeune homme qui s'exprime en toute assurance est-il vraiment assez instruit de notre doctrine pour en instruire les autres ? »

Ne sachant quoi penser, il envoya le Tarsiote loger chez Pierre. J'étais satisfait de cette prudence, car je disais dans mon cœur : « Pourquoi l'Élu de Dieu se serait-il montré à cet étranger dans un temps où il ne se montrait plus à personne, pas même à notre mère ? »

Quand ce fut le jour du sabbat, le Tarsiote revint dans notre maison pour partager ce repas du Messie que les hellénistes appellent l'*agape*[2], qui signifie « l'amitié ». Chacun y apportait sa nourriture du dehors ; mais pour que l'un ne commît pas d'excès de table pendant que l'autre mourrait de faim, nous mêlions tout et nous le redonnions aux tables dans le désordre. Au commencement du repas, Pierre rompait les pains dans les corbeilles pour les distribuer

1. Ancienne colonie grecque, située dans l'actuelle Libye. Rattachée à l'Égypte des Ptolémées, puis à Rome, elle abritait une forte communauté juive.

2. En grec dans le texte. Désignait l'eucharistie quand il s'agissait encore d'un vrai repas pris en commun le samedi.

et il bénissait le vin de la coupe et l'eau des cruches[1], car nous étions trop nombreux et trop pauvres pour boire tous à la coupe sainte. Alors Pierre, Jacques ou Jean rappelaient que Jésus nous avait commandé d'accomplir ces œuvres en mémoire de lui, et tous, dans le silence et le recueillement, nous sentions que l'aimé de Dieu revenait parmi nous. Il se tenait à nos côtés; et sa joue glissait contre la mienne, comme lorsque j'étais un enfant et qu'il me prenait à son cou.

Ce soir-là, au moment où Pierre finissait de dire les grâces, un helléniste qui avait été l'ami d'Étienne s'écria en désignant Saül : «Cet homme est un démon ! » Et, s'adressant à lui : «Fils de Bélial[2], dit-il, je te reconnais ! Tu étais avec ceux qui ont lapidé notre frère Étienne, tu gardais leurs vêtements pendant qu'ils jetaient les pierres ! À la tête de ces maudits, tu as pénétré dans nos maisons, tu les as ravagées, et tu mettais en prison jusqu'aux veuves et aux orphelins ! »

Aussitôt, tous les hellénistes se précipitèrent sur le Tarsiote, cherchant à lui ôter la vie. Des chandeliers furent renversés, il y eut des cris, des coups, et si Pierre et Bar-Nabbas ne s'étaient jetés devant Saül pour lui servir de bouclier, l'imposteur aurait été tué : le jour du sabbat !, pendant le repas de l'amitié !, et dans la *qéhila* des saints !

---

1. Les Pères de l'Église témoignent d'eucharisties où, à l'occasion, l'eau remplace le vin.

2. Un des nombreux noms de Satan.

Avec José et d'autres jeunes hébreux, j'emportai l'homme dans le cellier pendant que Jacques, par de sages paroles, apaisait peu à peu les furieux. Puis Jacques et Pierre descendirent au cellier.

Saül ne leur dissimula pas que le dénonciateur avait dit vrai : il avait bien été cet homme qui persécutait en tous lieux les « Juifs de Jésus ». Mais, maintenant, il était un autre homme. Car le Messie l'avait converti en se montrant à lui sur la route de Damas tandis qu'avec d'autres élèves du Temple il y pourchassait nos hellénistes. Au disciple qui l'avait recueilli à Damas et baptisé après cette vision, il n'avait, nous dit-il, rien caché des persécutions qu'il avait conduites. Par la suite, c'est sur l'avis de ce disciple qu'il était allé plusieurs années dans le désert pour nettoyer son âme.

Comme un homme dont les lèvres sont pures et dont l'orgueil n'est pas abattu, il dit : « Dans le Messie je suis maintenant une créature nouvelle, l'ancien est passé, tout est neuf[1] ! Moi aussi, avec Jésus, comme Jésus, je suis allé de la mort à la vie. Faites-moi une place dans vos cœurs. »

Les « colonnes » de notre *qéhila* furent dans un grand embarras. S'en remettant au conseil des Anciens pour décider ce que nous ferions de cet insensé, ils le laissèrent sous notre garde pour la nuit.

Le lendemain, Jacques le Juste me dit : « Conduis ce malheureux à Césarée. Sa bouche est pleine de repentirs et de bénédictions, mais il ne sait pas ce qu'il fait. Marc t'accompagnera. Faites-le partir pour Tarse sans

1. Rapprocher de *Paul, II Corinthiens* 5, 17.

que nos hellénistes l'apprennent, car ils le tueraient. Dès que l'ombre aura gagné les Portes, vous sortirez par le nord. Et assurez-vous que cet exalté ne redescend pas du bateau ! » Jacques dit encore : « Tous ces *néoi*[1] de la Dispersion ont la folie dans le cœur, la violence qui ouvre leur bouche excite les querelles. Que l'Éternel vienne à notre secours car, si nous n'affermissons pas notre autorité sur leur esprit, amen, ils seront la cause de notre perte ! »

Sur le chemin, en marchant, nous parlions avec Saül. Malgré sa petite taille, c'était un homme solide et, malgré sa folie, un homme instruit. Mais, en toutes choses, il n'écoutait que lui-même. Je lui dis : « Veux-tu connaître ce que mon frère le Messie nous disait, à nous ses disciples, quand nous allions ensemble sur les routes de la Galilée et de la Décapole ? Veux-tu savoir quels miracles il a accomplis ? quels malades il a guéris ?

— Je n'en fais pas de cas, me dit-il. Sa vie dans ce monde ne m'importe pas. Il me suffit de savoir qu'il est mort et qu'il est ressuscité. Quant à ses paroles, c'est assez que je me rappelle celles qu'il m'a dites, à moi[2].

— Es-tu sûr, lui demandai-je, que c'est bien Jésus que tu as vu ? Un ange de Satan ne peut-il avoir pris

1. En grec dans le texte : les jeunes gens.

2. C'est, en effet, tout ce que Paul sait et veut savoir de Jésus… On devine, à travers ses *Épîtres,* qu'il ignore la plupart de ses « dits » et faits, à l'exception de sa mort.

son nom pour t'abuser ? Quant à l'apparence, tu n'étais pas difficile à tromper, en effet, puisque tu n'avais jamais rencontré le Messie Jésus ! À quoi as-tu reconnu que c'était lui ?

— J'ai seulement vu une grande lumière et entendu sa voix. Il disait : Saül, Saül, pourquoi me persécutes-tu ? Or, en ce temps-là, ce n'étaient pas les démons que je persécutais, mais les saints. »

À un autre moment, comme nous mangions à l'ombre d'un térébinthe, allongés sur son gros manteau, il nous raconta quelque chose de sa famille. Outre sa sœur et son neveu, fils de sa sœur, il avait un frère, né de la même mère, qui habitait dans la ville de Rome, comme plusieurs de ses cousins[1], et il lui restait quelques parents à Daphné, faubourg d'Antioche. À Tarse, sa mère s'était remariée avec un homme qu'il n'aimait pas. Cette famille faisait le commerce des toiles tissées dans le poil de chèvre du pays, qu'on nomme *cilicium*. Saül savait lui-même coudre cette étoffe épaisse et rêche pour fabriquer des tentes – que les autres marchands regardaient, nous dit-il, comme les plus belles de la province d'Asie.

De telles paroles n'étaient pas humbles, mais quand Marc le lui reprocha en souriant, il se mit en colère et dit : « Je suis habile à la couture en effet, et j'en tire gloire ! Je ne serai jamais assez fier de mes dons : ne me viennent-ils pas tous de Dieu ? Pourquoi rougirais-je de ses présents ? »

1. Rapprocher de l'*Épître aux Romains* (16, 11, 13 et 21).

À Césarée, je revis la Grande Mer pour la première fois depuis le jour où je l'avais vue à Tyr avec Jésus, et je fus triste.

Au-dedans de moi, mon cœur coulait comme de la cire. Je priai : « Frère béni de Dieu, mon rocher, ma forteresse, hâte-toi de revenir vers moi, je t'attends. Mon lit est arrosé de pleurs quand j'entends que tu te montres à des fils d'Israël que tu ne connais pas, à des persécuteurs mal convertis… Peux-tu encore me tenir rigueur de mes faiblesses quand tu pardonnes à tous les autres ? Élu de Dieu, vois ma détresse. Élu de Dieu, prends pitié : apparais-moi vite, ou réveille l'Éternel pour qu'il fasse advenir le Royaume. Maintenant. »

Les navires du port d'Hérode partaient tous pour Rome ou pour Alexandrie ; le seul qui s'apprêtait à faire voile vers le nord transportait du vin à Antioche. « Peu importe, dit Saül. D'Antioche, je suivrai la route à pied jusqu'à Tarse. » Il n'avait plus un centime dans sa ceinture. Je payai son passage jusqu'à Antioche. Depuis que Pierre avait envoyé Matthieu en mission chez des convertis de Kokhaba, je tenais seul notre bourse, mais elle restait plate. « Je ne peux rien te donner pour le pain, dis-je au Tarsiote. Sans argent, comment vas-tu manger ?

— Un envoyé du Messie doit-il s'inquiéter pour son corps ? me demanda-t-il. Aucun apôtre ne sera oublié devant Dieu, ne le sais-tu pas ? »

Je rougis de honte et, dans ma confusion, n'osai lui rappeler que ce titre d'apôtre n'était pas pour lui. Car les Douze ne lui avaient donné ni mission ni mandat : il rentrait seulement dans sa famille, fuyant la haine de nos hellénistes et le mépris de nos hébreux.

Enfin, après nous avoir empoigné le bras, serrés et embrassés mille fois, il embarqua. Voyant le navire disparaître sur la mer, Marc me dit : « Voilà un homme que son savoir, ses visions et son orgueil font beaucoup déraisonner. Cependant, frère, soyons en paix : nous n'entendrons plus parler de lui. »

Notre communauté s'édifiait dans toute la Judée, la Galilée, la Pérée et la Samarie, et elle s'accroissait toujours par l'assistance de l'Esprit Saint.

Tabitha enfanta ma fille Miryam, puis mon fils Élie. Et Sara devint mère, pour la dernière fois, d'une fille qui mourut avant d'être sevrée. Ayant déjà auprès d'elle le cadet de ses fils, la femme de mon frère fit alors monter son aîné, qui était resté dans la Galilée où il apprenait le métier de forgeron. À Jérusalem, Jacques le mit chez un fondeur de bronze, fils d'un Juif de Césarée, qui était devenu l'un de nos frères les plus pieux.

Cependant, parmi les rares hébreux de notre *qéhila* qui, comme celui-là, savaient le grec, Jacques et Pierre ne trouvaient toujours aucun disciple assez exercé pour appuyer l'œuvre des fils de Shimôn dans la Cyrénaïque : Bar-Ptolémaïs s'en était allé vers l'Arabie, et André était parti comme épiscope dans la province d'Asie[1]. Aussi Pierre décida-t-il de faire revenir Marc de son île pour l'envoyer à Cyrène : il était jeune mais

1. Comme tous les épiscopes, André, lui-même hellénophone selon Jude, était sans doute chargé de surveiller l'action des hellénistes de la Diaspora.

éloquent, et il parlait la langue des Grecs depuis l'enfance.

Or, comme nos émissaires marchent toujours par deux, Marc me choisit pour l'accompagner. Cette demande me surprit, car j'ignorais le parler des Nations ; et nos Anciens, eux aussi, furent dans l'étonnement, et ils disaient : « Jude est trop enfant. » Mais Marc dit : « Jude a l'âme droite et le cœur fidèle, il connaît l'Écriture mieux qu'un docteur, et son œil ne craint pas de contempler nos ennemis. Il saura bientôt prêcher les Libyens. »

C'est ainsi qu'ayant rencontré des vents favorables et traversé la mer depuis le port de Césarée jusqu'au port d'Apollonia, nous montâmes ensemble vers la ville de Cyrène.

Frappée d'abord de l'étendue de la nécropole où sont plus de dix mille tombeaux creusés dans les falaises[1], mon âme se réjouit bientôt devant la grandeur des édifices et la beauté de cette ville. Car elle est bâtie sur la hauteur et arrosée de sources nombreuses. Par un chemin souterrain, la plus pure des eaux venues du sommet se déverse sur la dernière des terrasses, dans une grande fontaine proche du temple et des bains construits pour l'un de leurs dieux de pierre, celui qu'ils nomment Apollon.

---

1. Les nécropoles antiques étaient situées le long des routes d'accès aux villes. L'immense nécropole de Cyrène occupe toutes les falaises entre la ville et son port.

Logés dans le quartier juif, non loin d'un lieu où se tiennent les marchands de la cité et ceux du désert, nous allions, le septième jour, célébrer le sabbat dans la maison de prière qui est derrière le marché aux chameaux. La première fois, suivant la coutume de notre peuple, ces fils d'Abraham nous dirent : « Hommes de Jérusalem, si vous avez quelque exhortation à nous adresser, parlez, car la ville sainte est notre mère. » À l'issue de l'assemblée, beaucoup d'Israélites et quelques Grecs convertis à la Loi nous suivirent dans la maison d'Alexandre pour s'entretenir avec nous ; et, bientôt, nous fîmes *synagogue* après la synagogue.

Il en fut de même dans les autres villes de la Cyrénaïque lorsque, avec une lettre de Rufus, nous passions d'un lieu à l'autre sans tunique de rechange et sans argent dans nos ceintures. Car nous étions bien accueillis dans les maisons juives : les Israélites de la Cyrénaïque haïssent les Césars de Rome depuis que ceux-ci les ont privés des droits dont ils jouissaient quand les rois d'Égypte les gouvernaient[1]. Cependant ils ignoraient encore qu'à Jérusalem les Grands Prêtres se prostituaient à nos oppresseurs et qu'ils se détournaient de l'Éternel pour servir le Mammon et la grande « Babylone » : à Cyrène et à Bérénikê[2], il n'y

1. Les Romains avaient privé les Juifs de Cyrène du « droit de cité » qui avait fait d'eux pendant deux siècles les égaux des Grecs. D'où des rivalités entre Juifs et Grecs, que les Romains arbitraient.

2. Benghazi.

avait en effet que peu de zélotes et aucun essénien[1] pour dénoncer ceux du Temple et leur avidité.

Mais nous rencontrions des hommes de bien qui suivaient la voie des pharisiens, et nous disputions vigoureusement avec eux. Quand ils rejetaient la nouvelle de la mort du Messie et de sa résurrection, je leur montrais le petit livre où j'avais rassemblé les témoignages des prophètes et ils en étaient frappés. Ils disaient alors : « S'il est vrai que votre Messie reviendra parmi nous pour le Jour de Dieu, quand donc ce Jour adviendra-t-il ? » Et je leur répondais : « *Dans un temps, deux temps, et la moitié d'un temps* », ainsi qu'il est écrit dans le Livre de Daniel.

Autour des fils de Shimôn se réunissait déjà une petite communauté ; mais, ne voulant pas peser sur elle, nous n'usions pas, Marc et moi, du privilège qu'avaient les émissaires de notre *qéhila* d'être nourris par les frères. C'est pourquoi je travaillais à la sueur de mon front dans les grands domaines des faubourgs, tondant les moutons et ramassant la gousse des caroubes ; et Marc transportait jusqu'au marché l'ivoire d'Éthiopie et le cuir d'Égypte que des caravaniers laissaient aux Portes. C'est ainsi que j'appris à entendre la langue des Nations[2] ; mais, à la synagogue,

---

1. Sectes les plus opposées à l'aristocratie du Temple. Plus tard, les zélotes se renforcèrent à Cyrène, au point d'y provoquer des troubles graves.

2. Le grec *koïné,* langue sommaire parlée dans tout le monde antique, comme aujourd'hui l'anglais « international ».

je ne pouvais lire les livres des Cyrénéens[1] et peu me comprenaient quand je priais avec les paroles mêmes de Jésus.

De plusieurs possédés, Marc fit sortir des esprits malins qui n'entendaient que le grec, et il baptisa par l'Esprit Saint un riche pharisien ainsi que plusieurs prosélytes ; mais il ne baptisa aucun des craignant-Dieu, car ils ne sont même pas circoncis.

Or, me souvenant de ma femme Tabitha que j'avais laissée à Jérusalem et qui m'était plus chère qu'un trésor de perles et d'aromates, je fus ému de compassion pour ces Grecs qui, comme elle autrefois, restaient sur le seuil. Je dis à Marc : « Ceux-là, Jésus les guérissait. Il n'entrait pas dans leurs maisons et ne mangeait pas avec eux, mais il les touchait et se laissait suivre par certains. Pourquoi donc refuses-tu de leur imposer les mains ?

— Parce que j'obéis à la loi de Moïse et aux Douze. »

Nous fûmes presque une année dans le pays de Cyrène, tantôt dans une cité, tantôt dans une autre, et notre bouche s'ouvrait pour les Cyrénéens, notre cœur s'élargissait avec eux. Ils nous le rendaient en élargissant leur cœur pour nous. Ensemble, nous étions toujours joyeux car il n'y avait en eux ni débauche ni impureté, et ce fut avec une tristesse d'exilés que nous dûmes enfin les quitter.

Après nous être séparés des Cyrénéens qui se jetaient à notre cou, nous allâmes directement à Césarée de la

1. La Bible grecque des Septante.

Mer où le navire devait décharger sa cargaison. De là, nous montâmes à Jérusalem où nos frères nous accueillirent avec des transports de joie, car ils avaient reçu les lettres que nous leur avions envoyées par des marins d'Apollonia et ils connaissaient le succès de notre mission.

Je revis ma femme Tabitha et, comme le visage dans l'eau répond au visage, nos âmes se joignirent. Chacun de nous refléta l'autre. Je dis : « Je ne serai plus jamais l'oiseau qui erre loin de son nid. Jeune-Fille, rappelle-toi le jour de tes noces et la première fois où tu me reçus dans ton sein. Reçois-moi comme en ce temps-là, et garde-moi. »

Cependant que je buvais ainsi avec délices les eaux de mon puits, Jérusalem était dans les troubles à cause de Caius, le nouveau César[1]. Ce prince au cœur enflé d'orgueil avait envoyé d'Antioche une armée, avec ordre de mettre ses statues dans le Temple ainsi qu'à l'entrée des synagogues qui sont dans les Nations. Or pouvait-il ignorer que notre Loi nous défend de mettre chez nous aucune figure d'homme ? Aussitôt, il y eut des séditions et des massacres à Alexandrie et à Antioche, où notre frère Bar-Nabbas était allé comme épiscope. Et tous, nous étions dans l'inquiétude pour lui.

Mais c'est à Jérusalem que la colère et le tumulte furent les plus grands. Les principaux du Temple allèrent avec leurs femmes et leurs enfants trouver

1. Caligula.

le gouverneur de Syrie et ils le conjurèrent de ne pas violer notre Loi. Le gouverneur leur demanda : « Êtes-vous résolus à prendre les armes contre César ?

— Non, répondirent-ils, mais si vous voulez mettre ces statues dans notre Temple, il faudra auparavant nous égorger tous, avec nos femmes et nos enfants. » Et, se jetant par terre, ils lui présentèrent leur gorge, disant qu'ils aimaient mieux mourir que de vivre comme des sans-Loi[1].

Le gouverneur écrivit au César que le peuple avait tant d'attachement pour sa Loi que, si les troupes devaient porter plus avant dans la Judée les statues détestées, il faudrait se résoudre à détruire tout le pays. Avant d'avoir pu répondre, le jeune Caius César fut assassiné dans son palais.

Le César Claudius qui vint ensuite renonça à envoyer un nouveau préfet dans la Judée et la Samarie. Il donna le gouvernement de ces pays troublés à Hérode Agrippa, petit-fils d'Hérode le Cruel[2], qu'il connaissait pour avoir été élevé à Rome avec lui.

Cependant, ce retour d'un roi juif ne suffit pas à apaiser les esprits, car Agrippa, qui vivait à la grecque, n'était aimé d'aucun enfant d'Abraham. On disait : Il est israélite, mais il mange du porc, il surveille le vol

1. Scène attestée aussi par Flavius Josèphe, quoique un peu plus tôt dans la chronologie.

2. Retour à un protectorat, après quelques années d'administration directe.

des oiseaux et se plaît à voir courir des athlètes nus dans les stades[1].

Ce roi[2] ayant entrepris de faire construire dans Jérusalem un théâtre et un cirque pour les païens, notre peuple fut scandalisé; mais, quand Agrippa commença à édifier une nouvelle muraille autour de la ville, le peuple fut dans la joie car il y avait là du travail pour beaucoup d'ouvriers. Cependant, les Romains, craignant que notre ville ne devînt trop forte, obligèrent le roi à arrêter cette grande construction. Or ce fut dans ce moment que fondit sur nous la « dixième plaie » : la famine qui suit le sabbat de la terre d'Israël et qui fut plus terrible que jamais[3].

Vers notre maison de Jérusalem, accoururent les veuves, les mendiants et les errants. La mère de Marc acheta à Césarée du blé d'Égypte et, à Chypre, des figues sèches pour les distribuer aux petits de notre *qéhila*; mais au-dehors, dans les rues, beaucoup continuèrent à mourir de faim.

Jacques et les Douze se mirent à aller nu-pieds. Ils portaient des tuniques usées jusqu'à la trame et, au-dessous, ils n'avaient plus de chemise pour couvrir leur nudité, car on y avait taillé pour vêtir ceux que les usuriers avaient dépouillés de leur dernier vêtement.

Se faisant *nazir* pour le temps où nous ne pourrions nourrir les affamés, Jacques le Juste laissa pousser sa

1. Activités prohibées soit par la Loi, soit par la tradition.

2. Claude lui avait rendu le titre de roi que ses oncles, tétrarques, avaient perdu.

3. Année 40-41, à la fois année sabbatique et année de grande disette.

barbe et ses cheveux. Et il monta dans le Temple trois fois par jour, priant pour ces indigents dont il lavait les pieds et bandait les plaies.

Or il y avait tant de marches à gravir pour atteindre le sanctuaire que les genoux de mon frère commencèrent à enfler : de son ancienne blessure à la jambe, il avait gardé une faiblesse et se mit à boiter plus fortement. Des zélotes, voyant ses genoux devenir deux fois plus gros que ses mollets, feignirent de croire que Jacques y avait des cals, comme les chameaux, parce qu'il s'agenouillait trop souvent devant les prêtres. Et ces méchants l'appelèrent « Genoux de chameau[1] ». Jacques supportait patiemment sa douleur et leurs quolibets.

Apprenant la grande famine qui sévissait dans la Judée, nos frères d'Antioche résolurent de nous envoyer, chacun selon ses moyens, un secours pour acheter du pain[2]. Ils firent parvenir cette collecte à nos Anciens par les mains de Joseph bar-Nabbas, que nous n'avions plus vu depuis des lunes.

Or, notre surprise fut grande en découvrant que le cousin de Marc était accompagné de ce Saül que nous avions mis dans le bateau trois ans plus tôt.

Pierre et Jacques demandèrent à Bar-Nabbas : « Pourquoi t'embarrasses-tu de celui-là ? » Et il dit : « En vérité, c'est un grand pécheur, qui a commis

---

1. Surnom attesté aussi par Eusèbe de Césarée.

2. Les *Actes* 11, 27-30 mentionnent aussi la présence de Paul à Jérusalem en 41.

beaucoup d'iniquités, mais son repentir est sincère : n'est-ce pas pour les brebis perdues que le Messie Jésus est venu ? J'ai retrouvé ce malheureux sur le port de Tarse, et voici : il était assis au milieu des ballots de peaux de chèvre, sur l'un de ces rouleaux de tentes en tissu de poils que sa famille envoie par le fleuve vers la Grande Mer et la Syrie. Il était si seul, si désœuvré, il sentait si fort le bouc, et son âme semblait dans un tel abandon que je m'approchai et me fis reconnaître. Je n'avais plus vu cet homme depuis le jour où, dans le Temple, il m'avait demandé le chemin de notre maison. Alors je lui dis : « Insensé ! Comment pouvais-tu espérer, toi qui persécutas tant nos frères de la Voie, qu'aucun helléniste de Jérusalem ne te reconnaîtrait pour l'assassin d'Étienne ? » Il me répondit : « Le jour où je te rencontrai pour la première fois, j'étais allé prier dans le Temple. Or j'y fus ravi en extase, je vis Jésus-Messie qui m'ordonna : "Va et porte témoignage pour moi." Et je lui dis : "Béni de Dieu, tes disciples savent bien que je faisais battre de verges ceux qui croyaient en toi et que j'approuvais ceux qui répandirent le sang d'Étienne. Comment, maintenant, les hommes de Jérusalem recevraient-ils mon témoignage ?" Alors le Messie me dit : "Je t'enverrai au loin, vers les Nations..." C'est pour obéir à Jésus-Messie et devenir son apôtre que, dans ce temps, je vins auprès de Jacques et des Anciens. Mais aussitôt des hellénistes de votre *ekklesia,* faisant des imprécations contre moi, cherchèrent à me mettre en pièces. »

En entendant ce discours de Paul que nous rapportait Bar-Nabbas, Jacques s'écria : « Apôtre ? Cet imposteur a-t-il dit apôtre ? Il veut être l'apôtre de Jésus ? Et pourquoi pas son frère, aussi !

— Mais son frère, il l'est déjà », dit Pierre.

Et la confusion couvrit aussitôt le visage de Jacques, car il sut qu'il méconnaissait l'enseignement de Jésus.

Ananias, de la synagogue de Damas, ayant écrit à Bar-Nabbas qu'il avait en effet baptisé Saül autrefois et qu'il ne voyait plus de mal dans cet homme, les Anciens permirent à notre émissaire de garder le petit Tarsiote pour compagnon s'il parvenait à l'instruire. Mais ils lui demandèrent de l'écarter des pharisiens, des zélotes et des sadducéens ; de ne pas le laisser prêcher seul ; et de ne jamais consentir à ce qu'il prît le nom d'apôtre.

Saül lui-même n'entra pas dans notre maison, il craignait maintenant nos « colonnes » autant que nos hellénistes. Aussi restait-il caché dans la rue quand Bar-Nabbas se trouvait dans notre chambre haute.

Il se tenait là sans boire ni manger, lié par ses craintes comme une mouche dans une toile d'araignée. Mais sitôt que je sortais, il s'accrochait à moi, disant : « Certains marchent longtemps sans jamais arriver nulle part, comme l'âne qui tourne autour d'une meule de pierre : votre *ekklesia* de Jérusalem n'est-elle pas de cette espèce-là ? Car, depuis ma première visite, vous n'avez guère avancé ! Ceux qui appartiennent au Messie ne doivent-ils pas porter sa parole jusqu'aux extrémités de la terre ? Il faut prêcher les Nations, toutes les Nations qui sont sous le ciel, et jusqu'au plus petit de la plus petite Nation, parcourir les villes, les déserts, la mer. Le temps presse, frère, hâtons-nous ! À cause de vous, Jésus-Messie est dans l'affliction.

— Il te l'a dit ? Il te parle beaucoup, à ce qu'il semble.

— Crois-tu que je sois un trompeur ? que je sois un fou ? Oui, je suis fou, je perds la tête, mais laisse-moi m'enorgueillir des paroles inexprimables que notre Messie me dit, laisse-moi resplendir de sa lumière, rayonner de sa gloire, brûler de son amour ! »

Il avait les yeux pleins de larmes, il me pétrissait le bras comme de la pâte à pain, j'avais peine à l'éloigner de moi. « Parle bas, lui dis-je, tu n'es pas ici dans la Dispersion, mais dans la ville de Jérusalem, dans ce pays que l'Éternel a donné à nos pères pour jouir de ses fruits, et vois : nous y sommes dans la misère et la servitude ! Notre peuple est à bout. Mais si nous remuons, les soldats poseront leurs pieds sur nos nuques. Alors, frère, mets un frein à ta bouche, couvre ta tête et crains les faux témoins. Sinon, faute de pouvoir tuer les soldats de César, ce sont encore des nazôréens que viendront tuer les séditieux abusés par les grands. »

Joseph bar-Nabbas repartit bientôt, mais, avant de regagner Antioche, il désirait s'arrêter à Salamis de Chypre où demeuraient ses frères ; il remmenait avec lui son cousin Marc.

Saül les accompagnait, mais personne ne pensait que le Tarsiote pourrait être utile à nos disciples dans quelque pays que ce fût. Quel pauvre émissaire, en effet, que ce petit homme qui n'avait pas connu Jésus, ne savait rien de sa vie ni de ses paroles, et ne s'en souciait nullement ! Comme autrefois à Césarée, le départ de ce grand parleur me délivra d'une crainte et d'un poids.

Mais je me réjouissais à tort : dans ces temps de famine et de colère, n'importe lequel d'entre nous pouvait être accusé de parler trop haut.

Ce fut d'abord Jacques de Zébédée. Pour avoir élevé la voix contre le Temple et contre Jérusalem, le frère de Jean fut condamné par le nouveau roi Hérode Agrippa à mourir par l'épée, comme avait péri Jean le Baptiste dans le temps de Jésus.

Puis, voyant que ce châtiment était aussi agréable aux Judéens irrités par la faim qu'au Grand Prêtre lassé des insultes, les Romains, à leur tour, crucifièrent deux zélotes galiléens, dont le père avait autrefois mené la révolte contre le recensement de César dans le temps où Jésus n'était qu'un enfant.

Alors le roi Agrippa fit aussi arrêter Pierre. Il l'enferma dans la prison au moment où, sur nos instances, Jean de Zébédée s'enfuyait.

Maintenant, à chaque instant, la *qéhila* des Pauvres de Jérusalem adressait pour Pierre des prières à Dieu, car le roi avait résolu de le faire comparaître après les fêtes et il voulait le mettre à mort.

Un soir que nous étions nombreux à manger et à prier dans la maison de Miryam, mère de Marc, quelqu'un vint frapper au battant du portail. Tous se turent, craignant d'avoir été dénoncés, et leurs membres tremblaient. Rhodé, la servante en qui Miryam se fiait, s'approcha dans le vestibule pour écouter et elle entendit la voix de Pierre. Dans sa joie, au lieu d'ouvrir, elle rentra dans la salle en courant pour nous annoncer que Pierre était là, dehors, devant la porte. « Tu es folle ! » s'écria Miryam. Mais Rhodé soutint que c'était vrai. « Alors, c'est son ange ! » dit ma belle-sœur Sara ; et, malgré la crainte qui les avait saisis, quelques-uns se mirent à rire. Cependant, par intervalles, on entendait toujours des coups frappés contre la porte, mais ils devenaient plus timides. « Ce ne sont pas là les manières des soldats », dit le Zélote.

Miryam, accompagnée de Matthias qui aurait déchiré un lion comme on déchire un chevreau, marcha alors vers la porte et, l'ouvrant doucement, elle vit que c'était Pierre. Tous, aussitôt, furent dans l'étonnement et commencèrent à s'exclamer. Mais, de la main, Pierre leur fit signe de se taire.

Parvenu au fond de la maison, les portes fermées, il nous raconta comment l'Éternel l'avait tiré de sa prison. Dans la nuit de son cachot, il avait été réveillé par une grande lumière et il avait entendu une voix qui disait : « Lève-toi ! Mets ta ceinture et attache tes sandales. Maintenant, prends ton manteau et sors. » Alors il vit que sa porte n'était plus verrouillée et que les hommes de garde, qui avaient bu du vin, dormaient. La porte de fer qui donnait sur la ville s'ouvrit à la première poussée. Redoutant d'être rattrapé, il courut d'abord dans les rues comme dans un rêve. Puis, ayant reconnu le lieu où il se trouvait, il se dirigea vers la maison de Miryam[1].

1. Rapprocher des *Actes des Apôtres* (12, 6-12).

Tout en mangeant le pain frais et les dattes que Rhodé lui apportait, Pierre nous dit d'annoncer à Jacques qu'avec l'aide du Seigneur il s'était libéré. Et aussitôt il repartit, craignant d'être recherché par les soldats quand le jour paraîtrait.

Nous sûmes plus tard que [...]

Il manque ici quatre feuillets au codex de la Vie de Jude. On suppose qu'ils relataient les déplacements de l'apôtre Pierre en exil.

Pour la compréhension des récits ultérieurs, voici, résumé d'après les Actes des Apôtres *et la tradition issue des apocryphes, l'essentiel de ces déplacements :*

Ayant gagné Jaffa en 41, puis Césarée de la Mer, Pierre embarqua pour Antioche, capitale de la Syrie, siège du gouvernorat pour la Judée et, après Jérusalem, principale aire d'expansion du premier christianisme. De là, traversant toute l'Asie Mineure, Pierre rejoignit les rives de la mer Noire et prêcha partout où étaient implantées des communautés juives. Par la suite, « épiscope » itinérant, il fit plusieurs allers et retours entre Antioche et Jérusalem – où, selon les Actes des Apôtres, *il était présent en 48 et 51. Puis il embarqua pour Corinthe et resta quelque temps en Grèce, avant de gagner Rome et de s'y établir.*

Comme lui, les premiers disciples (y compris les frères de Jésus) semblent s'être déplacés dans la Diaspora plus tôt qu'on ne croit.

Au commencement, l'originalité de Paul par rapport à Pierre et aux autres ne fut donc pas de voyager par monts et par mers, ni même de convertir des craignant-Dieu dans les grandes villes de la Méditerranée : les hellénistes chassés de Jérusalem le firent avant lui, et plusieurs disciples galiléens en même temps que lui. L'apport de Paul, à ce moment de l'Histoire, fut d'oser s'éloigner des ports et des côtes pour s'enfoncer au cœur même de l'Anatolie, et de s'y adresser à des tribus non hellénophones, comme les Lycaoniens et les Celtes de Galatie : des demi-sauvages, jugeait-on, puisqu'ils n'étaient ni juifs ni grecs...

Paul fut donc, à sa manière, le prototype du missionnaire d'Afrique ou du jésuite des «rites de la Chine». Quant à Pierre, il ne fut pas le «premier pape» : c'est Jacques, chef de la communauté de Jérusalem, ville sainte, qui remplissait alors cette mission.

[...] Des trois «colonnes» de la communauté de Jérusalem – Jacques, Pierre et Jean –, ne restait en Judée que mon frère Jacques.

Or il me dit : «Nous, frères de chair du Messie, sommes maintenant ceux que le roi Hérode, le Grand Prêtre ou le peuple de Jérusalem persécuteront le plus volontiers.»

Mon cœur fut abattu et je demandai : «Qu'ont-ils encore contre nous ? Pourquoi les hérodiens ne s'en prennent-ils jamais aux Fils de Lumière, qui les haïssent pourtant au point de demander à Dieu de les détruire jusqu'au dernier ?

— Parce que, me dit-il, les Parfaits ne sortent jamais de chez eux, ne font pas d'exhortations sur les parvis, ni de conversions dans les synagogues : ceux du Temple ne les connaissent pas. Mais nous, ils nous connaissent, c'est pourquoi ils nous menacent… Notre frère José et sa femme Léa iront à Tyr, où José gagnera son salaire car il n'est pas grand prêcheur[1]. Toi, tu rejoindras Marc et Bar-Nabbas qui enseignent encore dans l'île de Chypre. Prends ta femme avec toi. Prêche tous les fils d'Israël d'île en île, et jusqu'aux confins de l'Océan s'il s'y trouve des enfants d'Abraham. Moi, je garderai la maison. »

Troublé dans mon cœur, je dis : « Mon frère, je crains pour toi. »

Il me répondit : « Ne crains pas. Plusieurs conseillers du Sanhédrin sont des pharisiens qui me regardent comme un homme juste, et ils se plaisent à disputer avec moi. Notre peuple les aime et les hérodiens les craignent : ces docteurs me protégeront. »

J'embarquai pour Sidon avec José et Léa ; puis, le bateau ayant déchargé sa cargaison et pris du bois du Liban, je poursuivis jusqu'à l'île de Chypre, emmenant avec moi Tabitha et notre fils Yeshua qui avait environ dix ans.

Dans l'île, je fus d'abord à Salamis, où il y avait beaucoup d'Israélites appelés « Juifs ». On y fabrique des tapis et, comme à Cos, on y tisse le fil de soie cueilli sur les arbres du pays des Sères[2]. D'autres Juifs font le négoce du cuivre que produisent les mines confiées

1. Paul note pourtant dans ses *Épîtres* que Pierre et les frères de Jésus, qui se déplacent avec leurs femmes, vivent aux frais des communautés.

2. La Chine.

aux Hérodes par le César Auguste. Aussi nos frères de la Diaspora ont-ils des ateliers et des entrepôts dans tous les ports de l'île pour commercer avec la terre entière.

À Salamis je retrouvai les deux cousins, Marc et Bar-Nabbas, dont les parents, lévites fort considérés, possédaient de grands biens dans cette ville et donnaient de l'ouvrage à beaucoup d'enfants d'Israël. Mais peu d'entre eux suivaient la voie de Jésus ; et bien que Bar-Nabbas fût respecté dans tout le pays, Marc et lui exhortaient les foules en vain.

En ce temps-là, Saül n'était déjà plus avec eux. Il était de l'autre côté de l'île, à Paphos, où Sergius Paulus, proconsul des Romains[1], se plaisait à recevoir dans son palais toute espèce d'histrions, de charlatans, de faux prophètes, de magiciens et de glaneurs de nouvelles qui parcouraient les campagnes. Ayant entendu que Saül avait exorcisé un possédé, il le fit venir auprès de lui. Puis, voyant que notre Tarsiote dénonçait habilement les fraudes des imposteurs, il se plut à l'opposer aux *élymas*[2] des grands chemins, comme les Césars opposent les gladiateurs dans leurs théâtres. Satisfait des victoires de son favori, Paulus devint alors le *patron*[3] de Saül, lequel, selon la coutume des païens, ajouta à son nom celui de son protecteur et se fit appeler Paul.

---

1. L'existence de ce Sergius Paulus n'était attestée que par les *Actes des Apôtres.* Jusqu'à la découverte de la *Vie de Jude,* on n'avait jamais retrouvé son nom autre part.

2. En hébreu dans le texte : magicien, charlatan.

3. Au sens latin : non pas un employeur, mais un protecteur officiel.

Trop de pharisiens et de partisans des Hérodes leur faisant opposition dans l'île, Marc, Paul et Bar-Nabbas voulurent bientôt retourner dans leur *ekklesia* d'Antioche. Je les vis partir tous les trois après les avoir embrassés. Marc portait les livres sacrés et mon recueil de prophéties. Bar-Nabbas me dit : « Il y a peu à faire dans cette île, surtout à Salamis où le grand temple de Zeus procure à la ville un gain si considérable qu'aucun païen ne veut y changer de dieu ! Quant aux Juifs de la synagogue, tu ne trouveras parmi eux aucun prosélyte et peu de craignant-Dieu. Retourne-t'en plutôt chez ceux de Cyrène, car Shimôn ben-Shimôn est mort et Rufus, son fils, a été tué à Alexandrie. »

Avec Tabitha et Yeshua je repartis donc pour Cyrène, environ cinq années après l'avoir quittée. Je n'eus pas besoin des lettres de Jacques pour y recevoir bon accueil[1]. Et quoique la communauté, qui se réunissait toujours chez Alexandre, ne fût ni grosse ni riche, chacun mit à part ce qu'il put, selon sa prospérité, pour nous venir en aide, à Tabitha et moi.

Ma femme fut aussitôt aimée et respectée de tous les fils d'Abraham qui sont dans le pays. Car, dès l'aurore, elle disait la prière et appliquait son cœur à aller vers le Seigneur ; or, bien que sa beauté surpassât tout désir d'homme, elle ne portait pas de tuniques fines, ne tressait pas ses cheveux avec des fils cramoisis,

1. Il semble qu'après le départ de Pierre, Jacques continua à contrôler, depuis Jérusalem et avec l'aide de secrétaires hellénophones, les mouvements de ses missionnaires.

tenait son voile serré sur son front et m'appelait son seigneur, comme faisait autrefois la femme d'Abraham. Et moi, je l'appelais ma rose de Jéricho, mon rayon de miel, car elle répandait autour d'elle une odeur délicieuse et il n'y avait sur sa langue et dans son cœur que douceur et bonté.

Parlant la *koïné* en Phénicienne, elle devint ma colonne d'appui et m'aida à exhorter les Juifs de Cyrène dans cette langue.

Nous avions trouvé un petit logement au-dessus de la boulangerie d'un de nos frères ; car, dans cette ville, les fils d'Abraham achètent leur pain, qu'ils trouvent déjà cuit. La boulangerie où nous demeurions était à peu de distance du gymnase de Ptolémée, qui est aux Grecs ce que le portique de Salomon est aux Judéens. Dans ce beau lieu, que seule l'abondance des Hermès rend affreux[1], il y a beaucoup d'écoles et d'ateliers de scribes, des salles pour réunir les corporations de tous les métiers, et un marché aux grains qu'y ont établi les Romains.

Chaque jour, je croisais là les principaux de notre Diaspora, qui, dans ce temps, vivaient encore en paix avec les Grecs jaloux[2]. Ces riches marchands portaient des écharpes de soie enroulées autour de leur tête, et,

1. Pour les Juifs rigoristes, cette multitude de statues rendait la rue impure.

2. La jalousie des païens à l'égard des Juifs de la Diaspora venait de ce que ces derniers avaient été dispensés de l'impôt à César (pour leur permettre de payer l'« impôt du Temple ») et des obligations militaires (à cause du sabbat et des interdits alimentaires).

caressant leurs longues barbes parfumées de leurs longs doigts ornés de bagues, ils disaient : « Demain, nous irons dans telle ville, nous y passerons l'hiver, nous commercerons habilement et nous gagnerons de l'argent[1]. » Dans la synagogue, ils prenaient la première place, ils mangeaient les meilleurs poissons de la mer et beaucoup de veau gras, mais ils frustraient nos indigents du fruit de leur peine, retenant ce qu'ils leur devaient et privant ainsi de subsistance les ouvriers qui travaillaient pour eux.

Alors, je descendis vers ceux-là, les plus petits de notre peuple, qui nichaient dans le creux des rochers[2] comme des chats-huants et ne se nourrissaient que de caroubes dérobées aux pourceaux. Ils n'observaient pas la Loi avec exactitude, manquaient d'eau pour les ablutions, et se trouvaient affligés de toutes sortes de lèpres parce qu'ils ne savaient pas confesser leurs péchés. Avec ma femme Tabitha, je leur appris à demander à notre Père le salut et la miséricorde ; et, pour les guérir, je jeûnais, puis je les oignais d'huile au nom de Jésus.

À tous, j'enseignais ce que commandait mon frère Jacques dans une lettre faite pour être lue à l'occasion des assemblées : « Quelqu'un parmi vous est-il dans la souffrance ? Qu'il prie. Quelqu'un est-il dans la joie ? Qu'il chante des cantiques. Quelqu'un est-il malade ? Qu'il appelle les Anciens de la *qéhila,* et que les

1. Rapprocher de l'*Épître de Jacques* 4, 13.

2. Quartier troglodytique de Cyrène, établi dans une ancienne nécropole.

Anciens prient pour lui. La prière sauvera le malade et, s'il a commis des péchés, il lui sera pardonné[1]. »

Cependant, voyant se consumer les forces de ces malheureux, qui n'avaient plus que la peau des dents pendant que d'autres promenaient sur l'*agora* des flancs chargés de graisse, je me mis à exhorter durement les marchands. Je dis : « Aux indigents de notre peuple qui habitent dans les rochers, vous payez leur salaire avec retard, vous prêtez avec usure, vous prenez en gage même leur manteau ! À tous les petits vous donnez peu, et en les outrageant beaucoup. Or, pour suivre la voie de Jésus et plaire au Père, les pauvres doivent connaître leur noblesse, comme les riches leur avilissement. Car ne vous y trompez pas, Israélites mes frères : maintenant le riche se glorifie, mais sa richesse se flétrira. Et elle témoignera contre lui au jour du Jugement ! »

Le chef de la synagogue me reprocha avec amertume la rudesse de mes paroles. Il fut encore plus irrité quand, parlant le jour du sabbat après les lectures, je dis : « Hommes d'Israël, donnez aux pauvres de notre peuple, mais faites aussi l'aumône aux plus pauvres d'entre les Grecs, car tous les petits sont égaux dans le malheur et aux yeux du Messie Jésus. » Il y eut des murmures parmi les Anciens. Alors je m'écriai : « En tous lieux les pauvres ne sont-ils pas la pâture des riches, comme dans le désert les onagres sont la proie des lions ? » Aussitôt plusieurs vociférèrent, tous me blâmèrent, il y eut de grandes clameurs, et les principaux plaidèrent contre moi.

1. Rapprocher de l'*Épître de Jacques* 4, 13-14.

Cependant, les Anciens n'osaient me chasser de leur synagogue, car j'avais mis mon fils Yeshua à étudier la Loi auprès du *hazzan* et cet homme instruit trouvait l'enfant plein de grâce et de promesses. Quant aux femmes des marchands les plus considérés, elles étaient satisfaites de Tabitha qui les servait dans leurs festins pendant que j'étais occupé à ramasser des herbes pour guérir les malades ou à enseigner aux Portes des villages.

Un jour que je marchais ainsi d'un lieu à l'autre dans la solitude, je resongeai à l'exécution de Jacques de Zébédée, à la lapidation de Philippe l'apôtre[1], à l'arrestation de Pierre, à la fuite de Jean, au silence d'André, et à la mort de la Magdaléenne et du vieux Bar-Timée que j'avais apprises par la lettre de Jacques. Et, dans mon cœur, je dis : «*Les eaux des lacs s'évanouissent, les fleuves tarissent et se dessèchent*, et bientôt plus aucun de nous ne sera là pour rappeler à nos *ébionim* les paroles véridiques de Jésus.»

Cependant, je refermai bientôt mes tablettes : à quoi bon écrire ces choses passées ? Ne savions-nous pas, par Jésus lui-même, que le dernier des apôtres ne s'endormirait pas avant le retour de l'Élu ?

Sur cette terre de Libye, Tabitha mit au monde une fille, que je nommai Ruth. Les femmes des pharisiens s'empressèrent autour de l'enfant, car Tabitha eut une fièvre qui coupa son lait. Ces femmes nous donnèrent

1. Les circonstances de cet événement, qui n'est mentionné que par Jude, sont inconnues.

de l'argent pour prendre une nourrice juive, et je la choisis parmi les nazôréennes afin que l'enfant fût nourrie dans la connaissance du Messie et l'espérance du Royaume.

Dans la ville de Cyrène, notre communauté des Pauvres s'élargissait sans cesse, mais elle ne s'élargissait qu'aux pauvres... Il nous en venait autant du faubourg grec que du quartier juif. Or, pour être des nôtres, les Grecs devaient d'abord passer par le couteau de la synagogue et beaucoup y répugnaient, car la *marque de l'Alliance*[1] entraînait des infirmités chez les hommes faits et la loi romaine défendait aux païens de se «mutiler». Ces hommes demeuraient donc au-dehors, et les *habérim,* pour se moquer, les appelaient «les prosélytes de la porte».

Quant aux nomades éthiopiens et aux esclaves nigrites qui venaient parfois vers moi dans les rues ou sur le marché, j'ignorais ce que Jésus aurait fait d'eux. Je lavais leurs plaies au vin aigre, mais sans oser les baptiser, faute de pouvoir les instruire.

De ces enfants desséchés, ces esclaves écorchés, ces femmes édentées et ces hommes couverts d'ulcères dont Tabitha et moi prenions soin, beaucoup mouraient. Or, dans ce même temps où je me dévouais à eux, je ne gagnais à notre Parole aucun marchand. J'étais comme le laboureur qui a semé avant *Soukkot* et attend le fruit de la terre en prenant patience jusqu'à ce que tombent les pluies d'hiver.

---

1. La circoncision. Il fallait d'abord être juif pour pouvoir adhérer à la voie de Jésus.

Ainsi demeurâmes-nous, ma femme et moi, plus de deux années chez ceux de Cyrène, dans l'amitié de nos frères Alexandre bar-Shimôn, de sa femme Daphné, et de Lucius, le prosélyte que j'avais moi-même baptisé : ils étaient devenus ma chair et mes entrailles. Que la miséricorde et l'amour leur soient multipliés ! Mais, avant la fin de la troisième année, Jacques m'ordonna de rejoindre la communauté d'Antioche : cette *ekklesia* avait envoyé tant de missionnaires jusqu'à l'Euphrate qu'elle manquait maintenant de « moissonneurs » dans la ville même.

J'embarquai donc pour Alexandrie, où je restai un mois dans la maladie, croyant y mourir de la fièvre. De là, naviguant au levant, puis au septentrion, je fis escale à Tyr en Phénicie, où mon frère José avait converti beaucoup de potiers, de tuiliers et de marchands de bois. Et il mangeait avec tant de riches négociants que je dus lui faire souvenir qu'entre l'achat et la vente se glisse le péché, comme entre les joints des pierres s'enfonce le piquet.

Me trouvant dans cette ville de Tyr, j'appris de mon frère que le nouveau roi, Hérode Agrippa, avait régné seulement deux ans sur la Judée[1]. Il était mort à Césarée, un ange de Dieu l'ayant frappé sur son trône dans l'un de ces théâtres pour débauchés qu'il faisait construire en tous lieux. Quand on ramena son corps à Jérusalem, les vers de son ventre l'avaient rongé.

1. Erreur de Jude : Hérode Agrippa Ier régna quatre ans.

Le fils de ce roi n'étant encore qu'un jeune enfant, la Judée, la Samarie, la Galilée et la Pérée firent retour au César de Rome, qui y nomma Crespius Fadus préfet[1].

Ce fut alors que vint dans la Pérée un charlatan nommé Theudas. Cet homme persuada des centaines de pauvres gens de le suivre jusqu'au Jourdain, disant qu'il était prophète et arrêterait le cours du fleuve pour les laisser passer sans que leurs pieds fussent mouillés, comme Dieu l'avait fait autrefois pour l'arche d'alliance et notre patriarche Josué : ainsi, de l'autre côté, retrouveraient-ils, eux aussi, une terre qui leur était promise et une nourriture abondante. Ils passèrent, car c'était en hiver, quand le Jourdain ne reçoit plus les neiges fondues du Liban. Mais le cruel Fadus envoya contre eux des troupes de cavaliers, qui tuèrent tous ces va-nu-pieds et coupèrent la tête de Theudas pour l'apporter à Jérusalem.

Me racontant ces choses, José pleurait, et je pleurai avec lui sur les malheurs d'Israël.

De Tyr, quittant mon frère, je montai sur un navire rond[2] chargé de vin et d'huile, qui allait au port d'Antioche. Sur le chemin du port à la ville, beaucoup de nos frères d'Antioche, que les Grecs appellent *christianoï,* qui signifie « messianistes », vinrent à ma

1. L'empereur Claude reprit la Palestine en « gestion directe ». Le titre de *préfet* fut remplacé par celui de *procurateur,* ce que Jude semble avoir ignoré.

2. Cargo.

rencontre. Bar-Nabbas, Marc et Paul étaient parmi eux. Sur l'ordre de leur communauté, ils s'apprêtaient à partir ensemble pour la côte de la Cilicie et le midi de la Pisidie afin d'y porter la parole du Béni de Dieu. Quand, devant moi, les Anciens de leur *ekklesia* leur imposèrent les mains, Paul pétillait comme une étoile.

Toute chair vieillit comme un vêtement, dit le Sage, mais le Tarsiote ne vieillissait pas, il ne manquait pas une dent à sa bouche, pas un cheveu à sa tête[1]. Bar-Nabbas, bien qu'il fût plus grand de corps, était déjà dans le déclin de ses ans, caillé comme du fromage et la barbe laineuse. Quant à Marc, il soupira à mon oreille : « Je redoute ce voyage, Paul est une carie dans mes os, la plaie que le Seigneur m'envoie... Mais qu'il soit fait selon la volonté du Père ! »

Ces trois émissaires partis, je les remplaçai de mon mieux auprès de nos frères d'Antioche, bientôt rejoint par le prosélyte nommé Lucius que j'avais connu et baptisé dans la Libye. La communauté d'Antioche était plus nombreuse que celle de Cyrène, et tous nos frères hellénistes y comprenaient la langue des hébreux. Mais il y avait beaucoup d'allants et venants, d'hésitants et de demi-convertis.

Cette *ekklesia* comptait, en effet, moins de fils d'Israël que de prosélytes ou de Grecs incirconcis qui lisaient l'Écriture avec nous et craignaient Dieu, sans cependant qu'il leur fût permis de partager

1. C'est une légende qui a fait de Paul (deux fois *nazir)* un chauve précoce.

notre *agape*. Leurs femmes aussi aimaient à entendre la Parole et elles faisaient de bonnes œuvres au nom du Messie ; nous les baptisions ; mais le soir du sabbat, nous ne pouvions manger avec elles, car nous ignorions dans quels plats et avec quelles viandes elles préparaient les mets[1]. Beaucoup d'adeptes, des deux côtés, vivaient cet empêchement dans la tristesse.

C'est alors qu'il me fut révélé de séparer les tables pour notre repas de l'*agape* : les femmes grecques converties célébreraient la mémoire de Jésus en même temps que nous, tout en mangeant à des tables séparées afin de ne pas violer la Loi. Cependant, je ne pus rien prescrire pour leurs maris, qui restèrent écartés du repas des saints.

Si je n'avais regretté depuis toujours les vertes montagnes de mon village, puis aimé comme une autre Galilée Cyrène la Blanche, j'aurais trouvé Antioche plaisante. La ville est douze fois plus étendue que celle de Jérusalem ; de nuit comme de jour, elle est éclairée et très sûre, car les habitants accrochent dans les rues des lampes qu'ils nomment « lanternes d'Antioche ». Dans le faubourg de Daphné aux belles demeures et aux eaux guérisseuses, on peut voir les plus vieux cyprès du monde, et la foule y vient nombreuse. Cependant, Dieu regarde cette belle cité avec

---

1. La nourriture apportée par chacun devant être partagée par tous, il fallait être sûr que sa préparation respectait les règles kashères.

horreur, car elle est défigurée au dernier degré par l'idolâtrie.

Ainsi, pour aller du quartier juif jusqu'au bord du fleuve Oronte, il y a une large rue bordée des deux côtés par de splendides portiques, mais on y voit des centaines d'images taillées, nues et détestables, dressées comme des fantômes décolorés ou comme des cadavres coulés dans le métal fondu. Or toutes ces figures, de la plus grande à la plus petite, sont des idoles ! Aussi les pharisiens de la principale synagogue aiment-ils mieux faire le tour de la ville que de passer dans cette voie du péché. Au début, je fis comme eux. Puis, comme je me perdais dans les rues à force de boucles et de crochets, je décidai de tourner seulement la tête ou de fermer les yeux en passant près des images taillées.

Ce fut dans ce moment que je me rappelai la façon dont Jésus se moquait des pharisiens bleus qui, lorsqu'ils aperçoivent une femme, baissent les paupières et marchent en s'aveuglant, quitte à se jeter dans un arbre ou un fossé. Et aussitôt je me souvins du rire de Jésus, son grand rire devant la folie de ces *parushim*. Et je sus que je pouvais passer près des images d'Antioche sans en être souillé.

Peu de temps après, Pierre arriva de la Judée où il était rentré après la mort du roi Agrippa, son ennemi. Je lui demandai quelles paroles Jésus lui avait dites autrefois à Képharnaüm, dans le temps où je n'y étais pas. Car Pierre avait suivi Jésus dès le commencement et il n'oubliait rien : comme tous ceux qui ne connaissent ni signes ni lettres, il redonnait chaque parole avec fidélité sans oser changer la place d'un seul mot.

En l'écoutant, j'eus de nouveau le désir d'écrire les « dits » du Messie, comme un scribe écrit sous la dictée de son maître. Et ce que je voulais faire à Antioche avec Pierre, je le ferais aussi à Jérusalem avec les témoins qui n'étaient pas encore endormis dans le Seigneur : mon frère Jacques, Jean[1], Justus, Zachée, Simon le Lépreux, et toutes les femmes montées avec nous de la Galilée.

Pierre commença et dit : « Un jour, dans notre maison de Képharnaüm, Jésus, parlant des Anciens de notre synagogue, nous dit cette parabole : "On ne met pas de vin nouveau dans de vieilles outres ; autrement, les outres se rompent et le vin, en se répandant, est perdu. Mettez le vin nouveau dans des outres neuves, et le vin et les outres se conserveront." Parole du Messie Jésus. Qu'il vienne ! Amen. »

Mais voyant que je copiais cette parole, il s'écria : « Ne sais-tu pas, petit, que le temps est court ? Que ce monde-ci, avec ses papyrus et ses parchemins, va disparaître ? Qu'aujourd'hui toute science est vaine ? Dans le royaume de Dieu où le Messie nous précède, nul n'aura l'usage des signes que tu traces puisque Jésus nous parlera face à face. » Et il m'ordonna : « N'écris pas, fils. Ramène plutôt au bercail cette génération

1. Jude semble ignorer où se trouvait Jean depuis sa fuite de Jérusalem, quatre ans plus tôt. Les *Actes des Apôtres* ne sont pas plus éclairants.

égarée, exhorte-la, et jette au feu tes tablettes et toutes ces… ces *bibliothèques* ! »

Puis, se balançant d'avant en arrière, il chanta avec moi « *Maranatha, maranatha* – que le Seigneur vienne ! »

Maintenant que Pierre veillait de nouveau, en épiscope, sur la doctrine de l'*ekklesia* d'Antioche et que notre frère Lucius de Cyrène l'y aidait, je revins à Jérusalem avec ma femme et mes enfants, Ruth et Yeshua.

Sur le seuil de la maison, Sara vint à notre rencontre et dit : « Vous ne trouverez pas toutes choses ici comme vous les avez laissées… » Craignant de nous affliger, elle n'osait nous annoncer que notre fils Élie, âgé d'environ dix ans, était mort après être resté sur un lit pendant six jours, et que notre fille Miryam, frappée de cette même peste qui sévissait dans toute la ville, était gravement malade. Mais Tabitha comprit ce que Sara taisait, et elle dit : « Lequel ? Des trois enfants que je t'avais confiés, lequel n'est plus ? »

Et aussitôt, sans prendre aucune nourriture, nous nous mîmes à prier pour notre enfant mort et à implorer le Seigneur pour qu'il nous conservât notre fille. Pour ma petite Miryam, je ne pouvais rien faire de plus, car Dieu, qui hait le favoritisme, ne permet pas que, par le pouvoir du nom de Jésus, nous, les frères de chair de l'Élu, nous guérissions nos propres enfants.

Je passai ainsi deux nuits couché sur la terre nue et couvert d'un sac. Mais le troisième jour, malgré nos prières, l'enfant mourut.

Alors je me levai de terre, changeai de vêtements, et demandai à manger. Sara me dit : « Que fais-tu là ? Tant que la fillette vivait, tu jeûnais et tu pleurais. Maintenant qu'elle est morte, tu te lèves et tu manges ! » Je dis : « Tant que l'enfant était encore en vie, j'ai jeûné et pleuré car, dans mon cœur, je disais : Qui sait si, à force d'importuner le Seigneur, la fillette ne vivra pas ? Notre Dieu n'est-il pas plus fort que les démons ? plus puissant que nos péchés ?... Mais maintenant que Miryam est morte, pourquoi jeûnerais-je ? Puis-je la faire revenir dans la maison ? Non, elle ne reviendra pas vers moi, c'est moi qui irai vers elle[1]. »

Me souvenant ensuite que Jésus disait : « Dès ce temps-ci, le Père nous rendra au centuple les bien-aimés que nous aurons perdus », j'allai auprès de Tabitha, je l'embrassai, l'exhortai, la consolai, et je couchai avec elle. Elle conçut, grâce à Dieu. Et elle enfanta un fils auquel je donnai le nom de Joël.

Ainsi eûmes-nous quatre beaux enfants pour chanter la gloire du Seigneur : Yeshua, Daniel, Ruth et Joël.

À peu près dans le temps où mourut ma fille Miryam, Marc vint à Jérusalem pour visiter sa mère qui, depuis la mort de la Magdaléenne, restait la plus généreuse de toutes nos disciples. Et voici ce qu'il nous raconta, à Jacques et à moi : ayant débarqué avec Paul et Bar-Nabbas dans le port d'Antalia, ils étaient allés tous trois dans la ville de Pergué qui est auprès des monts du Taurus, car ils ne voulaient pas poursuivre

1. Peut-être à rapprocher de *II Samuel* 12, 15-23 ?

leur route sur la côte sans avoir d'abord apporté la Bonne Nouvelle aux Juifs de Pergué.

Quatre semaines de suite, le jour du sabbat, ils allèrent dans la vieille synagogue de la ville pour les exhorter. Paul voulait toujours parler en premier, et il se présentait à ces fils d'Abraham comme l'*apôtre* de Jésus, « son dernier apôtre », disait-il. Or Marc en fut irrité et lui dit : « J'enseignais avec mon cousin longtemps avant que tu ne te joignes à nous. Cependant je ne me dis pas apôtre, car je n'ai connu le Messie ni avant sa mort ni après sa résurrection. Seuls sont "apôtres" Jacques[1], les Douze, et quelques disciples qui peuvent nous faire connaître les leçons de Jésus parce qu'ils l'ont suivi et entendu. Même Jude, frère de Jésus, ne prétend pas être un apôtre. Toi, Paul de Tarse, tu n'es qu'un petit émissaire[2] chargé par l'*ekklesia* d'Antioche d'aider notre Bar-Nabbas. Encore est-ce une bien grande élévation pour celui qui ne fut d'abord que Saül l'hérodien[3], grand persécuteur de nos frères ! »

Mais Paul ne ployait jamais la nuque : « Certes, répondit-il à Marc, je n'ose m'égaler à toi, qui te recommandes toi-même... Mais quant aux "archi-apôtres" dont tu parles, je ne leur suis en rien inférieur. Car moi, Jésus m'a sauvé ! Quand je portais le poids de mes crimes, il m'a pris en pitié et m'a remis

---

1. Paul distingue parfois Jacques des apôtres ; dans *Galates* (1, 19), il l'inclut.

2. *Paulus* signifiant « petit », Marc fait ici en latin un jeu de mots intraduisible.

3. Les *Actes* (23, 6) et les *Épîtres* le présentent plutôt comme un ancien pharisien.

mes péchés. Jésus-Messie m'a allégé, lavé, retourné, délivré, fortifié, puis il m'a lui-même envoyé porter le témoignage de son amour à tous les hommes dans tous les lieux habités.»

Et Marc, nous rapportant ces paroles de Paul, dit encore : «Je ne compris rien à ce que le petit homme raconta ensuite aux Juifs de la synagogue : il a de la hardiesse, mais peu d'éloquence[1]. En parlant, il s'exalte tellement que sa langue s'embrouille. Et, bien qu'il s'émeuve lui-même au point d'en pleurer, ceux qui l'écoutent sont quelquefois gagnés par le rire...

— Que dit-il du Messie Jésus ? demanda Jacques.

— Il l'appelle "Sauveur". Il dit : "Dieu l'a ressuscité des morts sans qu'il ait vu la corruption, parce qu'il est plus grand que les rois et les prophètes, plus grand que toute la postérité de David ! Même le Baptiste, même Élie, même Moïse ne sont pas dignes de délier ses sandales !" Alors des femmes poussent des cris, les notables nous injurient pour avoir profané le nom de Moïse, et la synagogue est bientôt dans une telle agitation que Bar-Nabbas, quand vient son tour, ne peut plus dire une seule parole ! À la quatrième fois, il s'en fallut de peu qu'on ne nous jetât des pierres... »

La prédication de Paul n'ayant pas réussi à Pergué, le petit homme avait résolu, non de redescendre vers la côte, mais de marcher encore huit ou dix journées pour remonter la vallée jusqu'à la principale ville de la Pisidie. Et si la synagogue de cette ville ne recevait pas sa parole, disait-il, il poursuivrait son chemin au gré

1. Paul, dans ses *Épîtres,* reconnaît lui-même qu'il n'est éloquent que par écrit.

de ses révélations, jusque dans les montagnes d'Anatolie où il ne prêcherait plus que les païens, les chèvres à poil dur et les ânesses sauvages ! Marc refusa de le suivre dans cette aventure, mais Bar-Nabbas craignit qu'un apôtre si neuf ne se fît outrager s'il n'était plus accompagné. Tous trois se séparèrent, Marc retournant vers la mer, tandis que Bar-Nabbas s'enfonçait dans les contrées barbares pour y assister son assistant.

Quand Marc nous eut raconté toutes ces choses, mon frère se prit la tête dans les mains et dit : « Mes entrailles se rétrécissent d'angoisse ! Ce Tarsiote me fait trembler. Où va-t-il ? Et d'où vient que Bar-Nabbas supporte patiemment cet insensé ?

— Cela vient, mon frère, lui dis-je, de ce que notre bien-aimé lui-même préférait aux sages de ce monde les voyants et les cœurs exaltés. Car la sagesse de Dieu est folie pour les hommes. Et peut-être Paul est-il sage à la manière de Dieu ? »

Ce qu'il advint à Paul et Bar-Nabbas dans la suite de leur voyage, nous ne le sûmes que deux ans après, quand Paul vint seul porter à Jérusalem le fruit d'une nouvelle collecte que l'*ekklesia* d'Antioche avait faite pour nous, Pauvres de la Judée[1].

Dès qu'il me vit, Paul m'arrêta pour me conter par le menu ses voyages et ses succès ; il se glorifiait

1. En 47-48, nouvelle année sabbatique. Avant le séjour qui provoqua son arrestation, Paul ne mentionne, dans ses *Épîtres,* que deux voyages à Jérusalem ; les historiens penchent, comme Jude, pour trois ou quatre.

d'avoir reçu le soutien de l'Éternel et de Jésus-Messie pour sa prédication chez les barbares de Pisidie. Certes, il y avait été lapidé et laissé pour mort, mais « au moins, disait-il, je n'y ai pas reçu les trente-neuf coups[1] car, là-bas, il n'y a pas de synagogues ! » Les hommes de ce pays étaient dans une ignorance telle qu'ils ne comprenaient ni la *koïné,* ni le latin, ni l'hébreu, ils ne parlaient entre eux que le langage obscur et balbutiant qu'on nomme « lycaonien ». À Lystres, ils avaient pris Paul et Bar-Nabbas pour des dieux ; ils appelaient Bar-Nabbas « Zeus » parce qu'il était grand et que sa barbe était bouclée, et ils appelaient Paul « Hermès », parce qu'il était petit, vif, et parlait aussi vite que ceux qui ont quelque chose à vendre. Le prêtre du temple de Zeus ayant amené deux taureaux aux Portes de la ville pour offrir un sacrifice à ces dieux descendus de l'Olympe, Paul eut de la peine à l'en empêcher. À ces sans-Loi il parla du Dieu vivant, créateur du ciel et de la terre, du Dieu unique qui est le principe de toutes choses. Mais dès qu'ils eurent saisi le sens de ses paroles, les païens furent mécontents qu'on voulût réduire ainsi le nombre de leurs divinités qu'ils croyaient leur être toutes utiles, chacune dans son métier. Ils traînèrent les missionnaires d'Antioche hors de la ville, et la foule leur jeta des pierres. Paul fut blessé, sans toutefois être touché à la tête, Bar-Nabbas le releva. Longtemps le petit homme demeura souffrant de l'accueil cruel de la ville de Lystres, car ses plaies s'infectèrent et devinrent répugnantes.

1. Punition du fouet infligée aux perturbateurs par les chefs des synagogues.

D'autres Lycaoniens, plus compatissants que les premiers, prirent alors soin de lui, et, une fois prêchés et convertis, ces pauvres gens des montagnes se seraient, disait-il, arraché les yeux pour les lui donner. Aussi jetèrent-ils des cris de détresse quand Bar-Nabbas et lui dûrent les quitter.

« Mais, dis-je à Paul, s'il n'y avait pas de Juifs dans ce pays, qui donc a circoncis tes convertis ? Ne faut-il pas qu'ils respectent la loi de Moïse ?

— Il suffit qu'ils aiment Jésus-Messie. »

En entendant cette parole, je fus d'abord transporté de joie – car j'étais las, moi aussi, des holocaustes de béliers, des ablutions et des lavages de plats. Mais, sitôt après, je fus saisi d'effroi : Paul allait scandaliser nos frères les plus zélés pour la Loi et provoquer la colère de Dieu !

Le petit homme espérait maintenant recevoir une mission qui le ramènerait dans les montagnes de Pisidie, d'où il poursuivrait, cette fois, jusque dans les déserts de pierres de la Cappadoce et de la Galatie[1]. Mais, comme il ne voulait pas repartir avec Marc, ni Marc avec lui, et que Bar-Nabbas refusait de l'accompagner si Marc ne venait pas avec eux[2], la communauté d'Antioche ne lui donnait ni lettre ni compagnon.

Il me demanda : « Maintenant que tu sais la langue grecque, pourquoi ne m'accompagnes-tu pas ? En

1. Régions d'Anatolie au nord-est de la Pisidie : il s'agissait pour Paul de s'enfoncer dans le pays, à l'écart même de la seule route existante.

2. Voir *Actes* : Barnabé était rentré de la précédente mission « en froid » avec Paul.

Galatie où vivent les hommes aux cheveux rouges[1], une porte s'ouvre pour mon activité : suis-moi chez ces barbares des hautes provinces ! Je louerai pour toi des tentes et un âne qui les portera, car je sais que tu es délicat. Ne crains pas, frère, je me fais à tous : faible avec les faibles, fort avec les forts, aimant avec les aimables, fier avec les orgueilleux, dévot avec les Juifs, sans-Loi avec les païens. Je me ferai à toi tout aussi bien ! Et toi, comme de nous deux tu es le plus jeune, tu m'obéiras. Je te guiderai, petit garçon, et nous triompherons ! Tu sais comme je suis : pressé de partout, on ne me voit jamais écrasé. Pourchassé, j'échappe. Terrassé, je me relève. Je t'apprendrai. Alors, à nous la vie d'apôtre : les angoisses, les coups, les prisons, les émeutes, les fatigues, les veilles ! Ne sommes-nous pas des soldats, qui se plaisent dans les épreuves et les combats ? Rien ne nous détruira, car grande est ma confiance en *Christ*[2], et immense mon amour pour toi ! »

Ses yeux brillaient comme des grenats et je crus voir jaillir de sa bouche des étincelles. Emporté par son propre discours, il me meurtrissait le bras ; mais sa foi était telle qu'elle me chauffait la chair et dilatait mon âme : je ne sentais plus la douleur. Mais quant à répondre à cet homme brûlant sur ce qu'il me demandait, ma langue, embarrassée, collait à mon palais. Car depuis longtemps mon cœur m'apeurait à son sujet.

1. Celtes établis depuis deux siècles en Anatolie.

2. Paul emploie toujours le mot « Christ » sans article ou la forme, curieuse alors, de « Jésus-Messie », comme si c'était un nom propre.

Cependant je ne désirais pas l'affliger. Priant le Seigneur de m'inspirer, je dis : « Frère, sans doute as-tu appris que maintenant aucun émissaire de la Voie ne peut appartenir à deux communautés à la fois ? Chacune envoie les siens. Tu appartiens à l'*ekklesia* d'Antioche, il te faut donc trouver un frère d'Antioche pour t'accompagner. Car si moi, qui suis de la *qéhila* des hébreux, je veux marcher avec toi, il me faudra d'abord témoigner d'une requête de ton *ekklesia* ; puis, recevoir un commandement de Jacques et des saints de Jérusalem ; enfin, produire une lettre de nos deux Conseils dénombrant les villes où nous pourrons porter la Parole ensemble. »

Paul vivait dans la fièvre ; il n'attendait jamais la fin des moissons pour battre le blé. En lui détaillant ainsi les nouvelles contraintes de la Voie, je le détournais d'espérer ma compagnie – d'autant qu'il se savait peu aimé de nos hébreux. C'est pourquoi il renonça aussitôt à mon aide : « Tu es plus juif qu'un scribe pharisien, me dit-il, toujours à t'inquiéter des règles et des préceptes ! »

Voyant que, ni d'Antioche, ni de Jérusalem, il ne recevrait de recommandation[1], le petit homme dit devant moi : « J'irai donc seul et à la grâce du Seigneur ! Vos Anciens, enchaînés par les règles qu'ils se sont données, ne me confient pas de territoire ? Ils me jettent dehors à la chaleur du jour et au froid de la nuit ? Me voilà libre ! Moi, Paul, je n'aurai plus de

1. La seconde mission de Paul n'eut aucun caractère officiel ; apôtre autoproclamé, il décida seul du champ de sa mission et des aménagements doctrinaux à apporter.

limites que celles fixées par Dieu ! », et il s'en alla, non sans m'avoir longuement serré dans ses bras. Car il connaissait ma timidité, je devinais sa folie, cependant il m'aimait, et je ne le haïssais pas : son esprit s'élevait sous mes yeux comme l'oiseau. Il volait... Mais était-il aigle ou passereau ? Je l'ignorais.

Vers ces mêmes jours je mariai mon fils Daniel, âgé d'environ quinze ans, avec la fille de mon frère Simon[1], qui avait dépassé l'âge nubile.

Les fiançailles furent pauvres, saintes et joyeuses. Mais Jacques, qui ne voulait pas marier ses fils, me dit : « Celui qui n'est pas marié s'inquiète de plaire au Très-Haut, celui qui est marié s'inquiète de plaire à sa femme : voilà pourquoi Dieu préfère le premier ! » Mais, aussitôt confus, il se reprit : « Certes, ce n'est pas pour toi, Jude mon frère, que je dis cette parole. Je sais que Tabitha est de moitié avec toi dans l'amour du Messie : vous vous soutenez ensemble sur le chemin du Royaume, et je me repens d'en avoir d'abord douté. »

Sa femme Sara qui avait été, elle aussi, son soleil levant sur les montagnes de l'Éternel était descendue dans le séjour des morts avant d'être vieille. Et Jacques ne s'en consolait qu'en redisant sans cesse dans son cœur les paroles de Jésus : « Laisse les morts enterrer leurs morts. »

1. Cette fille, née juste avant l'assassinat de son père, avait été élevée par José et Léa.

Il ne se remaria pas : autrefois, Sara s'était posée comme un sceau sur son cœur; quand le *Shéol* l'eut prise, le sceau resta, et le cœur de Jacques ne se rouvrit pas. Il redoubla d'austérité, ne mangeant plus rien qui eût eu vie[1] et incitant chacun à la chasteté. Et il pria encore davantage. Dès le matin, avant même d'attacher ses sandales, il priait. Mais il priait debout désormais, car son infirmité était devenue telle qu'il ne pouvait fléchir les genoux.

Après la mort de Sara, Tabitha gouverna la maison des Pauvres de Jérusalem avec l'aide de notre bru, femme de Daniel, et elle veillait à toute chose. Aussi ne pus-je l'emmener avec moi quand Jacques m'envoya soutenir notre petite *qéhila* de Césarée de la Mer. En ce temps-là, en effet, des Juifs de la Dispersion chassés de Rome par le César Claudius[2] rejoignaient les côtes de la Syrie et de la Judée, à Tyr ou à Césarée.

Ceux qui arrivaient ainsi avaient entendu parler du Messie des nazôréens. Mais le plus souvent, ce qu'ils connaissaient de nous n'était que sottises et mensonges. Nous avions craint les faux prophètes ? Nous aurions dû redouter les faux apôtres : des imposteurs qui se faisaient nourrir chez nos frères de la Diaspora tantôt au nom du Baptiste, tantôt au nom de Jésus[3].

1. Les Pères de l'Église indiquent, eux aussi, qu'il devint végétarien.

2. En 49-50, l'empereur Claude chassa les Juifs de Rome : selon Suétone, dès cette époque ils créaient des troubles « à l'instigation d'un certain Chrestos ».

3. Pérégrinos, peint par Lucien de Samosate au IIe siècle, est le type de ces faux missionnaires itinérants, parasites qui exploitaient la naïveté des premières Églises.

Leurs paroles n'étaient que des embûches pour verser le sang. À cause de ces loups déguisés en bergers, les Israélites de Rome avaient combattu entre eux, au sein des synagogues, pour la défense ou la condamnation d'une doctrine qui ne fut jamais la nôtre. Toute leur communauté s'en trouvait infectée. Cette terre empoisonnée où ne poussaient plus que des racines amères, il aurait fallu la labourer longtemps avant d'y ressemer. Mais le temps manquait…

C'était toujours ce que nous, nazôréens, disions dans nos assemblées : « Le temps presse »… Mais le temps nous manquait-il vraiment ? Nous avait-il jamais manqué ? Après la mort de Sara, et à mesure que mouraient l'un après l'autre tous ceux qui avaient accompagné notre Messie, je voyais disparaître, comme une buée dans la nuit, la génération à qui Jésus avait promis le Royaume…

Alors je me mis, moi aussi, à perdre l'espérance du Jour de Dieu. L'Esprit ne soufflait plus sur mon âme, j'étais dans la détresse et l'incrédulité, comme nos pères lorsqu'ils traversèrent le désert de l'Égypte.

J'en vins même à éprouver du dégoût pour ces Juifs romains qu'on m'avait chargé de ramener dans la Voie véritable. Ils m'apparaissaient pour ce qu'ils seraient devant Dieu : grands spectateurs de discours, diseurs de riens, et chevaucheurs de querelles. Je pensais dans mon cœur : « Les mouches mortes infectent le meilleur parfum… »

Bientôt, je fus en butte à leurs propos et entraîné dans leurs disputes. Ils ouvraient contre moi leur bouche et tenaient un langage qui n'était pas celui de la paix. Regrettant le temps d'Antioche où ma parole était accueillie comme une source bienfaisante, je regardais le soir, face à la mer, les nuages glisser dans le ciel comme les voiles d'une barque et j'aspirais à les suivre. Devenu pour moi-même un lieu âpre et désolé, je désirais me quitter.

Ce fut dans ce temps-là que je fis un songe. Je vis un serpent d'une grandeur extraordinaire. Il faisait entendre de puissants sifflements et me dit : « Reptile je suis, et fils de reptile, malfaisant, fils de malfaisant. C'est moi qui ai conversé avec Ève, poussé Caïn à tuer son frère, endurci le cœur de Pharaon, égaré votre peuple au désert, attaché Jésus sur le bois[1]. C'est à moi qu'a été donnée la puissance de ce monde, et maintenant je viens à toi, tu ne m'échapperas pas. »

Aussitôt, pris d'une angoisse mortelle, je délaissai mes méchantes brebis romaines et courus me réfugier auprès de Jacques. Je lui dis : « Pourquoi tant de nos frères meurent-ils sans avoir vu le Jour de Dieu ? J'attends le Royaume depuis si longtemps que j'en viens à écouter le Serpent ! Que le Seigneur me pardonne, mais son Élu ne s'est-il pas trompé en promettant à cette génération qu'elle verrait la fin de nos malheurs et de nos tribulations ? Les semaines, les années ont passé : les hommes restent dans le péché et ils ne sont pas jugés, ils meurent et ils ne sont pas ressuscités. »

Jacques ne s'irrita pas contre moi. Il soupira et demeura longtemps pensif, la tête entre les mains.

1. Rapprocher des *Actes de Thomas,* 32, apocryphe du IIe siècle.

Enfin, il me dit : « Ce monde est un grand mangeur de cadavres… Mais, pour ce qui est du Jour de Dieu, sache que Jésus ne nous a pas trompés : c'est nous, cœurs sans intelligence, qui n'avons pas compris. J'ai repassé bien des fois dans mon cœur ce que le Messie nous disait quand il parlait du Dernier Jour. Un soir, comme nous étions tous réunis autour de lui, il nous dit : "En vérité, parmi ceux qui sont ici, certains ne goûteront pas la mort avant de voir la Puissance de Dieu." Je crus, alors, que c'était le temps qu'il nous marquait pour l'avènement du Royaume. Mais après la mort de Jacques de Zébédée et de plusieurs des Douze, je compris que, par ces mots de « Puissance » et de « Règne de Dieu », il signifiait la résurrection de sa chair, et non pas le Jour du Seigneur. Car, sur ce Jour de colère et de gloire, ce Jour où il reviendra sur les nuées, notre Messie lui-même ne savait rien, il disait seulement : "Mettez la main à la charrue, creusez le sillon, labourez pour le Seigneur, et le reste vous sera donné par surcroît." Tel est en effet notre partage, Jude mon frère : tracer droit le chemin sans égard aux grêles et aux tempêtes, avancer dans ce monde obscur sans attendre d'y voir lever les sept soleils. Car, cette fois, le Serviteur ne reviendra pas dans trois jours… Il faut nous préparer à une longue nuit. Mais si nous gardons nos lampes allumées et notre ceinture sur les reins[1], sois certain que nos enfants, ou les enfants de nos enfants, verront l'aube. »

Le désespoir est pareil à la houle que le vent soulève, et je fus soulevé. Je m'écriai : « Mais moi ? Est-il

1. Il s'agit de rester en tenue de travail ou de voyage.

possible que je ne voie plus jamais mon bien-aimé ? Pourquoi ne s'est-il pas montré à moi quand il en avait le pouvoir ? Devrai-je, seul de tous ceux qui l'ont connu, partir pour le *Shéol* sans avoir contemplé une dernière fois sa face ? senti son souffle ? entendu ses paroles ?

— Quitte cet esprit d'envie ! me dit Jacques avec sévérité. N'est-ce pas devant toi que Jésus a dit : "Les derniers seront les premiers" ? Si, comme tu t'en plains, tu es aujourd'hui le dernier, ta place n'en sera que meilleure demain : au plus près de lui !... En attendant ce Jour béni, c'est auprès de moi que tu vas rester : tu écris vite, tu as lu les Prophètes, tu entends le grec, tu sais compter – tu seras mon *scriptor,* auquel je dicterai. Et pour commencer, enfant, je t'ordonne d'écrire toutes les paroles de Jésus dont tu te souviens, et surtout celles que tu as oubliées[1] : nous en donnerons la collection à nos missionnaires. Comment porteraient-ils la Parole s'ils ne la connaissent pas ? »

Ce fut dans ce temps que je commençai à rassembler les paroles du Messie, que les Grecs appellent des *logia.* Pierre n'osa plus m'en empêcher puisque j'obéissais à Jacques, et lui-même répondit de bonne grâce à mes questions. Et tous ceux qui, devenus des serviteurs de la Parole, avaient été, comme lui, des témoins du Messie firent de même pour moi.

1. Citations qu'il devra recueillir auprès des autres disciples survivants.

Ces *logia,* je les écrivis simplement et sans ordre, commençant par ce que j'avais entendu de mes oreilles, et poursuivant avec ce que je découvrais sur le témoignage des autres. Je n'y mis ni les lieux ni les temps. Quant aux paroles voilées et aux paraboles, je ne donnai pas leur signification. La plupart d'entre nous l'ignoraient en effet, et je ne la savais pas moi-même, car Jésus se plaisait aux énigmes et préférait nous laisser découvrir sa pensée.

Sur chaque ligne j'écrivis : «*Jésus a dit*», et la parole suivait. Puis venait une autre parole sur la ligne d'après. Quelquefois, si cette parole était une réponse, j'écrivais la question que les disciples avaient posée[1].

Pour commencer, j'écrivis une parole que tous avaient entendue, même moi : «Jésus a dit : Celui qui cherche trouvera, et à celui qui frappe, on ouvrira[2].»

Mais beaucoup des mots qui m'étaient rapportés n'avaient été entendus que d'un seul. Souvent, nous ne les comprenions plus et disputions entre nous pour savoir ce qu'ils signifiaient : «Jésus a dit : Là où est le commencement, là sera la fin», «Jésus a dit : Soulève la pierre, et tu me trouveras»; «Jésus a dit : Celui qui a connu le monde a trouvé le cadavre»; «Jésus a

---

1. Jude décrit ici l'un des recueils de *logia* qui précédèrent les récits évangéliques. Le type en est l'*Évangile de Thomas,* découvert en 1945. La «Source Q» des Évangiles (commune à Matthieu et à Luc) apparaît, elle aussi, comme un recueil de paroles sans rappel des circonstances ni explications, sans ordre logique ni chronologique.

2. *Marc, Matthieu, Luc,* et *Évangile de Thomas, logiôn* 92.

dit : Heureux le lion que l'homme mangera ! », « Jésus a dit : Si vous n'avez pas ceci en vous, ce que vous n'avez pas vous tuera[1]. »

Tandis que je faisais ces recherches exactes, je trouvai une parole que Jésus m'avait dite, mais que j'avais oubliée. Jean et Petit-Jacques, qui l'avaient aussi entendue de la bouche de l'Élu, me la répétèrent sans varier entre eux d'un mot : « Le monde nouveau que vous attendez est déjà là, mais vous ne le reconnaissez pas. »

N'était-ce pas déjà ce que notre mère m'enseignait quand je n'étais qu'un enfant ? Bien qu'elle aussi l'eût oublié après la résurrection de notre bien-aimé, elle avait su qu'il faudrait faire grandir en nous l'Esprit jusqu'à former les murs visibles du Royaume invisible. Ceux qui, comme Pierre, continuaient à promettre pour maintenant l'avènement de ce royaume avaient mal compris les paroles du Serviteur de Dieu. À cause de cette ignorance, nos convertis, mal instruits, étaient sur des charbons ardents et ils nous importunaient sans cesse de leurs questions : « Pourquoi le Dernier Jour n'arrive-t-il pas ? Où est le Royaume de la Promesse ? Hélas, notre Messie n'était pas véridique ! »

Désormais, nous avions le moyen de calmer leurs impatiences et de faire taire les calomnies de nos ennemis dans les synagogues. Ce moyen, c'étaient les soixante-dix *logia* de l'Élu du Seigneur : autant de flèches pour tuer le Serpent.

---

1. Toutes ces paroles figurent aussi dans la version copte de l'*Évangile de Thomas*.

Cependant, de toutes les paroles du Messie Jésus, l'une manquait toujours : celle qu'il m'avait dite lorsqu'il se tenait debout, nu et sanglant, devant le poteau de sa croix. Cette parole qu'il me répétait en vain, car mes oreilles ne l'entendaient pas, quel secret nous livrait-elle que, par ma faute, nous ne connaîtrions jamais ? Si j'étais resté à observer les lèvres de mon bien-aimé, si je ne l'avais pas abandonné, n'aurais-je pas fini par le comprendre ? Chaque fois que je resongeais à ces choses passées, mon cœur bondissait hors de sa place, mon visage se couvrait de honte : j'avais trahi la confiance de l'Élu et l'amour du Père, perdu la clé du Royaume… N'étais-je pas le plus indigne des disciples et le plus lâche des frères ? Jacques seul était le bon berger : la justice était la ceinture de ses flancs, et la fidélité la ceinture de ses reins.

En ce temps-là, notre Juste referma plus étroitement sa main sur les *qéhilas* de Jérusalem et de la Galilée, ainsi que sur l'Église de Césarée et celle de Pella, au-delà du Jourdain. Je l'assistais par mes lettres aussi bien que je le pouvais, et il n'y eut plus de réunion des Anciens de notre communauté où je ne fusse convié.

Nos frères d'Antioche, qui en ce temps marchaient unis sous la houlette de Pierre, nous écrivaient souvent[1], demandant à Jacques des conseils et des exhortations ; et ils nous instruisaient des missions qu'ils

1. Les relations entre Césarée de la Mer et Séleucie d'Antioche étaient fréquentes, la Judée étant rattachée à la Syrie sur le plan administratif et militaire.

envoyaient et des conversions qu'ils faisaient. À tous, Jacques, en accord avec Pierre, donnait maintenant avis d'accueillir dans leurs assemblées les Grecs qui gardaient leur prépuce[1], de les baptiser, mais de ne pas entrer dans leurs maisons ni manger avec eux tant qu'ils ne respecteraient pas tous les préceptes de la Loi. Ainsi que je l'avais moi-même fait à Antioche, nos communautés de la Diaspora établirent toutes des agapes séparées.

Dans ce même temps, José revint de la Phénicie, et Jacques le renvoya vers les Contrées-du-Chaos, avec mon fils Daniel et celle qu'il venait d'épouser. De là, les quatre allèrent à Damas, car José avait une lettre des marchands de pourpre qui sont dans la ville de Tyr pour les fabricants d'étoffes qui sont dans la cité de Damas.

De Paul, au commencement, personne n'avait de nouvelles, car c'était le temps où, sans lettre ni autorité pour transmettre le don de prophétie, il prêchait seul[2] les barbares de la Cappadoce et de la Galatie. Comment ces ignorants buveurs de bière qui n'adoraient que la « Grande Mère » pour laquelle ils s'émasculaient ou le « Cavalier Sauveur » qui chasse les dragons volants, auraient-ils pu se convertir – d'un coup – au *Monos Théos,* à la loi de Moïse, à la parole du Messie, et au Christ ressuscité ? Et de quelle manière auraient-ils prié l'Éternel, eux qui, fils de Caïn ou enfants d'Esaü, ne parlaient aucune langue humaine ?

1. Expression employée aussi dans les *Actes des Apôtres* 11, 3.
2. Sur place, Paul recruta tout de même des compagnons.

Nous ne sûmes quelque chose du petit homme qu'au moment où, quittant la province d'Asie, il fut quelques semaines dans la Macédoine, où on lui donna deux fois le fouet, puis à Athènes, d'où, parlant contre les statues et contre la philosophie, il sortit sous les rires.

Enfin il fut à Corinthe, où il trouva, chez des prosélytes venus de Rome, du pain et du travail dans un atelier de tapis. Ceux de l'*ekklesia* d'Antioche n'y apprirent sa présence qu'au moment où les Juifs de Corinthe le présentèrent devant le tribunal du proconsul à cause des troubles qu'il causait dans leur synagogue. Ces Juifs disaient : « Cet homme incite les gens à servir Dieu d'une manière contraire à notre Loi », mais le Romain ne voulut pas être juge de la Loi des Juifs et il les renvoya tous du tribunal. Alors quelques incirconcis qui suivaient Paul s'emparèrent du chef de la synagogue, et ils le battirent[1].

Nos frères d'Antioche apprirent avec tristesse les violences qui naissaient encore une fois sur les pas de Paul et les procès qu'il s'attirait en tous lieux. Or ces *christianoï* craignirent d'être un jour chassés de la Syrie par la faute de Paul, comme les Juifs de Rome l'avaient été de l'Italie à cause des troubles que causaient leurs divisions.

C'est pourquoi, lorsque Paul, fuyant Corinthe et la Grèce, revint à Antioche, ils lui demandèrent des comptes. Il fut, à son habitude, magnifique d'orgueil. Ne parlant ni de la Macédoine ni de l'Achaïe où peu de Juifs l'avaient écouté, il mit en avant des centaines

---

1. Voir aussi *Actes des Apôtres* 17, 12-17.

de conversions ignorées dans des pays inconnus[1]. « N'ai-je pas sujet de me glorifier en Jésus Christ ? dit-il. Car, ayant à cœur d'annoncer la Bonne Nouvelle là où Christ n'avait jamais été nommé, Dieu m'a fait la grâce d'amener ces païens à l'obéissance par ma parole et par mes actes[2]. » Et, profitant de l'absence de Pierre[3], il attaqua ceux qui avaient dénoncé sa mission. Il les accusa d'ignorer en toute chose la parole du Serviteur de Dieu, « car je m'étonne, dit-il, que vous contraigniez maintenant nos frères incirconcis à célébrer l'*agape* à des tables séparées. Y a-t-il donc de l'injustice en Dieu ? Ne sommes-nous pas tous frères en Christ ? »

Quand Pierre revint dans la ville, il trouva tous les baptisés à la même table, Juifs et païens. N'osant protester, il s'assit et mangea avec eux.

Quand Jacques apprit cette nouvelle affaire, il me dit : « Nous laisserons-nous troubler par cet homme de division, ce prêcheur de hargne et de grogne ? »

Inquiet de ce qui se passait dans la Syrie, il y envoya deux épiscopes, un hébreu, Jude dit *Justus,* frère de Yossi, notre piqueur de sycomores, et un helléniste, Silas, qu'on appelait *Sylvain.* Là-bas, ils trouvèrent

1. Les Églises que Paul disait avoir solidement fondées en Cappadoce, Galatie et Pisidie ne semblent avoir connu un grand développement qu'aux IVe et Ve siècles.

2. Rapprocher de l'*Épître aux Romains* 15, 14-18.

3. Pierre exerçait sans doute sa fonction d'inspecteur dans le reste de la province, où les Églises, « filles » de celle d'Antioche, s'étaient multipliées.

Pierre avec notre vieux Bar-Nabbas et Paul avec le jeune Tite.

Dès que les émissaires de Jacques furent dans la place, Paul, en présence de tous, se dressa contre Pierre avec véhémence, car, dit-il, Pierre se mettait dans son tort : « Avant que n'arrivent ici Justus et Sylvain que Jérusalem nous envoie, toi, Pierre, tu mangeais avec ceux des Nations. Mais maintenant que les surveillants de Jacques sont là, tu es dans la crainte. Alors, tu te dérobes, tu t'esquives, tu te tiens à l'écart, redoutant le jugement de Justus, de Sylvain et de tous ceux de la circoncision. Et voilà que Bar-Nabbas, à son tour, est entraîné dans ton hypocrisie ! Je dis que, tous les deux, vous ne marchez pas droit selon la vérité et la Parole : si toi, Pierre, qui es juif, tu as vécu et mangé à la grecque depuis ton retour dans la ville, comment peux-tu maintenant contraindre nos Grecs à judaïser[1] ? »

Ils disputèrent fortement entre eux et convinrent de s'en remettre à nous, les *ébionim* de Jérusalem, pour trancher leur différend. Pierre monta le premier. Paul vint après, avec Tite.

Le petit homme, bouillant comme l'eau dans la marmite, vit d'abord chacun de nos principaux en particulier pour exposer ce qu'il prêchait aux païens. Apôtres et Anciens le reçurent avec douceur. Et Tite, son compagnon, qui était grec, ne fut contraint par personne à la circoncision. Ensuite, une assemblée réunit la *qéhila*

---

1. Ce « conflit d'Antioche » est amplement relaté dans les *Actes des Apôtres* et l'*Épître aux Galates*. Mais les textes canoniques le placent tantôt avant le concile de Jérusalem, tantôt après. La date même du concile est incertaine : les historiens le placent soit en 48 (avant la mission de Paul en Anatolie), soit en 51.

autour de nos trois «colonnes», car Jean aussi était rentré dans la ville depuis la mort du roi. Quant à moi, j'étais là avec mon stylet et mes tablettes.

Paul avait un peu perdu de sa superbe : il était plus facile de prêcher les sauvages Galates que notre saint Conseil où, depuis vingt ans, étaient entrés plusieurs pharisiens très instruits que Jacques avait convertis. Le Tarsiote tremblait même si fort en entrant dans notre chambre haute que je ne pus m'empêcher d'en être touché.

Mais c'est avec fougue et en paroles précipitées qu'il commença à raconter ce que le Très-Haut avait fait pour lui et pour ses disciples Tite et Timothée, lesquels, lorsqu'il les rencontra, ne craignaient même pas Dieu[1]. Et, disant alors quels prodiges le Tout-Puissant avait accomplis avec eux et comment le Seigneur ouvrait maintenant aux païens la porte de la foi, il prit son envol : bientôt il plana loin au-dessus de nos flèches. Il disait : «Aucune chose n'est impure, hors pour celui qui la croit impure. En vérité, frères, toutes choses sont pures.»

Quelques-uns qui avaient été du parti des pharisiens se levèrent, irrités, et dirent qu'il fallait exiger des idolâtres convertis l'observation de la Loi de Moïse afin de n'être pas souillés par eux dans nos assemblées. Et Jean les appuya avec vigueur : «Quiconque va trop avant et ne demeure pas dans la doctrine du Messie Jésus est notre ennemi ! Amen, mes frères, tenons ferme contre ceux qui se disent juifs mais ne le sont

1. Païens, ils n'étaient même pas alors des sympathisants du judaïsme.

pas, ceux qui se disent apôtres mais ne le sont pas, car ils tendent des pièges aux fils d'Israël dans l'espérance qu'ils succomberont aux idoles ! »

Mais Paul leur résista. Traitant à son tour ses adversaires de fourbes et de « faux frères » introduits parmi les convertis pour épier la liberté qu'ils avaient en Jésus Christ, il dit : « Écoutez-moi, mes frères, car j'étais mort, étouffé par mes péchés, mais Christ m'a ressuscité ! Écoutez-moi, car ce n'est plus moi qui vis, c'est Christ qui vit en moi ! »

Beaucoup murmurèrent en entendant ces paroles, et certains s'écrièrent : « Si tu es toi-même le Messie ressuscité, comment pourrons-nous plaider contre toi, nous qui ne sommes que ses disciples ? »

La discussion commençait à s'enflammer, Pierre voulut éteindre le feu : « Dieu qui connaît les cœurs a parfois rendu témoignage à des païens en leur donnant le Saint-Esprit : je l'ai vu moi-même dans la Syrie. Dès lors, pourquoi démentir le choix du Seigneur en imposant à la nuque de ces païens un joug que nous-mêmes avons de la peine à porter ? »

L'assemblée frémit, s'échauffa, cria, car elle était divisée. Alors Jacques affermit sa voix : « Frères, évitons les disputes de mots qui ne servent qu'à la ruine de ceux qui écoutent. Dieu a choisi un peuple à son Nom parmi les fils d'Abraham et parmi les Nations. Ce peuple est fait d'adeptes de la Voie, les uns circoncis, les autres incirconcis. Je décrète[1]

1. Employé ainsi à la première personne, le verbe grec *krinô* a un sens juridique : c'est « je décrète », et non pas « je conseille » (comme on le traduit parfois à tort dans les *Actes*).

qu'on ne doit pas créer de difficultés excessives aux païens qui se convertissent en même temps à Dieu tout-puissant et à la voie de Jésus. Pour la nourriture, écrivons-leur de s'abstenir seulement des viandes sacrifiées aux faux dieux[1] et du sang[2]. Et qu'ils ne contractent pas d'unions incestueuses ou adultères au regard de notre Loi. Ainsi pourrons-nous, sans trembler, partager avec eux les tables, le pain, et l'*agape.* »

Les apôtres, les Anciens et les autres principaux de la *qéhila* approuvèrent tous ce qu'avait décidé Jacques. Et ils chargèrent nos émissaires d'une lettre que Jacques me dicta : « Les apôtres saluent les frères d'entre les païens qui sont à Antioche et dans la Syrie. Sachant que vous avez été ébranlés par les discours de quelques-uns, nous avons jugé à propos de choisir des délégués qui vous feront connaître notre avis. Il a paru bon à l'Esprit Saint et à nous-mêmes de ne vous imposer qu'une partie de ce qui est requis de vos frères juifs, de qui le Messie est issu selon la chair et auxquels appartiennent l'adoption, les alliances, la Loi et les promesses. Pour vous rendre dignes de manger avec ceux-là, qui sont vos aînés dans le Seigneur, voici : vous vous abstiendrez de la viande offerte aux idoles, des chairs étouffées et du sang. En évitant

1. Reliquat des sacrifices effectués dans les temples, qui, revendu par les bouchers, fournissait dans les villes l'essentiel de l'alimentation carnée.

2. Il s'agit de saigner à blanc les animaux, règle kashère essentielle.

cela, vous agirez bien. Adieu[1] ! » Ce décret serait lu dans toutes les assemblées avant l'*agape* du sabbat, et nos émissaires rappelleraient aussi à nos frères des Nations de ne pas oublier dans leurs charités les Pauvres de Jérusalem[2].

Justus et Sylvain reprirent la route deux jours après, emportant le décret des Anciens. Paul resta plus longtemps et vint vers moi, parce qu'il m'avait vu écrire sur une tablette pendant l'assemblée : « Es-tu devenu scribe ? Admire comme Dieu dispose de nous pour sa plus grande gloire : toi, simple *scriptor* de Jacques, moi, ambassadeur de Christ ! Car me voilà consacré par votre assemblée apôtre des païens, comme Pierre l'est des circoncis ! Tout, désormais, est établi, nos "colonnes" nous ont partagé la terre : à moi, l'helléniste, d'aller vers les païens, à vous, hébreux, les circoncis. »

En vérité, je n'avais rien entendu de tel... Et Pierre ? Depuis son évasion de la prison, Pierre ne prêchait-il pas aussi dans les Nations ?

---

1. Cette réunion, connue comme le « concile de Jérusalem », montre Pierre rejoignant finalement la position de Paul, tandis que plusieurs Anciens campaient sur des positions « judaïsantes ». Jacques choisit le compromis. Mais sa décision n'est pas présentée de la même façon dans *Actes* 15, 4-33, et dans l'*Épître aux Galates* 2, 1-10.

2. Il s'agit des collectes destinées non aux pauvres de la Judée dans leur ensemble, mais, d'abord, à l'entretien courant de la communauté des Pauvres *(ébionim)* de Jérusalem.

« C'est tout simple, poursuivit le petit homme. Celui qui veut attirer les cœurs à Christ Sauveur doit se faire juif avec les Juifs et païen avec les païens !

— Frère, n'est-ce pas là raisonner en Grec et pour les Grecs ?

— Ô Jude aux papyrus, Jude aux écritures, Jude au calame, Jude au stylet, petit Jude, tu es trop juif, comme tous ceux de ta famille ! Les yeux de ton cœur sont aveuglés : tu restes dans la soumission à la Loi et dans la crainte du Dieu d'Abraham. Tu n'as pas reçu cet esprit d'adoption par lequel nous crions : *Abba,* Père ! Viens avec moi et je t'enseignerai mes voies en Christ[1]. Alors tu sauras que nous ne sommes plus les fils d'Israël mais les enfants de Dieu, tous frères de son Fils premier-né. »

Déambulant d'un côté à l'autre de notre cour et discourant dans son langage toujours traversé d'éclairs, Paul m'annonça qu'avec Tite et Timothée, ses convertis les plus dévoués, il repartait pour Césarée : c'est en marchant le long de la côte avec ses disciples qu'il regagnerait Antioche ; car, ayant fait naufrage deux fois, il craignait les tempêtes de la Grande Mer et, plus encore, les mauvais pilotes[2]. « Chaque fois que je monte sur un bateau, me dit-il, je prononce le vœu d'abstinence[3]. Et j'évite les grandes traversées… Je

1. C'est l'expression de Paul *(I Corinthiens* 4, 17), qui reconnaît ainsi avoir créé une voie dans la Voie, une « secte » en marge de la « secte » judéo-chrétienne.

2. Paul, dans *Galates* 11, 25, parle de trois naufrages (avant celui de Malte).

3. Vœu de naziréat (que Paul prononça, notamment, en 56 ou 58).

préfère aller à pied, comme un pauvre marchand, en exhortant les habitants de toutes les villes où nous passons. Et ceux-là, si après mon passage ils n'aiment pas Christ, qu'ils soient anathèmes ! »

Il mit mon petit livret de *logia* dans sa besace en m'assurant qu'il ne le lirait pas : « Souviens-toi, frère, qu'il est écrit : *Qui donc a connu la pensée du Seigneur pour l'instruire ?* Ne sois pas trop présomptueux, imite-moi. »

En retournant ainsi à Antioche dans les pas de Pierre, Paul espérait être recommandé par son *ekklesia* pour une nouvelle mission en Asie. Cet espoir fut déçu. Cependant, il quitta presque aussitôt la Syrie, car il ne voulait pas obéir à Pierre. Il partit sans lettre, ni argent pour la route. « N'importe, m'avait-il dit, je tisserai des tentes ou des tapis, je ferai des ceintures, je tannerai des peaux, rien ne me rebute ! Ici, vous êtes persécutés, mais considérés : les lévites appellent ton frère le Juste. Moi, là-bas, chez les barbares, je serai méprisé comme un déchet, comme une pierre du désert[1] : Tite et moi nous aurons faim, nous aurons soif, nous serons nus, maltraités, vagabonds, et nous peinerons en travaillant de nos mains. Aux yeux de ceux que nous prêcherons, nous serons les ordures du monde… Pourtant Christ n'a-t-il pas ordonné, à ceux

---

1. Dans le désert, les voyageurs se nettoyaient avec des pierres après avoir fait leurs besoins (voir aussi dans le Coran) ; ces pierres souillées devenaient synonymes d'« ordures ».

qui annoncent la Parole, de vivre de la Parole[1] ? Et les prêtres de Jérusalem qui remplissent les fonctions sacrées ne sont-ils pas nourris par le Temple ? Moi, j'offre gratuitement l'évangile[2] sans user des droits que cet évangile me donnerait. Ne recevoir aucun salaire, voilà mon salaire !

— Frère, lui répondis-je, le Messie nous a dit aussi : "Donnez gratuitement ce que vous avez reçu gratuitement." C'est une parole que tu trouverais dans mon recueil, si tu le lisais… »

D'Antioche, il passa bientôt les portes de Cilicie[3] avec sa troupe de jeunes barbares et d'esclaves grecs ; et pendant longtemps, nos communautés ne surent plus rien d'eux.

---

1. Un des rares cas où Paul semble se référer à une parole de Jésus *(I Corinthiens* 9, 14).

2. En grec, *euangeliôn,* qui a donné «évangile», veut simplement dire «bonne nouvelle».

3. Défilé redouté qui séparait la Cilicie côtière de l'Anatolie.

CINQUIÈME LIVRE

Du juste opprimé il est écrit : *L'opprobre lui brise le cœur, ses ennemis mettent du fiel dans sa nourriture et ils l'abreuvent de vinaigre.*

Les foules de Jérusalem, elles aussi, étaient abreuvées de vinaigre et rassasiées d'outrages, même aux jours les plus sacrés : ainsi, le lendemain de la Pâque, un soldat de la cohorte monta sur un mur de la forteresse et, soulevant sa tunique, il eut l'insolence de montrer à nu, à tous les pèlerins, ce que la pudeur oblige le plus à cacher... Ce sacrilège jeta le peuple dans une grande émotion. Beaucoup crièrent que le soldat agissait ainsi sur l'ordre du préfet Cumanus.

Si la chose était vraie, je ne sais. Mais Cumanus fit aussitôt descendre dans le Temple toutes les troupes de l'Antonia, et la foule, épouvantée de voir au milieu d'elle tant de soldats, se crut menacée ; elle s'engouffra dans les escaliers et les ruelles encombrées ; et elle s'y pressa tant, que des milliers de pèlerins périrent étouffés[1].

Ainsi la joie des Azymes fut-elle convertie en désolation ; on abandonna les sacrifices, et partout, sur la

1. Flavius Josèphe *(Les Antiquités judaïques,* Livre 20) place l'événement plus tôt.

terre d'Israël, ce ne furent que plaintes et lamentations, comme une mère qui pleure son enfant.

Or nos gémissements redoublèrent quand, dans une maison, un légionnaire syrien trouva les livres de Moïse et les déchira devant le peuple en proférant des insultes. Tous les habitants de Jérusalem couvrirent leur tête de cendres.

Et plus jamais ils ne quittèrent le sac du deuil, car chaque occasion devenait maintenant un prétexte pour les humilier. Ainsi, des pèlerins galiléens étant allés brûler un village de la Samarie où on les avait attaqués, le préfet romain ne châtia pas les Samaritains hypocrites, mais seulement les Galiléens vengeurs. Aussitôt, émus pour leurs frères de Galilée, les Judéens en appelèrent au gouverneur de Syrie contre ce préfet qui n'avait pas d'égards pour l'équité et qui laissait les Samaritains se répandre en outrages tandis qu'il jetait au cachot les vrais Israélites.

Le gouverneur vint alors dans le pays avec ses cavaliers et il monta sur son tribunal. Et, disant « Je mets tous les plaideurs d'accord », il fit aussitôt crucifier les captifs galiléens et envoya prisonniers à Rome les chefs des Judéens comme ceux des Samaritains, et le Grand Prêtre avec le préfet lui-même : tous ensemble ! Comme autant de bêtes sauvages prises dans un seul filet… Et notre peuple indigné disait : « Vraiment, il ne faut plus demander justice aux tribunaux des Nations ! »

Famines et ravages, brigandages et pillages, crucifixions, lapidations, assassinats, incendies, massacres :

sur la terre de la Promesse, avec tous nos frères hébreux de cette génération, nous souffrions, sous le joug de « Babylone », mille morts que nos frères de la Diaspora ne connaissaient pas.

Pour nous, Pauvres de Jérusalem, la douleur était d'autant plus vive que les patriotes[1], dont certains avaient été autrefois des compagnons de Jésus et des amis de José, nous accusaient maintenant d'être du parti des païens. Car ils n'ignoraient pas que, dans notre Voie, les hellénistes recevaient des sans-Loi. Aussi, faute de pouvoir marcher contre les hérodiens du Temple et du palais que protégeaient les soldats de César, se tournaient-ils contre nous chaque fois que la famine sévissait ou que les Romains réprimaient notre peuple avec cruauté. Et ils disaient : « Nazôréens, n'êtes-vous pas souillés par les mangeurs de porc que vous accueillez dans vos assemblées ? Votre faux prophète ne vous a-t-il pas pressés de payer l'injuste impôt au César ? Et n'y a-t-il pas parmi vous des fils d'Israël qui, dans les Nations, prêchent l'obéissance aux Romains en assurant que leur pouvoir vient de Dieu ? »

« Ce dernier trait vise Paul, me dit Jacques. N'est-il pas fier d'être citoyen romain ? Un jour où je contestais avec lui au sujet d'un zélote blessé que nous avions caché, il me dit : "Les rebelles attireront la condamnation sur eux-mêmes. Quiconque se révolte contre les magistrats et contre l'autorité se révolte contre l'ordre voulu par le Père[2]." Or comment nos frères opprimés

1. Les zélotes.

2. Voir aussi *Paul, Épître aux Romains* 13.

pourraient-ils entendre un tel discours sans grincer des dents ? Jude mon frère, je suis dans la crainte. Jésus ne nous disait-il pas : “Je vous envoie comme des brebis au milieu des loups” ? Nous, les Pauvres de Jérusalem, savons bien, en effet, que nous vivons parmi les loups : les Romains, les sadducéens, les Hérodes, les zélotes, tous n'ont qu'un désir – se jeter sur nous ! Mais le pire, c'est que nous avons introduit dans notre bergerie des loups d'une autre espèce, des loups déguisés en agneaux et qui excitent les premiers... Des loups du dehors ou de ceux du dedans, lesquels nous dévoreront les premiers ? Mon frère, je suis fatigué de ménager les uns et les autres pour protéger notre petit troupeau. Je ne vois plus de signes, je n'entends plus de voix, j'enfonce dans la boue. Mon espérance est descendue au séjour des morts ! Ô Seigneur, rends nos ennemis pareils au chaume que le vent balaie, viens à notre secours ! Jésus, aide-moi, sans toi je suis orphelin ! Accours ! Maintenant ! De nos jours ! »

Ce fut vers ce temps-là que notre *qéhila* cessa d'envoyer des missions dans les Nations : les émissaires de la Voie partaient plutôt d'Antioche ou d'Alexandrie. Mais parfois l'un de nos Anciens allait comme *épiscope* visiter au loin l'une des nouvelles communautés, et il emportait dans sa ceinture une lettre de Jacques.

Ainsi Pierre quitta-t-il Antioche pour Corinthe, voulant ensuite se rendre avec Sylvain dans la ville de Rome où, depuis la mort du César Claudius, les Juifs commençaient à rentrer : le nouveau César n'était encore qu'un enfant, et nos frères romains espéraient beaucoup de sa douceur et de son discernement[1].

Jean partit aussi, nommé *épiscope* pour la ville d'Éphèse qui est sur la mer d'Ionie. Et mon fils Yeshua s'embarqua pour notre communauté de Cyrène, ville où il avait passé son enfance. En vérité, tous les jeunes gens de cette génération désiraient partir, car personne ne voulait plus respirer l'air de la Judée : les Israélites y mangeaient la poussière et y buvaient leurs larmes ; les soldats de « Babylone » leur brisaient les dents et les hommes-poignards les assassinaient comme ils voulaient[2]. Ce fut alors que mon fils Daniel s'établit dans la Syrie, à Kokhaba près de Damas, où il devint d'abord métayer, puis intendant, sur les domaines d'un riche adepte de la voie du Messie : cet homme de bien était le neveu du vieux pharisien qui m'avait autrefois accueilli avec Jésus dans sa maison.

Quant à moi, je restai à Jérusalem avec Tabitha, afin de soutenir Jacques que les inquiétudes accablaient et qui vivait dans une perpétuelle alarme.

Un jour, mon frère me fit briser le sceau d'un rouleau qu'un marchand de Rhodes venait de lui remettre : c'était une lettre d'Éphèse dictée par Jean, qui accusait Paul. Tous deux s'étaient trouvés

1. Néron, alors âgé de dix-sept ans, fut d'abord très populaire dans l'Empire.

2. Les sicaires, branche terroriste des zélotes, poignardaient dans la foule les Juifs qu'ils considéraient comme des « amis » des occupants ou des adversaires politiques.

ensemble à la synagogue de la ville, Jean venant de la Judée par la mer, Paul venant à pied d'Apamée qui est dans la Phrygie.

L'*ekklesia* d'Éphèse avait été formée peu avant par un Juif d'Alexandrie nommé Apollos. Apollos enseignait avec zèle tout ce qui concernait Jésus, et il avait baptisé six familles qui formaient toute la communauté. Paul commença par demander à ces frères s'ils étaient baptisés par l'Esprit Saint. Ils dirent qu'ils n'avaient jamais entendu parler d'Esprit Saint et qu'ils étaient baptisés par l'eau. Paul poussa des cris : « Ce n'est que le baptême de Jean ! », et il les persuada de se laisser imposer les mains au nom de Jésus pour devenir capables de prophétiser par l'Esprit. Puis, avec les convertis qui lui appartenaient[1] et avec Tite, son serviteur galate, il entra dans la synagogue où, plusieurs fois, il parla librement du royaume de Dieu. Les Juifs de la Diaspora le laissèrent les entretenir de Jésus et démontrer par les Écritures qu'il était le Messie.

Mais ils furent scandalisés quand Paul en vint à appeler Jésus « Seigneur[2] ». Les docteurs de la synagogue protestèrent en disant : « Dieu seul est Seigneur ! » Un autre jour, Paul s'écria : « La Loi n'était qu'un *pédagogue*[3] pour nous conduire à Christ. Maintenant que Christ est venu, les œuvres sont vaines, il n'y a plus d'autre loi que la foi, la Loi est morte ! » Alors les

1. C'est la propre expression de Paul *(I Corinthiens* 10).

2. Le titre de « Seigneur » employé par Paul s'adresse à l'Incarnation et n'est pas réductible au « Seigneur » (« Maître ») dont avaient usé les disciples avec Jésus.

3. En grec dans le texte : serviteur chargé de surveiller les enfants.

Israélites d'Éphèse entrèrent dans une grande colère. Et ils le chassèrent en crachant de dégoût.

Aussitôt, pour les narguer, Paul loua une école près de la synagogue et, tous les soirs, il y parla pour ses adeptes et pour tous ceux qui entraient. Une prosélyte romaine, marchande de pourpre, et un marchand de tissus, venu de Corinthe, fournissaient à la dépense.

Or quand Jean, arrivant à Éphèse après Paul, voulut parler dans la synagogue des Juifs, tous se dressèrent contre lui et le jetèrent dehors en criant : « Anathème, anathème, chassons-le ! »

C'est pourquoi, dans sa lettre, le fils de Zébédée demandait à Jacques : « Par quelle autorité Paul, qui ne craint pas de se présenter comme notre envoyé pour les sans-Loi, va-t-il exhorter les fils d'Israël dans leurs synagogues ? La place d'un apôtre des païens n'est-elle pas plutôt sur l'*agora,* ou devant la Diane des Éphésiens, cette image muette que des impies venus de partout adorent toute l'année dans son temple ? D'où vient que ce Tarsiote ose proclamer aux fils d'Abraham convertis à notre Voie que le Messie a aboli la Loi ? qu'il n'y a plus ni fêtes ni sabbats ? qu'il nous faut manger tout ce qui se vend au marché ? que nous ne sommes plus le peuple de la Promesse ? Est-ce donc là ce que Jésus nous a enseigné ?... Par le Messie d'Israël, je t'en conjure : demande à l'Église d'Antioche de rappeler à elle ce furieux. Ordonne à Pierre de l'envoyer prêcher les poissons ou porter sa parole aux fourmis, aux lézards, aux rats ! Mais, par pitié, qu'il disparaisse de cette ville ! Écris à Bar-Nabbas ! Étends ton bras ! Envoie Jude ! Envoie Sylvain ! Envoie Marc ! Car si cet imposteur reste à Éphèse, c'est moi, moi l'un des Douze, que les convertis de ce faux apôtre finiront par chasser ! Viens à mon secours, frère : que ce menteur boive le vin de ta colère ! Ou, si toi tu n'entends pas ma plainte, que le châtiment du Seigneur tombe sur l'apostat ! Que la ruine fonde sur l'*homme ennemi*[1] ! Que le feu du ciel le consume jusqu'aux pieds ! Amen ! »

Jean n'avait pas écrit la lettre lui-même. Ce n'étaient pas ses mots, mais c'était bien sa fureur – celle du fils du Tonnerre, à qui Jésus devait souvent répéter : « Ceux qui ne sont pas contre nous sont avec nous. »

Ayant écouté la lettre, Jacques fut dans l'abattement, puis, relevant la tête, il dit : « Des insensés, il est écrit : *Leur langue se promène sur toute la terre.* Ce Paul de Tarse, qui aime tant à parler des gens qu'il n'a pas connus et des choses qu'il ignore, est une épine dans mon cœur… Pour nous, Pauvres de Jérusalem, son gosier devient un sépulcre ouvert. Car si ceux du Temple apprennent ce qu'au nom du Messie Jésus il dit dans les synagogues de la Dispersion, ils nous menaceront, ils nous assiégeront, ils nous tueront : aux yeux de tous – pharisiens, esséniens, zélotes, sadducéens –, ne serons-nous pas des renégats et des *mînim*[2] ? Le Tarsiote nous expose à la mort pendant que lui, dans les Nations, ne risque rien de plus que les trente-neuf coups… Cependant, même ainsi, je ne puis lui donner d'ordres, car il n'obéit à personne. Je ferai seulement une lettre à nos communautés d'Asie

---

1. Cette expression, qu'on retrouve aussi dans certains apocryphes et dans le rituel dit « des *ébionim* », désigne Paul.

2. En araméen, « espèces » et, par extension, « hérétiques ».

et de Syrie pour les mettre en garde contre la doctrine du petit homme. J'y parlerai aussi de cette "justification par la foi" dont il s'est fait le défenseur contre les œuvres des fils d'Abraham. Mais je resterai dans la douceur, loin du zèle amer et de l'esprit de dispute de notre frère Jean. Jésus n'attend pas de moi que j'excite les querelles et les cabales : la sagesse d'en haut, qui doit être la nôtre, est pacifique, modérée, et le Jugement sera sans miséricorde pour qui n'aura pas fait miséricorde[1]. »

J'écrivis alors ce que Jacques me dit. Puis je commençai à traduire sa lettre dans la langue des Nations pour l'envoyer à nos douze tribus de la Dispersion[2]. Mais comme Hermogène, un frère helléniste qui appartenait à la maison de la reine Bérénice, venait en ce temps-là dans notre maison, il mit la lettre dans un langage plus noble.

Et voici ce que Jacques écrivait : « Mes frères, que sert-il à quelqu'un de dire qu'il a la foi, s'il n'a pas les œuvres ? Si un frère et une sœur sont nus et manquent de la nourriture de chaque jour, et que l'un d'entre vous leur dise : "Allez en paix et mangez bien, chauffez-vous !" sans leur donner ce qui est nécessaire à leur corps, à quoi cela sert-il ? Ainsi en est-il de la foi : si elle n'a pas les œuvres, elle est inutile. Quelqu'un dira : "Toi tu as les œuvres, moi j'ai la foi." Je dis : "Montre-moi ta foi sans les œuvres, et moi je te montrerai la foi *par* mes œuvres." Mes frères, Jésus nous a dit : "C'est aux

1. Voir *Épître de Jacques* 2, 13.

2. C'est l'en-tête de l'*Épitre de Jacques* destinée aux judéo-chrétiens de la Diaspora.

fruits qu'on juge l'arbre." Comme le corps sans esprit est mort, la foi sans les œuvres est morte[1]. »

Dans ces jours-là, on célébra à Jérusalem la fête de la Dédicace sous le regard d'un nouveau roi : Hérode Agrippa le Jeune, fils du petit-fils d'Hérode le Cruel. Le nouveau César de Rome avait rendu à ce jeune prince son titre de roi et lui avait donné autorité sur le Grand Prêtre.

Mais ce roi ne tarda pas à être aussi déconsidéré que le Souverain Sacrificateur lui-même ; car, à Jérusalem, il fit aussitôt ajouter à son palais un appartement élevé pour voir dans l'intérieur du sanctuaire jusqu'aux lieux les plus secrets, et les prêtres furent scandalisés.

Il se livrait aussi à la débauche, entretenant avec sa sœur Bérénice, deux fois veuve, un commerce infâme. Tous deux vivaient dans le luxe et les parfums, alors que [...]

Le codex présente ici un feuillet très altéré (où l'on ne peut déchiffrer que les mots Galatie *et* Éphèse*). Manquent ensuite plusieurs feuillets. Voici, résumés, les événements auxquels faisait probablement allusion la partie manquante.*

---

1. *Épître de Jacques* 2, 14-26. Ce débat sur la foi et les œuvres, qui opposa Paul à Jacques, alimentera plus tard la querelle entre protestants et catholiques. Par « œuvres », il faut certes entendre « rites religieux », mais l'exemple donné ici par Jacques montre bien qu'il s'agit aussi d'« actes charitables ».

Les communautés de Jérusalem et d'Antioche envoyèrent des contre-missions en Anatolie pour rétablir l'orthodoxie judaïsante partout où Paul avait prêché. À Corinthe, l'Égyptien Apollos, puis Pierre, reprirent en main la communauté paulinienne. Paul, en effet, n'avait ni respecté ni fait respecter le compromis conclu après le « concile de Jérusalem ». En rupture avec l'accord passé, il expliquait même à ses convertis qu'ils pouvaient consommer la viande des sacrifices païens.

Quand Paul apprit l'existence de contre-missions lancées sur ses traces, il s'indigna et expédia à toutes ses Églises des lettres violentes. Mais les émissaires qu'il envoya à Corinthe furent mal reçus des convertis, ramenés par Pierre dans l'orthodoxie.

Or, à Éphèse, les choses ne tournaient pas mieux pour Paul : emprisonné par les Romains, il venait à peine d'être relâché quand deux de ses compagnons furent violemment pris à partie par des orfèvres locaux. Ces hommes qui vendaient des temples de Diane en réduction craignaient de voir leur commerce péricliter si des prédicateurs continuaient à exhorter les pèlerins à n'adorer qu'un seul Dieu... Paul, qui s'était caché pendant l'émeute, partit en hâte, puis passa l'hiver à Corinthe pour reprendre ses troupes en main et organiser une collecte au profit des Pauvres de Jérusalem : sur ce point aussi, il semble qu'il avait manqué à ses obligations.

Tout en exhortant ses partisans à se montrer généreux envers l'Église « mère », il ne put s'empêcher d'adresser une longue lettre doctrinale aux chrétiens romains. Lui qui n'avait su s'imposer à aucune communauté judéo-chrétienne d'importance (Damas,

Jérusalem, Antioche), et dont les Églises anatoliennes n'étaient pas encore solides, il osait maintenant prêcher les fidèles d'une communauté qu'il n'avait pas fondée, dans une ville qu'il ne connaissait pas, et alors même que Pierre et Sylvain, eux, étaient déjà sur place…

Se comportant ainsi en chef absolu de la «voie de Jésus», il semblait craindre, cependant, la réaction de Jacques. Pouvait-il, en effet, espérer sérieusement que les Judéens ne seraient pas informés des brûlots épistolaires qu'il lançait contre eux? ou que l'ampleur de sa collecte suffirait à calmer leur rancœur?

[…] «“Fils de Dieu?”, est-ce là ce qu'il a écrit? Que nous avons été réconciliés avec Dieu “par la mort de son Fils”? Mais qu'entend-il par *fils*? Jésus est-il “Fils de Dieu” comme l'Apollon des Grecs est fils de Jupiter? Le croit-il né de l'union de l'Éternel avec une mortelle? Et as-tu jamais entendu notre bien-aimé dire qu'il était fils de Dieu autrement que ne le sont tous les hommes, créatures du Seigneur? Ceux qui sont conduits par l'Esprit sont tous “fils de Dieu”, mais un seul est Messie : voilà ce que Paul devrait prêcher!»

Je dis : «Mon frère, ne querelle pas là-dessus le petit homme. J'ai vu, à Cyrène et à Antioche, que les païens qui nous écoutent comprennent mal ce mot de *Messie* : ils disent “Jésus-Messie” comme si c'était un seul et même nom. Les Grecs ne comprennent pas non plus ce que nous, enfants d'Israël, entendons par “Fils de l'homme” car ils ne connaissent pas les oracles de notre prophète Daniel : pour leur interpréter ce “Fils de l'homme" qui viendra s'asseoir auprès de « l'Ancien des Jours », Paul leur a peut-être dit "Fils de Dieu" ?

— Mais comment nos nazôréens, eux, prendront-ils cette parole de Paul ? Vont-ils nous demander si Dieu a un fils, une fille, une femme, des cousins ? Et les juges du Sanhédrin ? Ne diront-ils pas que nous sommes des idolâtres ? Et les zélotes ? Hélas, mon frère, nos ennemis sont plus nombreux que les cheveux de ma tête ! Quant aux autres habitants de la ville, comment vont-ils recevoir ce que le Tarsiote écrit des Juifs ? Relis-moi ces mots-là.

— Voici ce qu'il écrit : "Ne vous laissez pas mettre sous le joug de la servitude ! Ceux qui s'attachent aux œuvres de la Loi sont maudits !" Dans un autre endroit, il nous appelle, nous ses frères judaïsants, "les mutilés", "les coupés" et les "faux circoncis", car les vrais circoncis, selon lui, ne le sont qu'en esprit et il invite nos émissaires, ces chiens, à se châtrer tout à fait[1]...

— Il devra s'en justifier. Espérons que ces choses ne se trouveront pas de sa main ! Prions et faisons prier pour que nos frères le jugent irréprochable et qu'il accomplisse ici des œuvres qui feront taire la calomnie. »

Mais tandis que Paul venait vers nous, rassemblant dans la Macédoine et dans l'Asie l'argent de sa collecte pour les saints de Jérusalem, il ne put s'empêcher

1. La plupart des traductions édulcorent ces passages *(Épître aux Philippiens* 3, 2 et *Épître aux Galates* 5, 12), mais le texte est bien : « Qu'ils se châtrent tout à fait, ceux qui sèment le trouble parmi vous ! »

de retourner se vautrer dans son bourbier, comme fait la truie lavée : il écrivit à ses communautés de la Cappadoce des lettres encore plus violentes que les premières. Cependant, nous ne le sûmes pas dans ce temps-là, car peu des nôtres passaient alors par ces pays sauvages.

Pourtant, le petit homme feignait de n'approcher de la terre d'Israël qu'en tremblant. Partout, il implorait les frères de la Dispersion de prier, afin qu'il pût annoncer la conversion des païens avant que les « incrédules de la Judée » ou les tempêtes de la mer ne l'eussent mis en pièces. Il avait aussi prononcé le vœu d'abstinence et ne se coupait plus les cheveux. « À chaque ville, disait-il aux disciples qui l'attendaient dans les ports, l'Esprit Saint m'avertit que des tribulations m'attendent. Mais je ne fais aucun cas de ma vie », et tous, fondant en larmes, se jetaient à son cou, affligés parce qu'il leur disait qu'ils ne verraient plus son visage[1]. Beaucoup l'imploraient alors de ne pas monter à Jérusalem, et ils s'efforçaient de le retenir parmi eux, léchant la poussière de ses pieds et gardant jusqu'à des linges qui avaient touché son corps pour les appliquer ensuite sur leurs malades.

Cependant Paul ne pouvait s'attarder dans ces ports, car, avec Aristarque de Thessalonique, Timothée de Galatie, Tychique de Troas et Trophime d'Éphèse, tous des païens qu'il avait convertis, il transportait l'or de la collecte. Pressées par lui, ses communautés avaient donné cet or en telle abondance qu'il pesait lourd dans leurs besaces et leurs

1. Rapprocher des *Actes des Apôtres* 20 (23 et 36-38) et 21 (4-6).

ceintures. Aussi, craignant les voleurs et les assassins, ces voyageurs ne restaient-ils jamais longtemps dans le même lieu. Dès que Paul avait retrouvé un navire, les *christianoï,* femmes et enfants compris, l'accompagnaient au-delà des Portes et ils s'agenouillaient sur le rivage pour prier tandis qu'il montait à bord avec ses disciples.

Ce fut là son voyage, tel qu'il le raconta à Philippe l'helléniste dans le temps où il arriva chez lui à Césarée : depuis le jour où il avait quitté Corinthe, il y avait sept mois écoulés. Or il demeura encore sept jours à Césarée avec Philippe et ses quatre filles. Et l'une des filles, que personne ne surpassait en sainteté, se mit à pleurer et, en pleurant, elle prophétisa que Paul serait lié dans la ville sainte et qu'on le livrerait aux païens. Mais Paul dit : « Je suis prêt à mourir à Jérusalem pour le Seigneur Jésus. »

Cependant il ne mourut ni à Jérusalem ni en ce temps-là. Jacques le Juste lui fit même bon visage et le reçut dans notre maison avec tous les Anciens – dont beaucoup pourtant, ayant entendu des nouvelles de cet « homme ennemi » par les pèlerins d'Asie, commençaient à murmurer. J'étais assis à côté du Rempart du peuple, de mon frère José et de notre petit-neveu Siméon, cet orphelin que notre mère nous avait recommandé. Il avait maintenant seize ans et je le prenais avec moi pour lui enseigner le gouvernement d'une *qéhila.*

Paul nous raconta tout ce qu'il avait fait au milieu des païens et comment Dieu l'avait glorifié dans son ministère en lui permettant d'accomplir beaucoup de conversions. Mais il ne parla pas des lettres qu'il avait envoyées contre nos émissaires, ni de ce qu'il enseignait dans ses assemblées. Avec lui, nous rendîmes grâce à Dieu.

Puis Jacques dit : « Apprends, frère, que, dans la Judée et la Galilée, des milliers d'enfants d'Abraham ont cru aussi dans notre Messie Jésus, et ils sont devenus nos adeptes. Mais, même ainsi, ils restent zélés pour la Loi. Or ils ont appris les bruits qui courent à ton sujet : aux Juifs qui vivent parmi les païens tu enseignerais à oublier Moïse, tu leur donnerais avis de ne plus circoncire leurs enfants et de ne plus suivre les règles de la Loi. Tu leur dirais : "Le Seigneur a détruit la Loi, vous êtes libres !" Qui est ce *Seigneur* auquel tu obéis ? Le Messie n'est pas Seigneur : lorsque toutes choses lui auront été soumises, il sera soumis lui-même à Celui qui a soumis toutes choses. Et notre bien-aimé a-t-il dit qu'il voulait détruire la Loi ? Loin de là ! Comme nous l'avons nous-mêmes entendu, il a dit : "Je ne suis pas venu pour abolir la Loi, mais pour l'accomplir"... D'après les rumeurs répandues par les voyageurs, tu dirais aussi aux Israélites de la Dispersion : "Vous n'êtes plus les héritiers uniques de la Promesse. Car, pour Dieu, il n'y a plus ni Juifs ni Grecs." Certes aucun homme, Israélite ou païen, ne peut se dire sans péché et maintenant la parole du salut s'adresse aux pécheurs de toutes les tribus, tous les peuples, toutes les Nations : Jésus Béni me le révèle peu à peu. Mais te rappelles-tu ce que nous avions décidé il y a sept ans, quand tu as eu cette querelle avec Pierre à Antioche ? Les Juifs de notre

Voie renonceraient à exiger la circoncision des païens convertis, et les païens convertis se soumettraient à certaines règles des Juifs pour partager leurs repas. Comme tu l'avais toi-même prononcé, chacun resterait dans la condition où l'annonce du Messie l'avait trouvé : au Jour de Dieu, ceux qui auraient péché sans la Loi seraient jugés sans la Loi et ceux qui auraient péché sous la Loi seraient jugés par la Loi… Se peut-il, frère, que tu n'aies pas respecté les règles de ce décret ? Que tu aies poussé des Juifs d'Éphèse ou de Galatie à se comporter en païens ? Quant à moi, je ne crois pas que tu aies commis pareille iniquité, mais voici : nos adeptes les plus ardents pour la Loi savent que tu es ici, et d'autres Juifs qui ne sont pas de notre Voie le sauront aussi et ils se rassembleront, tu seras pour eux une occasion de chute et, pour nous, un péril de mort. C'est pourquoi tu vas faire ce que nous t'ordonnons : il y a ici quatre hommes indigents qui, comme toi, sont tenus par le vœu. Prends-les avec toi, monte au Temple, accomplis les sept jours de purification en même temps qu'eux, et charge-toi de leurs dépenses afin qu'ils puissent se raser la tête. Ainsi, tous sauront que ce qu'on entend sur ton compte est faux et que tu respectes, toi aussi, nos traditions et notre Loi[1]. »

De la collecte, il ne fut même pas question, et j'ignore ce qu'il en advint.

Dans l'instant, Paul souscrivit à tout avec humilité ; il prit nos quatre adeptes, entra dans le Temple dès le lendemain et retint la date pour présenter l'offrande

---

1. Rapprocher ce discours des *Actes des Apôtres* 21, 20-25 et de l'*Épître aux Romains* 2, 12.

au nom de tous. José me dit en riant : « Il est comme la femme adultère, qui mange, s'essuie la bouche, et dit : "Je n'ai rien fait de mal"... »

Pendant les sept jours de la purification, le petit homme demeura avec ses disciples chez Mnason, un Chypriote qui appartenait à la communauté de Césarée. Certains soirs, j'allais chez Mnason voir l'« apôtre des païens », car, jusque dans son apparente obéissance à Jacques, il m'étonnait. Or j'aimais toujours, malgré moi, à être étonné par lui.

Il dormait alors dans une petite chambre haute où il n'y avait qu'un lit, un escabeau et un chandelier. Et voici : je m'asseyais sur l'escabeau, il montait sur le lit, s'y posait en scribe, les jambes croisées, et il se mettait à parler. Il me parlait d'abondance et de la même façon qu'autrefois – comme si je n'étais pas le frère de Jacques, comme si je ne pouvais pas répéter ce qu'il disait, comme si je ne connaissais pas ses méchantes lettres. « Jusqu'à quand seras-tu lent de cœur, petit Jude au stylet ? Voici que tes cheveux commencent à blanchir. Et tes jours ne seront pas aussi longs que ceux de l'olivier... Écoute ma voix, et ouvre grand les yeux de ton cœur : certes, tu commets peu de péchés ; tu n'as en toi ni ruse, ni rébellion, ni envie ; tu es lent à la colère, prompt au pardon ; et tu ne te glorifies jamais de tes actes. Mais, malheureux serviteur, toutes ces belles qualités sont sans force ! Christ notre Seigneur te préférerait plus fou, plus ardent, ivre de lui comme ceux qui s'attardent auprès du vin – et tant pis si tu succombais plus souvent : où le péché abonde, la grâce surabonde ! »

Alors je dis : « Homme de Tarse, tu peins Jésus à ta ressemblance, mais il ne te ressemblait pas. Lui n'était pas “tout à tous” mais tout à Dieu, et il n’y avait dans son cœur ni balancement ni ombre. Il aimait à prononcer cette parole que Jacques a transmise à notre *qéhila* : “Que votre oui soit oui, que votre non soit non, afin que vous ne tombiez pas dans l’hypocrisie[1].” Es-tu sûr que ces “oui”, que tu dis si volontiers à Jacques le Juste lorsque tu viens chez nous, soient aussi fermes que notre Messie l’exigeait ? »

Mais aussitôt je me reprochai ces paroles : Jésus ne disait-il pas : « Tu as vu ton frère, tu as vu Dieu » ? Or voyant Paul, qui voyait Jésus, parfois j’avais vu Dieu. Car, si grandes que fussent les fautes du Tarsiote, il avait en lui la lumière du Seigneur : un feu, une vivacité qui me faisaient désirer de le croire, même quand il restait pour moi une pierre d’achoppement, un objet de scandale.

Ce jour-là, qui fut le dernier où je l’entendis, Paul me dit : « Jude, que ton cœur ne s’aigrisse pas contre moi ! Je te parle comme à mes enfants convertis, mais je ne veux pas te causer de tristesse : je suis à Christ, et toi aussi. En se révélant à moi, Christ m’a dit : “Ma puissance donnera toute sa mesure dans ta faiblesse.” Aie foi, Jude, il en sera de même pour toi... Voici encore, dit-il en s’exaltant, il y a seize années, comme je me trouvais en Lycaonie lapidé par des impies et souffrant dans ma chair, je fus enlevé jusqu’au troisième ciel – était-ce dans mon corps ? était-ce hors de mon corps ? je ne sais –, et j’entendis alors des paroles qu’il ne m’est pas permis de redire ici, mais dont, certes, j’aurais pu me glorifier ! Car ces révélations

1. Voir *Épître de Jacques* 5, 12.

étaient merveilleuses. Vois : depuis ce moment je porte même sur mon corps les marques de Jésus – que personne, frère, ne me cause de tourments, car je suis crucifié avec Christ ! Par la croix de notre Seigneur, le monde est crucifié pour moi, comme moi je suis crucifié pour le monde[1]...

— As-tu déjà vu mourir un homme en croix ? lui demandai-je. Je ne te parle pas de ceux qu'on voit aux carrefours, pourris de la tête aux pieds, et dont les chiens dévorent les lambeaux. Je parle ici de l'homme qui est encore en vie et qui souffre la mort sur le bois.

— Non, dit Paul, je m'écarte du sang et des spectacles recherchés par les païens.

— Tu fais bien. Mais moi, j'ai vu. Et je ne l'ai dit à personne. Pas même à Jacques. J'ai vu. De loin, j'ai vu. J'ai vu mon bien-aimé pendu au bois, mon bien-aimé ensanglanté qui se dressait sur ses pieds cloués pour essayer de respirer. Sa bouche s'ouvrait, sa poitrine se soulevait avec bruit, il aspirait l'air comme un noyé. Puis son corps épuisé retombait, les jambes pliées, les côtes saillantes, la poitrine creuse... Paul, mon frère, ne dis plus que tu es crucifié, tu ne sais pas de quoi tu parles. »

Alors le petit homme vint vers moi et, en pleurant, il m'embrassa.

Le douzième jour de l'arrivée de Paul dans la ville, alors qu'il avait déjà rasé sa tête et brûlé ses cheveux pour la purification, des pèlerins d'Asie le virent sur

1. Voir *Paul, Galates* 2, 20 et 6, 14-16.

l'esplanade des Païens avec l'un de ses incirconcis, Trophime d'Éphèse, qu'ils reconnurent.

Et quand le petit homme monta dans la cour d'Israël avec nos quatre frères hébreux et le prix de l'offrande, ces Juifs d'Asie crurent que Trophime était entré dans la cour interdite derrière les cinq. Ils mirent la main sur Paul en criant : « Israélites, au secours ! Voici l'homme qui prêche partout contre notre Loi ! Il a introduit un incirconcis dans ce lieu sacré pour le profaner ! » La foule autour d'eux se souleva, repoussant Paul jusque sur le parvis des Païens, et le peuple y accourut de toutes parts.

Si les soldats de l'Antonia n'étaient pas aussitôt descendus dans le sanctuaire pour délivrer Paul des furieux et le lier de chaînes sous leurs yeux, ces échauffés l'auraient tué sur place. Sur l'escalier qui monte à la forteresse, les soldats durent même le porter à cause de la violence extrême de la foule qui les suivait en criant : « Apostat ! Sacrilège ! Faisons-le mourir ! » Nos frères hébreux indigents qui accompagnaient le Tarsiote ne purent rien pour lui, pas même s'en approcher.

Apprenant ces choses, Jacques dit aux Anciens : « Maintenant que Paul leur a été retiré des mains, prions pour que ces furieux ne se tournent pas contre nous ! » Je dis : « Premièrement, prions pour Paul : ne se trouve-t-il pas livré aux soldats de la grande "Babylone", ceux mêmes qui ont tué le Messie Jésus ? »

Mais notre frère Hermogène nous dit : « Paul est circoncis, il sait le grec, et il est citoyen romain. Le tribun de la cohorte ne pourra faire mettre à mort un citoyen romain sans qu'il ait été entendu par le préfet à Césarée. Or, comme ce citoyen romain est un Juif, en entrant dans la cour des Prêtres il n'a pu violer la loi de Moïse : faute de pouvoir invoquer le sacrilège, le Sanhédrin n'aura pas de matière préalable à juger. Car lequel, ici, oserait imaginer que, dans cette cour, Trophime le Grec l'ait vraiment suivi ? »

Il se fit un profond silence : nos *nazirs,* qui n'avaient même pas eu le temps de se faire relever de leur vœu, ignoraient en effet si quelqu'un du groupe des *christianoï* incirconcis avait passé la Belle Porte derrière Paul. En vérité, nul d'entre nous ne savait de quoi Paul et ses convertis étaient capables...

Le soir, malgré l'intervention de la cohorte et du tribun, les troubles n'avaient pas cessé. Des zélotes parcouraient les rues en poussant des cris et en lançant de la poussière en l'air. Ils disaient : « Il faut ôter de la terre tous les renégats qui souillent nos autels ! » et d'autres : « Celui qui verse le sang d'un impie offre un sacrifice que l'Éternel bénit ! »

Depuis l'assassinat du Grand Prêtre Jonathan par des hommes-poignards, les sadducéens du Sanhédrin craignaient de contrarier ces patriotes ; mais ils ne craignaient pas moins d'irriter les Romains. En secret, ils firent donc savoir au neveu de Paul, fils de sa sœur, que quarante *sicaires* s'étaient engagés par un vœu à tuer son oncle et qu'ils préparaient un guet-apens pour le lendemain. Or le neveu donna connaissance du complot au tribun, qui, la nuit même, fit partir Paul pour la prison de Césarée.

Mnason le Chypriote vint alors dans notre maison, et il nous avertit de la menace de ces quarante furieux qui, ne trouvant plus Paul dans Jérusalem, allaient marcher contre nous. Jacques fit fermer notre maison et mit des Galiléens devant la porte. Notre neveu Siméon était parmi ces veilleurs, qui prirent des épées et ceignirent leurs reins.

Jacques, notre Rempart, décida aussi que ceux de notre *qéhila* ne se montreraient plus dans le Temple pendant un long temps. Lui seul, qui avançait avec peine en s'appuyant sur son bâton, continua d'y monter chaque jour à la première heure pour la prière. Et personne n'osait murmurer contre lui lorsqu'il passait.

Selon ce qu'il est écrit dans les Proverbes de notre très sage Agur – bénies soient ses sentences ! –, trois choses en ce monde ne disent jamais « Assez », trois ne sauraient être rassasiées : une terre desséchée, le feu dans la ville, et le séjour des morts.

Ce séjour des morts insatiable, beaucoup de fils d'Israël y descendirent en même temps, tués par d'autres fils d'Israël ou par les hommes impies qui gouvernaient le pays. Au flanc des collines, nos tombeaux s'ouvraient comme des bouches pour avaler petits et grands.

Au commencement, notre peuple avait eu les yeux tournés vers Césarée de la Mer, car c'est en ce lieu que survient la première grande dispute entre les Juifs et les Grecs de la Judée. Les Juifs avaient toujours plaidé que la ville, fondée par notre roi Hérode, était juive ; mais à la requête des Syriens, le jeune César de Rome la déclara « grecque », à cause de ses temples. Les Juifs perdirent ainsi le droit d'en désigner les magistrats et, se plaignant d'être devenus des étrangers sur leur propre sol, ils se révoltèrent. Jérusalem s'enflamma aussitôt pour eux comme une brassée de bois sec. Le préfet éteignit ce premier feu dans le sang des séditieux.

La guerre se mit alors au sein du Temple, les familles des Grands Prêtres[1] et des sacrificateurs s'opposant aux lévites, devenus dans ce temps si nombreux pour le service du Très-Haut qu'ils avaient faim et commençaient à murmurer contre les partages des grands. Le peuple prit le parti des petits et se mit à chanter des malédictions contre les Hanân, les Kabi, les Boëthos. Il disait : « Maudits soient ceux de ces maisons ! Ils sont Grands Prêtres, leurs fils sont trésoriers, leurs gendres administrateurs, et leurs esclaves nous frappent à coups de bâton ! »

Maintenant, le roi Agrippa changeait de pontife chaque six mois, cherchant qui pourrait être à la fois estimé du peuple et dévoué aux Romains. Et comme il ne trouvait personne, il gémissait… Mais qui aurait pitié d'un charmeur mordu par ses serpents ?

Ces variations du roi portèrent la rivalité entre les quatre familles de sacrificateurs aux pires extrémités, car chacune espérait la tiare. Plusieurs de ces prêtres en vinrent à se faire accompagner dans la ville par des gens armés qu'ils choisissaient parmi les brigands ; et quand un Kohen croisait un Kohen, ils passaient bientôt des injures aux pierres, et des pierres aux couteaux.

---

1. Le Grand Prêtre (nommé tantôt par les Romains, tantôt par celui des Hérodes que les Romains mettaient en avant) devait être choisi au sein de quatre familles de lévites seulement, toutes appartenant à la descendance d'Aaron le *Kohen* (le « dédié »).

Cependant, ils s'entendaient encore à merveille pour dépouiller les pauvres lévites du peu qu'ils recevaient. Les brigands dont ces grands s'étaient entourés allèrent, sur l'ordre de leurs maîtres, saisir dans les granges les dîmes du blé réservées pour les petits serviteurs du Temple. Et quand ces malheureux, dépourvus de tout, refusaient de livrer leurs derniers biens, ils étaient roués de coups. En frappant ainsi des petits d'Israël, les Grands Prêtres foulaient aux pieds la justice des hommes et la Loi de Dieu.

Beaucoup de Judéens que nous rencontrions dans la ville furent si épouvantés par la conduite des sacrificateurs envers les lévites qu'ils abandonnèrent le Temple et rejoignirent notre communauté. Avec nous, ils se mirent à prier le «premier-né d'entre les morts» et ils reçurent le baptême. Certains disaient : «Jésus était le nouveau Moïse, Jacques est le nouvel Aaron», et tous, pendant l'*agape* du sabbat, demandaient au Messie bien-aimé de hâter le Royaume : «Nous abandonneras-tu encore pour de longues années ? Vois nos malheurs ! Reviens ! »

Cependant, Jacques osa affronter ceux du Temple. Il parla publiquement pour les lévites contre les Grands Prêtres. Il le fit d'abord dans la synagogue des Affranchis ; puis sur le parvis des Païens ; puis dans la cour des Femmes ; et même dans la cour d'Israël, face au Saint et aux autels. Lui qui s'efforçait depuis longtemps à la patience perdait toute timidité dès qu'il s'agissait de défendre les petits de la terre, les *ébionim*... Car ce nom de Pauvres dont notre communauté s'honorait, nous l'avions choisi non pas seulement parce que nous étions des vagabonds, mais parce que Jésus, quand il promettait des bénédictions[1], disait : « Heureux les pauvres, le Royaume des Cieux est à eux ! » De tous les affligés qui sont dans le monde, notre Messie avait toujours mis les pauvres en premier.

Or, pendant qu'ils pillaient ainsi le pain des lévites, les Grands Prêtres décidèrent d'arrêter d'un coup les travaux du Temple, et ils jetèrent dehors dix-huit mille ouvriers. Ces malheureux se trouvèrent sans salaire et, bientôt, sans toit.

Le roi Agrippa en mit quelques-uns à paver les rues, mais la plupart n'eurent d'autre ressource que de mendier dans la ville haute ou de voler dans les faubourgs. Car, cette année-là, il n'y avait pas non plus d'ouvrage dans les campagnes : c'était le sabbat de la terre d'Israël[2]. Aussi revit-on la pire des misères dans la ville basse, où même un hérisson ou une sauterelle seraient restés languissants : faute de pain, les habitants y mangeaient tout, les os, les vers, les herbes ; et, même ainsi, ils périssaient comme des mouches.

Jacques alla exhorter jusque dans leurs palais les sangsues qui se gorgeaient du sang des pauvres. Quand il passait par les rues, courbé sur son bâton, beaucoup de lévites aux vêtements rapiécés et malpropres et

---

1. Sens exact du mot « *Béatitudes* » : promesses de récompense.

2. Année 62, qui, comme la plupart des années sabbatiques de cette période « prérévolutionnaire », fut marquée par une recrudescence de la violence.

quelques pharisiens généreux se joignaient à nous et à nos mendiants. Et dès que, parvenu devant la porte du Grand Prêtre Hanân, mon frère redressait sa taille de charpentier et secouait sa crinière de *nazir,* épaisse comme la crinière du lion, on pensait moins à l'appeler « Genoux-de-chameau » que « Samson »...

Alors, de sa voix qui, au fil des prédications, avait pris l'ampleur du tonnerre, le Rempart du peuple grondait contre les riches, serviteurs du Satan, instruments des ténèbres : « N'est-ce pas Dieu qui a choisi les pauvres pour les rendre héritiers de son Royaume ? disait-il. N'est-ce pas Dieu ? Mais toi, Hanân ben-Hanân, et ceux de ta maison, vous êtes sans entrailles et vous privez le pauvre de sa dignité : vous l'affamez, vous l'opprimez, vous le repoussez, vous le traînez devant vos tribunaux ! Vous vous amassez des trésors, quand le salaire des ouvriers qui ont bâti vos autels et vos maisons crie contre vous ! Ce salaire crie du fond des coffres où vous le retenez, il réclame justice, et ses clameurs sont parvenues aux oreilles du Seigneur. Maintenant à vous de pleurer, riches qui continuez à vivre dans la mollesse et la gloutonnerie comme des bêtes qui mangent encore à l'instant d'être égorgées ! Pleurez, hurlez, ventres pleins et cœurs cupides, car des malheurs immenses vous attendent : votre or brûlera vos chairs comme le feu ! Je vous le dis, au Jour de Dieu aucun riche ne sera sauvé[1] ! »

En ce temps-là, Hanân ben-Hanân portait la tiare depuis peu. Il venait d'être nommé par le roi Agrippa le Jeune, qui profitait de la mort subite du préfet

1. Rapprocher de l'*Épître de Jacques* 2, 5-6, et 5, 1-6.

pour mettre en place, à l'insu de Rome, ses amis les plus dévoués. Ce Ben-Hanân était le cinquième fils d'Hanân ben-Seth[1] et le beau-frère de Joseph Kaïphe, les deux qui avaient autrefois livré Jésus à ses bourreaux : c'était comme si rien n'avait changé dans le Sanhédrin depuis le temps amer d'Hérode Antipas et la mort du Messie sur la croix – toujours des Hérodes, toujours des Hanâns, toujours des sadducéens !

Mais en entendant Jacques parler contre les principaux du Temple, Hanân ne pensa-t-il pas, lui aussi : « Toujours des Fils de David, toujours des Galiléens, toujours des Bar-Joseph : après Jésus, son frère Jacques » ? Nul, en vérité, ne savait ce que ce serpent gardait dans son cœur : il était l'homme le plus venimeux qui fût, et le plus glissant.

Or voici : le quatrième jour, quand Jacques entra dans le Temple pour confondre ceux du Trésor[2] qui n'avaient pas payé leur dernière journée aux ouvriers renvoyés, Hanân ben-Hanân le fit saisir par les brigands de sa garde sous les yeux de notre neveu Siméon.

Choisissant ainsi le moment où le nouveau préfet nommé par César n'était pas encore arrivé, il assembla aussitôt le Sanhédrin et, devant les conseillers, il accusa Jacques et quelques autres d'avoir violé la Loi. Malgré la résistance de quatre ou cinq pharisiens, les hommes au turban noir les condamnèrent à être tous lapidés. Et l'on entendit ces Anciens du Temple dire aux zélotes : « Lapidons Jacques l'Impur, qui reçoit

1. Celui que certains Évangiles nomment Anne.

2. Partie du Temple où étaient les offrandes, les monnaies, et les comptables.

dans sa maison des incirconcis et partage avec eux le pain d'Israël ! »

Ayant entraîné mon frère jusqu'à la porte qui regarde à l'orient, les serviteurs du Grand Prêtre se hâtèrent de ramasser des pierres. Après la première pierre, Jacques tomba à genoux, et il priait le Seigneur. Un des prêtres, fils de Rekhab, qui aimait mon frère le Juste, cria : « Arrêtez ! Que faites-vous ? Le Juste prie pour vous ! » Mais, sous les coups, le corps de Jacques avait déjà basculé dans le fossé, au pied de la muraille. Un foulon y descendit pour voir s'il bougeait. Jacques remuait encore. Alors le foulon, ayant pris le bâton avec lequel il foulait les étoffes, le frappa à la tête jusqu'à la mort[1].

Quand je sus la lapidation de mon frère, tous mes os tremblèrent. Dans l'instant je fus comme un genévrier brûlé, comme une source tarie : Jacques avait tant de fois restauré mon âme ! Nous conduisant dans les sentiers de la justice, il était tombé sous les coups des injustes. Dans mon cœur, je dis : « Seigneur, toi qui nous as promis "Je triompherai", où est ta victoire ? » Je dis aussi : « Que la tête des Hanâns soit coupée comme la tête des épis ! Que les vers fassent d'eux leurs délices ! », et je pleurai à en perdre le souffle.

Des habitants de Jérusalem qui observaient la Loi avec exactitude envoyèrent secrètement à Césarée vers le roi Agrippa, et ils lui représentèrent que, pour faire

1. Rapprocher d'Eusèbe de Césarée, *Histoire ecclésiastique*, Livre 2, 23, qui reprend le récit d'Hégésippe (IIe siècle).

mourir Jacques le Juste, Hanân avait transgressé nos règles. De leur côté, des pharisiens allèrent au-devant d'Albinus, le nouveau préfet, et ils lui rappelèrent que le Grand Prêtre ne pouvait assembler le Sanhédrin sans la permission des Romains, ni punir de mort sans leur avis. Albinus entra dans leur sentiment et, irrité, il écrivit aussitôt au roi Agrippa qu'il devait ôter la grande sacrificature à Hanân ben-Hanân. Agrippa obéit sans disputer.

Mais le préfet ne put rétablir la paix dans la Judée : des faux prophètes et des enchanteurs sortaient de partout, comme le Messie Jésus nous l'avait prédit pour les derniers temps.

Il vint ainsi un prophète égyptien qui mena des milliers d'indigents sur le mont des Oliviers pour marcher contre Jérusalem ; tous furent taillés en pièces. Puis ce fut un homme nommé Josué ben-Ananias qui parcourut la ville en criant jour et nuit : « Voix du levant, voix du couchant ! Malheur sur le Temple et sur Jérusalem ! » Quand les Romains furent fatigués de l'entendre, ils le prirent et le fouettèrent jusqu'à l'os ; mais, tandis qu'ils le flagellaient, il criait encore entre les coups : « Malheur sur Jérusalem ! » Les soldats le jetèrent nu et sanglant dans le désert, car le préfet dit : « Ne le tuons pas. Il est fou. »

Les fous de cette espèce, la ville en était remplie, comme elle était infestée de rebelles qui enlevaient maintenant des parents du Grand Prêtre pour les échanger contre les séditieux que les Romains capturaient. Or c'étaient les principaux sacrificateurs qui pressaient désormais les Romains de céder… Ainsi les zélotes faisaient-ils libérer jusqu'à dix de leurs partisans contre un seul des riches otages qu'ils détenaient.

Depuis la mort de Jacques, oubliant l'enseignement de miséricorde du Serviteur de Dieu, nos propres enfants aspiraient à rejoindre la troupe bruyante des « dévots d'Israël » ; car la folie s'attache au cœur des jeunes gens. Ils voulaient détruire les rois, les prêtres et les préfets. Ils disaient : « Baignons nos pieds dans le sang des méchants ! », ils ne se résignaient plus à être tondus comme des brebis et égorgés comme des agneaux.

Quand je rappelais aux fils de Jacques, à mon fils Joël, et aux jeunes hommes de cette génération, que nous avions en Dieu le plus sûr des juges et, dans le Saint-Esprit, le meilleur des refuges, ils disaient : « Jésus, le *netzer* de David, est mort pour racheter nos péchés, comme l'avaient annoncé les prophètes. Mais pour qui, pour quoi, est mort Jacques le Juste ? Et sur quels fronts son sang doit-il retomber ? »

En vérité, par la mort inique de notre Rempart, nous étions tous dans la détresse et l'affliction. Notre synagogue célébrait l'*agape* sans joie, y faisant mémoire de trop de morts à la fois. La nuit, j'étais dans la crainte et le tremblement, disant : « Seigneur notre Père, protège mon âme contre le glaive du diable ! » Mais il me fallait fortifier les autres et, d'abord, ma femme Tabitha qui, le visage usé de tristesse, pleurait sur Jacques du matin au soir. Car celle que mes frères avaient d'abord rejetée était maintenant plus attachée aux miens que moi-même. Mon peuple était devenu son peuple, mon

Dieu était son dieu ; et, sans cesse, elle me demandait, la douce gazelle : « L'Éternel entendra-t-il enfin la voix de nos larmes ? »

Elle voulut faire revenir chez nous notre fils Yeshua, qui avait épousé une Juive de Cyrène convertie à la Voie. Je n'y consentis pas. Il ne fallait pas priver de leurs bergers nos églises de la Dispersion en un temps où notre *qéhila,* mère de toutes les *ekklesiaï,* se trouvait si menacée : ma fille Ruth, qui prophétisait de plus en plus, avait vu, étant en extase, un dragon rouge se jeter sur Jérusalem et brûler la ville ; puis ce dragon s'était tourné vers les Nations pour y détruire de ses flammes le reste de notre race.

Je donnai connaissance de cette prophétie à Pierre dans le temps où je l'informai de la mort de mon frère Jacques : notre Roc restait à Rome d'où Paul, enfin libéré de sa captivité, était parti pour prêcher les barbares d'Espagne sans plus donner de ses nouvelles[1]. Pierre fit répondre à ma lettre par son nouveau *scriptor,* un Juif romain converti qui parlait l'araméen sans pouvoir l'écrire et écrivait le grec sans pouvoir le parler. Mais son langage confus, multiple, et fleuri, ne s'accordait guère avec la nature de Pierre, qui parlait court et ne s'embarrassait pas d'ornements. Il me fallut traduire le traducteur pour comprendre ce que notre « colonne » m'écrivait : « Prends courage, petit ! Il faut que, pour un peu de temps, vous soyez attristés afin que la valeur de votre foi, passée au creuset,

1. L'exécution de Paul à Rome par Néron est une légende fondée sur un apocryphe de la fin du IIe siècle (les *Actes de Paul)* particulièrement peu crédible et aussitôt dénoncé par Tertullien qui connaissait le faussaire, prêtre en Asie.

obtienne louange lors du retour de notre Messie Jésus. Car il vient, notre bien-aimé, maintenant il est à la porte, et la fin de toutes choses est proche : la mort de Jacques et les désordres de Jérusalem n'en portent-ils pas témoignage ? Ce Dernier Jour, j'ai toujours su, moi Pierre, que je le verrais de mes yeux, je n'ai donc pas besoin que ta fille me l'annonce ! Amen, le Jour vient ! Amen ! Ne t'étonne pas, petit, d'être dans la fournaise de l'épreuve. Rassemble seulement ton troupeau pour le préserver du diable qui rôde comme un lion rugissant, et réjouissez-vous sans timidité : les cieux anciens vont disparaître à grand fracas, voici venir les cieux nouveaux[1] ! Donnez-vous tous le baiser. »

C'était à Jérusalem que nous attendions « les flammes du dragon ». Mais ce fut Rome qu'elles dévorèrent. La ville brûla plusieurs jours et plusieurs nuits dans un terrible incendie.

Quelques-uns de nos frères, dont les maisons, dans le quartier juif, étaient sur la rive du fleuve qui ne brûlait pas, passèrent les ponts et parcoururent les rues en criant à travers la fumée : « Alléluia ! Voici venue la dernière heure ! Le monde s'embrase et le Seigneur approche, alléluia ! Convertissez-vous, convertissez-vous ! » Et ils empêchaient ceux qui jetaient de l'eau sur l'incendie d'approcher du brasier, disant : « C'est notre Père qui a allumé ce feu, respectez sa volonté ! Il détruit l'œuvre du diable, il nous donne un

1. Rapprocher de *Pierre, Épîtres* 1 et 2.

monde nouveau, réjouissons nos cœurs. Amen, amen, joie, joie, chantez tous avec nous ! »

C'est pourquoi, quand la ville fut en cendres et que certains accusèrent le César Néron d'y avoir mis le feu lui-même pour agrandir son palais, il fut aisé aux magistrats de reporter l'accusation sur les *christianoï* : n'avait-on pas vu cette pègre s'opposer aux secours en s'écriant de joie ? Pour connaître le nom de leur père, ce « Père » dont ils parlaient sans cesse et qui, de leur propre aveu, avait allumé l'incendie, on mit plusieurs des nôtres à la torture. Mais nos fidèles ne donnèrent aucun nom, disant : « Son Nom ne peut être prononcé[1]. »

Alors, dans le quartier des Juifs, le César Néron, irrité, fit ramasser tous les *christianoï* qu'il trouva ; leurs voisins les dénonçaient, tantôt par crainte d'être emmenés à leur place, tantôt par jalousie contre eux, car les Juifs de Rome ont des langues perverses. Condamnés par le tribunal du César comme incendiaires, nos adeptes le furent aussi pour n'avoir pas de religion[2]. Le peuple criait : « Aux lions ! » Ils furent conduits, quelques-uns dans l'amphithéâtre, mais la plupart au-delà du fleuve, dans les jardins de la mère du Prince, qui n'avaient pas brûlé. Ces malheureux ayant été revêtus, hommes et femmes, de tuniques

---

1. Les suspects apparaissent ici plutôt comme des judéo-chrétiens que comme des pagano-chrétiens : c'était dans le judaïsme traditionnel que le nom de Dieu devait rester secret.

2. Les Romains étaient tolérants à l'égard des religions étrangères, à condition qu'elles fussent « enracinées » dans le temps et l'espace – ce qui excluait les sectes.

trempées dans la poix, comme c'est l'usage des Romains pour les incendiaires, on les attacha sur des bois plantés le long des allées à la distance où l'on met d'ordinaire les torches. Le soir venu, on les alluma pour éclairer la fête de nuit que Néron César donnait pour ses amis.

Ainsi périrent dans les tourments beaucoup de nos frères de l'*ekklesia* romaine, et, parmi eux, était Simon bar-Jonas, si fort de corps et de cœur que le Messie Jésus l'avait appelé « Pierre ».

Des *christianoï* qui purent alors fuir Rome, certains vinrent à Césarée de la Mer. Ils y restèrent auprès de l'*ekklesia* de cette ville. Car je ne voulus pas les recevoir à Jérusalem : je craignais qu'il n'y eût maintenant parmi eux un grand nombre de païens convertis, et je m'inquiétais de devoir produire ces incontinents diseurs de paroles, ces vains chercheurs de querelles, dans une ville où la haine des Nations était portée au comble, tant par les zélotes que par les sadducéens.

Certes, ces deux partis-là se haïssaient entre eux ; mais les sadducéens hypocrites, bien que prostitués au luxe et adonnés à la débauche, prônaient l'application de la Loi avec toujours plus de rigueur, et ils redoublaient de persécutions contre ceux qu'ils soupçonnaient d'impureté afin d'ôter aux zélotes toute occasion de blâmer leur mollesse. De sorte que ces insensés s'excitaient les uns les autres, comme la vipère avec l'aspic, comme le lion avec la panthère : on vit même, dans ces temps de folie, Éléazar, le fils d'un Grand Prêtre, devenir le chef des zélotes. Tous ensemble, sicaires aux poignards assassins et sadducéens aux turbans noirs, levaient le talon contre nous. Il ne fallait plus remuer.

Écoutant la parole du Seigneur, qui dit : *Va, mon peuple, entre dans ta chambre et ferme la porte derrière toi*, je renfermai notre *qéhila* entre les murs de la maison, à la manière de ces Parfaits qui, non loin de nous, demeuraient dans l'indifférence et la tranquillité. Nous ne montions au Temple que pour les fêtes et je n'y enseignais plus. Cependant, le jour du sabbat, nous allions toujours prier et exhorter dans les synagogues, avant de partager l'*agape* avec nos frères dans la paix de notre maison.

Mais les pharisiens de Gamaliel qui avaient longtemps contesté avec nous dans les assemblées nous évitaient désormais : hommes pacifiques, ils vivaient eux-mêmes dans la crainte. La vie des sages et des miséricordieux devenait aussi fragile et menacée que celle de l'hirondelle fugitive.

Certains jours, pourtant, je regardais nos malheurs avec confiance : n'étaient-ils pas le signe certain que, cette fois, la Fin des temps approchait, que les prophéties s'accomplissaient ? L'assassinat du Grand Prêtre, la mort de Jacques, l'incendie de « Babylone », la mort de Pierre, les persécutions contre nos frères de Rome, les troubles dans notre nation, et, maintenant, la terre qui chancelait en Asie au point d'y engloutir des villes entières[1], tous ces coups du Ciel nous avertissaient sûrement que le Jour tant espéré approchait.

1. Tremblement de terre de Colosses et Laodicée.

Je rassemblai autour de moi la communauté, comme Jacques l'avait fait au lendemain de la mort du Messie. Nous écoutions, derrière nos murs, nos filles prophétiser par l'Esprit et je gardais chacun dans la prière, disant : « Nous voici bientôt au terme de quarante années de tribulations[1], nous allons sortir du désert où Dieu nous a maintenus pour nous éprouver. Veillons, frères, et restons prêts. » Je disais : « Notre Sauveur est vivant et nos yeux le verront. Nos yeux, compagnons, pas ceux de nos fils ! Nous commençons à souffrir les douleurs de l'enfantement, mais ce que nous enfantons, c'est le Royaume. »

Voilà ce que je disais... Mais, Seigneur, qu'il est lent, cet enfantement ! et comme nous nous abusions ! Jacques seul avait connu la vérité : pour l'Éternel, mille ans sont comme un jour, et ses années ne finissent point – car lui est Dieu d'éternité en éternité, tandis que les années des hommes s'évanouissent dans les airs comme le son d'une flûte...

Changeant encore de préfet, le César Néron mit en place Gessius Florus, un homme si corrompu qu'il fit regarder tous ses prédécesseurs comme d'honnêtes gens. Pour faire parader ses soldats et enrichir sa famille, celui-ci faisait argent de tout – au point que, pour la première fois, les Israélites de la Judée refusèrent tous ensemble de payer le tribut à César.

---

1. Parallèle avec la sortie d'Égypte et la longue traversée du désert : le Royaume promis était donc attendu maintenant pour le début des années 70.

Or, le jour de la fête des Semaines, vers la neuvième heure de la nuit, des lévites du Temple entendirent les bruits de plusieurs personnes dans le Saint des Saints où personne n'entrait. Pendant la moitié d'une heure, ce sanctuaire fut éclairé par l'intérieur comme s'il brûlait, et l'on entendit des gens qui faisaient dedans le bruit d'un grand déménagement et se disaient les uns aux autres : « Sortons d'ici ! Sortons d'ici ! » Était-ce des anges ou des fantômes, je ne sais. Mais le Seigneur nous envoyait un nouveau signe : il ne voulait plus partager la viande avec nous, ses armées d'archanges quittaient le pays, et, abandonnés aux Romains, nous ne serions bientôt plus nourris que de fiel et d'absinthe.

Et voici : la veille du sabbat qui suivit, des Grecs jetèrent devant la synagogue de Césarée les entrailles d'un poulet qui n'avait pas été saigné et le pied d'un pourceau ; aussitôt les Juifs, offensés, attaquèrent les Grecs sacrilèges. Il y eut des morts, et les soldats entrèrent dans les maisons des Juifs. La fureur redoubla.

Or ce fut dans ce moment de désordre que le préfet Florus monta à Jérusalem pour obliger les habitants à payer l'impôt. Dès qu'il passa la Porte du nord, les plus jeunes de la ville, avertis de la révolte de Césarée, firent des imprécations et lui jetèrent des pierres ; et les zélotes se retranchèrent dans le Temple pour y défendre le Trésor, car le peuple disait : « Parce qu'il n'a pu toucher nos impôts, ce porc vient piller nos offrandes ! »

Pour s'abriter des pierres, Florus se renferma aussitôt dans l'ancien palais d'Hérode le Cruel, car ce palais était fortifié ; et il cria à ses soldats d'aller piller le marché-haut et d'y tuer tous ceux qu'ils trouveraient.

Les soldats ne se contentèrent pas du marché : ils étendirent le pillage à toutes les maisons, coupant la gorge aux habitants qu'ils y rencontraient, même aux enfants qui n'avaient pas quitté la mamelle. Aux Portes, par suite des combats qui survinrent entre ceux qui voulaient fuir la ville et ceux qui voulaient y entrer, beaucoup moururent aussi. Dans les rues et sur le marché, les Juifs tués furent au nombre de trois mille six cents. Et plusieurs des principaux de la ville furent arrêtés et pendus au bois en dépit de leur rang.

Pendant que Florus, dans son palais, s'abritait ainsi derrière une palissade de crucifiés, les zélotes, restés maîtres du Temple, détruisirent la galerie et l'escalier qui rattachaient depuis toujours le sanctuaire à la forteresse Antonia.

Alors Florus prit peur et quitta Jérusalem avec ses troupes, ne laissant dans la forteresse que la cohorte ordinaire. Les séditieux virent ce départ comme une victoire et ils menacèrent d'attaquer l'Antonia, dont les tours fortes dominaient nos parvis.

Le roi Agrippa, rentré en hâte d'Alexandrie, leur fit alors de grandes remontrances. Parlant depuis la terrasse du vieux palais des Hasmonéens, il dit aux échauffés : « Où sont les flottes avec lesquelles vous interdirez la mer aux Romains ? Où sont-elles ? Et où sont vos cavaliers ? Et si votre révolte échoue, où vous sauverez-vous, malheureux, puisque les Romains se sont déjà rendus maîtres de tous les lieux du monde ? Ayez pitié de vos femmes et de vos enfants ! Je vous en conjure, Israélites, rentrez dans vos maisons ! » Et la reine Bérénice, vêtue de noir et la tête voilée[1], accompagna ce discours de ses larmes. Mais le peuple s'irrita tellement contre eux qu'il leur jeta des pierres en les traitant d'étrangers, et le roi se retira avec sa sœur dans ses domaines du Jourdain et de la Batanée.

Mon fils Joël et mon neveu Siméon entendirent ces paroles et ces cris, car tous deux, malgré les périls, allaient encore par les rues pour visiter nos partisans éloignés. Or, quand ils nous rapportaient ce qu'ils avaient vu, ils nous demandaient : « Pourquoi nos *ébionim* ne marchent-ils pas avec le peuple ? Sommes-nous des traîtres ? Sommes-nous des apostats ? »

Le lendemain de la fuite d'Agrippa, comme on s'apprêtait à sacrifier sur l'autel de Bronze la victime que le César offrait chaque jour à notre Dieu pour qu'il protégeât sa vie, le sacrificateur Éléazar, chef de la garde intérieure, s'y opposa. Et il fit ôter du sanctuaire toutes les offrandes d'or et d'argent que les Césars y avaient autrefois déposées[2]. Il dit : « L'Éternel notre Dieu n'accepte pas les offrandes des impies. Et il ne leur donne pas sa protection. » Puis il dit : « Nous n'avons d'autre maître que Dieu, nous n'avons d'autre Dieu que l'Éternel. » Alors la multitude s'écria : « Le temple

---

1. Elle venait de se faire raser la tête pour être relevée d'un vœu de naziréat.

2. Les Romains demandaient volontiers la protection des dieux étrangers, qu'ils couvraient régulièrement d'offrandes. En brisant cet échange de bons procédés, Eléazar créait l'équivalent d'une rupture des relations diplomatiques.

de l'Éternel est purifié, Israël est délivré ! Montre-toi, Dieu des vengeances ! Creuse la fosse des méchants ! »

Aussitôt, se portant en grand nombre vers la porte de Sion, ces rebelles sortirent de la ville pour s'emparer du tombeau-montagne d'Hérode le Cruel et des forteresses de la Mer Salée : Machéronte et Massada, où les Romains ne laissaient que de faibles garnisons. Ils prirent ces citadelles et en égorgèrent tous les soldats.

Ce succès enhardit tellement les séditieux restés dans nos murailles qu'ils brûlèrent le palais d'Agrippa. Puis ils vinrent du côté de notre maison pour mettre le feu à celui du Grand Prêtre. Quelques vieux lévites, gardiens de ce palais, s'enfuirent, confus et épouvantés ; et ils nous demandèrent l'asile contre la multitude, car ils avaient connu et aimé Jacques le Juste qui défendait les petits contre les grands.

Nous étions dans la crainte de les recevoir ; car, n'ayant pas trouvé le Grand Prêtre au logis, la foule s'en prenait à eux. Cependant, nous les accueillîmes avec bonté et deux d'entre eux, qui touchaient à la mort par les blessures qu'ils avaient reçues, nous demandèrent le baptême. Bien que ces vieillards aux cheveux blancs et à la barbe roussie par l'incendie ne fussent pas de ces « dévots patriotes » que nos jeunes gens admiraient, je commandai à mon fils Joël de s'agenouiller devant eux pour leur laver les pieds ; et j'imposai à tous nos *néoï* de leur donner le saint baiser.

Quand les vieux palais furent en flammes, les rebelles montèrent contre la forteresse Antonia où le Grand Prêtre, son frère Ézéchias et beaucoup d'importants de la ville avaient cherché refuge. En montant, les zélotes chantaient : *Souviens-toi des outrages de tes ennemis, Dieu des armées !* Et ceux qui arrivaient par la ville basse criaient : *Affermis l'ouvrage de nos mains !*

Le roi Agrippa avait envoyé en secret dans l'Antonia une partie de sa propre garde pour défendre les sacrificateurs, mais ces gardes firent défection. Laissés sans aide contre la multitude, les Romains tinrent encore deux jours dans la forteresse avant de se replier dans une seule tour de la muraille d'Hérode. Faute de place, les notables qui avaient cherché la protection des soldats ne purent entrer dans cette tour avec eux. Plusieurs – et parmi eux le plus puissant des Grands Prêtres, qui avait gouverné le Temple pendant quatorze années – voulurent s'enfuir par les égouts. Ils furent rattrapés, reconnus et égorgés. Puis la foule envahit l'Antonia et elle y mit le feu.

Au pied de la grosse tour où s'étaient réfugiés les Romains, on combattait jour et nuit, car les incendies en éclairaient les abords. Tandis que les sicaires assiégeaient ainsi la cohorte, qui répondait par des volées de flèches et repoussait les échelles, les chefs des zélotes menèrent le peuple au greffe des scribes où l'on gardait les livres de généalogies et les contrats de dettes. La foule mit le feu à ces grands bâtiments en criant : « Nos dettes sont remises ! Il n'y a plus de débiteurs ! »

Quelques scribes qui se trouvaient là brûlèrent aussi, avec les chartes. Des cendres volaient par toute la ville haute. Elles tombaient dans notre cour comme la neige d'hiver sur le Liban.

Or les Romains, qui disposaient de beaucoup d'armes dans la tour mais n'y avaient guère d'eau, commencèrent à souffrir de l'excessive chaleur de l'été et de celle des incendies. Ils avaient d'abord espéré un prompt secours du préfet, mais, voyant que rien ne venait, ils entrèrent en pourparlers avec les émeutiers. Éléazar leur promit la vie sauve. Ils se rendirent. Ils furent tous égorgés.

Éléazar n'épargna que Métilius, leur chef, car il n'usa pas seulement de prières pour sauver sa vie mais accepta d'être circoncis sur-le-champ[1]. Ce massacre de soldats désarmés fut un carnage. Or, comble de l'abomination, il arriva un jour de sabbat…

Tout le pays d'Israël, jusqu'à la mer et jusqu'au-delà du Jourdain, sut bientôt que Jérusalem s'était libérée et qu'il n'y restait plus un Romain vivant. Alors les fils d'Abraham se soulevèrent partout dans les campagnes où ils étaient asservis. Ils ravagèrent les villes et les villages des Syriens, mirent le feu jusqu'à Ptolémaïs, ruinèrent Gaza à l'occident et Gadara à l'orient.

Cependant, les habitants des villes où les Grecs étaient en grand nombre s'élevèrent à leur tour contre les Israélites qui demeuraient dans leurs murs : ils en tuèrent deux mille à Askalôn et treize mille à Scythopolis dans la Décapole. Et il ne resta plus un seul Juif dans Césarée, où il y en avait eu vingt mille. Ceux qui s'échappèrent et parvinrent à gagner Jérusalem virent

1. Dès le lendemain, selon Flavius Josèphe (*La Guerre des Juifs,* Livre 2, 32).

en tous lieux des corps morts de vieillards, de femmes et d'enfants, tout nus et sans sépulture.

Notre communauté priait. Aux nôtres, je lisais les *logia* de Jésus : « Ceux qui prendront l'épée périront par l'épée », nous chantions : *Seigneur, tu as délivré mon âme de la mort, afin que je marche à la lumière des vivants.*

Ainsi restions-nous couchés comme des agneaux au milieu de gens qui vomissaient la flamme [...]

La réplique romaine ne se fit pas attendre : le préfet ayant été révoqué, le gouverneur de Syrie descendit d'Antioche avec la douzième légion. Arrivé à Jérusalem par le nord, il marcha sur la ville neuve, le quartier de Béthesda et le marché au bois. Les zélotes s'étaient repliés dans la ville fortifiée et dans le Temple, dont les murs se trouvaient incorporés à l'enceinte. Du haut des remparts, des membres de la classe sacerdotale appelaient les Romains à l'aide.

Cinq jours de suite, les légionnaires donnèrent l'assaut au Temple sans parvenir à s'en emparer. Brusquement, le gouverneur ordonna à ses troupes de se replier, mais les insurgés les poursuivirent ; empêchée de se déployer dans d'étroites vallées, l'armée romaine perdit six mille hommes. Le gouverneur se suicida.

Néron nomma alors l'un de ses plus vieux généraux, Vespasien, pour redresser la situation – une reprise en main d'autant plus urgente que, par réaction, toutes les grandes villes de la Diaspora entraient en ébullition.

Vespasien reprit la Galilée, village après village, ravageant le pays. L'hiver interrompit les hostilités, et à Jérusalem la résistance s'organisa. Les derniers hérodiens quittèrent discrètement la ville pour rejoindre le roi Agrippa qui servait maintenant de guide à l'armée romaine.

Les résistants, eux, émettaient des monnaies et fabriquaient des armes. La ville se transforma en camp retranché, où la jeunesse du pays et de la Diaspora orientale s'entraînait au maniement des armes. Fuyant leurs communautés dévastées des bords de la mer Morte, quelques esséniens rejoignirent sans doute Jérusalem.

Les pharisiens, eux, mirent à profit cette trêve hivernale pour quitter la ville : emmenés par Yohanan ben-Zaccaï, leur plus brillant « rabbi », ils migrèrent vers les villes peu hellénisées de Lydda et Jamnia – à quinze kilomètres de Jaffa –, où Ben-Zaccaï fonda une école.

Les « chrétiens de Jacques » profitèrent-ils aussi de ces mois d'accalmie pour quitter la ville ? Ou saisirent-ils, un an plus tard, l'occasion du suicide de Néron ? En raison des difficultés de sa succession (qui opposa entre eux les généraux romains au point qu'on appela l'année 68-69 « année des quatre empereurs »), Vespasien quitta en effet la Palestine pour Rome et les opérations militaires furent suspendues.

Mais les rebelles, incapables de se donner un commandement unique, ne surent pas profiter de ce nouveau répit : la grande famille sacerdotale des beni-Hanân, qui avait fait tuer successivement Jésus et Jacques avant de se rallier à la rébellion, ne parvint pas à faire prévaloir ses vues. Le cadavre d'Hanân ben-Hanân, son chef, fut jeté nu hors de la ville.

Vespasien ayant été « élu » empereur à Rome, l'armée se remit en marche sous les ordres de son fils Titus…

Les feuillets suivants de la « Vie de Jude » font allusion à la migration d'une partie de la communauté judéo-chrétienne. Fut-ce vers Pella, en Transjordanie, comme beaucoup le pensent ? L'état du manuscrit ne permet ni de trancher, ni d'ordonner le récit.

[...] mon frère José depuis longtemps malade. Il était sur son lit. Il dit : « Frères *ébionim,* moi je demeurerai dans ce lieu-ci avec les vieillards, les infirmes et les mal portants, tous ceux qui chancellent. Vous, allez avec un bagage léger et portez les petits enfants. Quittez la ville sans regret – ceux que vous laisserez derrière vous n'auraient pas eu la force de franchir le fleuve... Fuyez sans vous retourner, comme Jésus nous l'a recommandé pour le Dernier Jour : l'Éternel notre Dieu étendra sa main sur nous, ses vieux serviteurs, et il ne permettra pas que nous soyons jetés vivants dans les flammes et les tourments du *Shéol...* Cependant, Jude mon frère, avant de t'éloigner, incline vers moi ton oreille et guéris mon âme, car j'ai péché. Voici : il y a chez les scribes de la ville de Damas un petit rouleau à mon nom – béni soit l'Éternel qui m'a préservé de mettre ce contrat chez les scribes de Jérusalem ! Où serait-il maintenant ? Quand Jacques m'envoya exhorter nos frères de Tyr et de Damas, je ne pus me tenir, vois-tu, de trafiquer un peu avec ces marchands ; avec mon gain, j'achetai pour neuf mille deniers une petite vigne de quarante plèthres[1] près du bourg de

1. Environ quatre hectares.

Kokhaba… Dans ce temps je n'en dis rien à Jacques, car il aurait pris tout mon argent pour ses indigents. »

Je jetai un grand cri : « Comment as-tu pu, malheureux ? Voler le peuple de Dieu !

— Je voulais laisser cette terre en héritage à notre nièce, fille de Simon, que j'ai élevée comme ma fille. Elle a donné deux enfants à ton fils Daniel : ces petits ne possèdent rien, ils sont pauvres comme des oiseaux. Certes, le Jour approche, mais savons-nous quand il viendra ? Et s'il venait plus tard en Batanée qu'à Jérusalem, qu'adviendrait-il de ces petits sans nid ? Les noms de ces enfants sont Zôker et Jacob[1], ils sont semblables à notre mère par la figure et Jésus les aurait aimés. Je veux qu'ils aient ma vigne, et je te charge d'y veiller.

— Comment le pourrais-je, homme de fraude ? Pierre et Jacques t'auraient chassé de la communauté !

— Mon frère, reviens dans la sagesse : toi et moi ne sommes ni Pierre ni Jacques. Rien que de pauvres pécheurs… Me voici maintenant livré aux douleurs de la mort qui me percent les reins sans pitié. Alors, ne grince pas des dents contre moi, tends-moi plutôt la main d'association, car, dans le temps où je vendais mes briques et mes pots, je n'ai jamais falsifié mes poids ni augmenté injustement mes prix. Le Seigneur, qui voit mon âme tout entière, le sait, et il sait aussi que, comparée à l'iniquité que je commis autrefois contre mon frère Jésus, cette vigne de Jacob et Zôker pèse bien peu… Qu'au nom du fils préféré le Père

---

1. Prénoms indiqués aussi par Hégésippe (IIe siècle), cité par Eusèbe de Césarée.

pardonne au fils indigne les péchés de sa jeunesse ! Qu'il me sauve par le nom de Jésus et par tes mains ! Impose-moi les mains, mon frère, je t'en conjure [...] »

< *Pella (?)* >

[...] Nous étions plus de mille à franchir le Jourdain en hiver, n'ayant d'autre bagage que nos gourdes et nos manteaux ; mille des nôtres étaient restés dans les villages et la ville neuve de Jérusalem, et mille encore dans notre maison commune de la ville haute et les maisons particulières de la ville basse qu'habitaient les adeptes de la Voie [...]

[...] parvenus enfin dans cette belle cité où beaucoup de Grecs et de Juifs avaient péri dans les premiers massacres[1]. Mais voici : le flot était passé sur eux, et ils n'étaient plus dans la confusion du malheur ; sur leurs terrasses on entendait des rires, et le ciel s'étendait au-dessus de leurs têtes comme une étoffe légère.

Regardant autour de nous, nos yeux étaient ravis d'allégresse : au pied de hautes collines qui verdoient dans la saison où le figuier donne ses premiers fruits, passait une rivière qui ne cesse jamais de couler, même en été ; et dans les forêts ombreuses, qui fournissent en tout temps du gibier, il y avait des arbres de toute espèce, si agréables à voir et bons à manger qu'on croyait voir le jardin d'Éden.

---

1. Au début de la révolte, les deux communautés s'étaient affrontées à Pella, mais moins violemment que dans les autres cités de la Décapole.

Cependant, les Grecs du pays nous virent arriver avec défiance. Ils nous regardèrent d'abord comme des gens venus jeter le trouble dans leur cité, car nos femmes dormaient sur les bancs de pierre de leur théâtre et nos enfants mendiaient toute la journée devant leurs maisons. Mais, grâce à Dieu qui nous sauve par son Nom, des nazôréens établis dans la ville depuis le temps où Jacques de Zébédée y enseignait vinrent à notre secours ; et leur *ekklesia,* où il y avait des incirconcis convertis, prêta des couvertures à nos enfants pour les abriter du froid. Ces saints nous donnèrent aussi la manne dont nos corps avaient besoin.

Or le froment de ce pays nous parut délicieux, car il a le goût de la coriandre et les vers ne s'y mettent pas. Au printemps, quand les pâturages se couvrirent de brebis, certains de notre *qéhila* se firent bergers chez des païens convertis à la voie de Jésus. Tandis que les troupeaux de ces Grecs paissaient parmi les lys rouges des prairies et se désaltéraient au milieu des roseaux, nos bergers sentaient glisser sur leur visage l'ombre des ailes de l'Éternel.

Cependant, quoique fils du Royaume, nos *ébionim* restaient pauvres parmi les pauvres ; mais ils ne gémissaient plus : le Seigneur ne leur avait-il pas donné un abri contre la tempête ? Chaque jour, ils lui rendaient grâce en disant dans leur cœur : « Celui qui a conduit nos pas au-delà du Jourdain, c'est le Père. Et notre foi dans le Messie Jésus est devenue notre ville forte. »

Les plus solides d'entre eux se firent laboureurs dans les domaines du roi Agrippa et ceux qui connaissaient la taille de la pierre allèrent aux Portes, attendant que les riches du pays les appellent. L'été, quand les vallées se couvrirent d'orge et d'épeautre et que les esclaves des Grecs entrèrent dans les champs pour moissonner, ma fille Ruth partit glaner avec les femmes [...]

Je n'avais d'inquiétude que pour mon fils Joël, si jeune encore, et pour Siméon, mon *scriptor,* restés avec quelques autres sous le commandement de José étendu sur sa paillasse.

Ne fallait-il pas, pourtant, laisser des hommes en arrière pour ravitailler nos vieillards et nos malades? Joël, qui avait la grâce de la biche et la force du buffle, m'avait dit : «Je reste pour protéger nos Pauvres.» Avant notre exode, il m'avait dit encore : «Tu m'as ouvert les yeux et les oreilles, mon père : j'ai vu le sang versé, j'ai entendu les pierres crier, je sais maintenant que les voies de la délivrance ne peuvent être celles de la violence. Imitons le Messie Jésus, qui aima mieux mourir par la croix que de tuer par l'épée.»

Depuis ce jour, à chaque instant, je remerciais le Tout-Puissant qui avait redressé cet enfant. Mais le vent renverse le cyprès qu'il ne peut ployer et je craignais de ne le revoir jamais.

< *Éloge de Tabitha vieillie* >

[...] Y a-t-il pour l'homme personne de semblable à son épouse en qui prendre son repos? Certes, les tempêtes qui nous assaillaient année après année avaient laissé à Tabitha un corps meurtri et un visage flétri comme le térébinthe à l'entrée de l'hiver : mes douleurs, elle les éprouvait jusque dans ses entrailles et, pendant les nuits, elle avait tant pleuré que les larmes avaient raviné ses belles joues de lait et de grenade. Cependant, je lui disais : « Tu brilles, mon amie, tu brilles comme les étendards de Salomon, et il n'y a en toi aucun défaut. »

Elle souriait en me montrant qu'il lui manquait des dents : « Homme, disait-elle, ton œil est obscurci : mon argile est devenue friable et elle retourne à la poussière ! » Mais quand elle ôtait sa tunique, son odeur restait douce…

Les feuilles tombent et d'autres poussent, et l'arbre nous garde son ombre : rien ne vaut l'abri d'une épouse pour l'homme que tourmente le vent brûlant.

< *Second éloge de Tabitha* >

[…] allant vers la femme de ma jeunesse. Car elle restait pure comme le soleil, et son amour était ma lumière. Dans le temps où je demeurais à Képharnaüm, petit disciple du Messie, enfant sans intelligence, j'avais eu le cœur ébloui par un seul de ses regards ; maintenant, dans notre refuge au-delà du Jourdain, il suffisait d'une seule de ses paroles pour éclairer mon âme.

Depuis le jour où ma fiancée aux pieds nus était devenue mon épouse respectée, les années s'étaient ajoutées aux années, et bien des lunes étaient passées depuis qu'elle m'avait ouvert le jardin clos. Quand je voulais encore cueillir les fruits de ce jardin délicieux, elle me disait parfois : « Homme, tu n'es qu'un voleur de pommes ! », et elle s'éloignait en riant. Mais elle revenait toujours vers moi. Car j'étais le maître du jardin [...]

À court terme, le choix de Pella (s'il s'agit bien de Pella) fut habile : le roi Agrippa, allié des Romains, s'efforçait en effet de protéger de la répression la Décapole et la Batanée où il possédait de grands domaines. Les Juifs les plus violents de la Décapole avaient d'ailleurs déjà migré vers Jérusalem. Même chose pour les chefs galiléens vaincus qui, profitant eux aussi de l'interruption des opérations militaires, avaient fui leur pays ravagé pour s'enfermer dans la ville sainte.

Au début de l'année 70, l'étau se resserra sur la cité : sous la conduite de Titus, quatre légions, assistées de milliers d'auxiliaires arabes, firent mouvement depuis Alexandrie, d'une part, et Césarée, d'autre part. Au printemps, elles campaient sur les collines entourant la ville, où, selon un historien antique, s'étaient réfugiées plus de six cent mille personnes.

De la mi-avril jusqu'à la mi-septembre, Jérusalem fut assiégée : les Romains, qui n'avaient jamais employé autant de catapultes et de tours roulantes, durent prendre, l'une après l'autre, les trois enceintes successives.

Le mur d'enceinte du quartier nord (la ville neuve) fut emporté à la fin mai ; c'était le moins élevé. Cinq jours après, la deuxième enceinte tomba jusqu'à hauteur de la forteresse Antonia dont les insurgés venus de Galilée défendaient les murailles incendiées. Mais comme les rebelles détruisaient leurs propres maisons pour bâtir en hâte de nouveaux murs derrière chaque brèche, les Romains cessèrent vite de progresser. Ils subirent même de lourdes pertes lors d'une contre-attaque des assiégés.

Titus ordonna alors de crucifier face aux murailles tous les prisonniers juifs, à raison de cinq cents par jour. Et il résolut d'étouffer la ville. Faisant couper tous les arbres de la région, il construisit autour de Jérusalem une enceinte en bois d'une dizaine de kilomètres : plus de ravitaillement ni de fuite possibles.

Les chefs de la rébellion se divisèrent sur l'opportunité d'une reddition : les insurgés galiléens (qui tenaient la forteresse Antonia), les zélotes judéens (retranchés dans le Temple), et les gens de Guérasa et du Sinaï (installés dans la ville basse), s'affrontèrent. Lors de ces combats internes, une partie des réserves de blé brûla.

Les provisions restantes furent réservées aux combattants rebelles, qui saisirent dans les maisons le moindre aliment. Aussitôt la population passa de la pénurie à la famine : « Ils n'avaient plus que de la paille à manger et leur urine à boire », rapportent les Talmuds. En juillet, selon Flavius Josèphe, témoin oculaire, « les terrasses étaient encombrées de femmes et de petits enfants exténués; les ruelles, de vieillards morts. Des jeunes gens erraient comme des fantômes, les lèvres livides et enflées, le corps gonflé. On ne voyait pas de pleurs, on n'entendait pas de gémissements. Ceux qui vivaient encore regardaient les morts avec des yeux secs ».

L'assaut romain reprit. Bombardée par d'énormes machines, la ville basse fut envahie et méthodiquement détruite. Le 17 juillet, dans le Temple transformé en camp retranché, le « sacrifice perpétuel » célébré chaque jour depuis cinq siècles fut interrompu faute de victimes et faute de sacrificateurs – ils étaient tous morts.

Les Romains entreprirent alors de saper les fondements de l'Antonia. Le 20 juillet, ils prirent la forteresse et commencèrent à en raser les ruines pour accéder au Temple par une rampe. Mais l'ensemble formé par le Temple, la troisième muraille et le puissant palais des Hasmonéens verrouillait toujours l'accès nord à la ville haute ; et, au sud, les dernières maisons de la ville basse devaient être prises une par une après des combats acharnés.

En août, selon Flavius Josèphe, les habitants des quartiers hauts « mangèrent le cuir de leurs ceintures et de leurs sandales. D'autres se nourrissaient de brindilles de foin pourri. Certains descendaient dans les égouts pour y chercher de la fiente séchée et des excréments humains ».

Les Romains commencèrent à bombarder le Temple lui-même et à en attaquer les portes, qui finirent par céder. Pendant près d'une semaine, les combats firent rage sur les toitures des portiques et dans les cours. Le 30 août, un légionnaire, s'emparant d'un tison, mit le feu au sanctuaire lui-même : le Saint et le Saint des Saints. De jeunes lévites désespérés se jetèrent dans les flammes.

Cependant, la ville haute tenait toujours. Ne pouvant plus, faute de place, y ensevelir leurs morts, les assiégés les regroupaient dans des maisons dont ils condamnaient les portes. Tandis que, dans le camp romain, la reine Bérénice folâtrait avec Titus, des mères mangèrent leurs enfants. Les derniers défenseurs de Jérusalem n'étaient plus que des squelettes. À la mi-septembre, l'ultime bastion tomba.

Les Romains fouillèrent les égouts, y trouvèrent réfugiés quelques zélotes qu'ils tuèrent, puis, poussant les autres survivants sur l'esplanade du Temple, ils firent le tri : les plus âgés furent exécutés sur-le-champ, les hommes valides condamnés à mourir dans des jeux donnés à Césarée de la Mer et à Césarée de Philippe, et sept cents beaux adolescents « réservés » pour être produits à Rome lors du triomphe.

La ville était en ruine, le Temple fut rasé. À l'ouest, un pan de muraille subsista, qui abrita bientôt le camp de la dixième légion stationnée en contrebas. Seules quelques petites maisons de la ville haute, à l'extrémité du mont Sion, étaient encore debout. Parmi celles-là, deux ou trois murs de l'ancienne qéhila *des judéo-chrétiens…*

[…] *Vos mains sont pleines de sang,* dit l'Éternel. De ce sang-là, même les Fils de Lumière s'étaient souillés. Ils avaient taché leurs robes blanches et baigné leur pureté dans le carnage ; puis ils étaient morts, tous.

Lavez-vous ! dit l'Éternel, *quand vous étendez vos mains je détourne de vous mes yeux, lavez-vous !* Mais, dans la ville de Jérusalem, il n'y avait plus d'eau, plus de *miqvot.* Vide, le torrent du Kédrôn ; détruite, la piscine de Béthesda ; tarie, la fontaine de Siloë.

Pour faire advenir son Royaume, Dieu avait renversé les arrogants, et des justes étaient tombés avec eux : des vierges avaient été violées ; des enfants, écrasés sous les yeux des pères ; et, sans pitié pour le fruit de leurs entrailles, des mères avaient mangé les petits enfants qu'elles choyaient[1]… Des cadavres et encore

1. Flavius Josèphe rapporte le cas d'une femme qui avait fait cuire son nouveau-né.

des cadavres, plus nombreux que les grains du sable sur le rivage ! Des péchés et encore des péchés, plus profonds que les fosses de la mer ! *Vos mains sont pleines de sang,* dit l'Éternel...

Maintenant, l'armée de César attaquait les citadelles de la Mer Salée qui restaient aux mains des zélotes venus de Galilée : les défenseurs de Massada égorgèrent leurs femmes et leurs enfants, et se donnèrent la mort plutôt que de capituler[1]. La Babylone du couchant nous foulait aux pieds, l'abîme faisait entendre sa voix...

Après toutes ces batailles, il restait si peu de vivants qu'un enfant aurait pu en écrire le nombre.

Du lieu de paix où j'avais placé le nid de nos *ébionim* pour les garantir du malheur, nous avions vu parfois s'élever, de l'autre côté du fleuve ou vers la Pérée révoltée, d'immenses colonnes de fumée. Sous le chant des oiseaux et le murmure des ruisseaux, j'avais cru entendre le bruit des roues, le galop des chevaux, le roulement des tours...

De nos deux mille frères restés à Jérusalem, mon neveu Siméon, fils de ma nièce, était le seul qui eût rejoint notre *qébila* dans l'exil. Il était sorti de la maison des Pauvres une nuit de pleine lune par des souterrains de la ville basse ; il voulait, me raconta-t-il, ramasser des herbes dans les jardins abandonnés entre la muraille de la ville et le mur de bois des Romains ;

1. En fait, Massada résista trois ans et le siège fut mené par le gouverneur de Syrie.

mais au matin, quand il avait cherché à rentrer par le même chemin, un boulet était tombé sur la cave et la voie s'était effondrée. Alors, se rappelant qu'il est écrit : *Entre dans les cavernes des rochers, cache-toi dans la poussière,* il était passé de grotte en grotte à travers la Judée et la Samarie pour arriver jusqu'à nous...

Quand il m'eut fait ce récit, je gardai si profondément le silence qu'il baissa la tête. Il tremblait jusqu'aux pieds. Enfin, il se jeta à mes genoux et me dit : « Mes lèvres t'ont trompé, Rabbi : j'ai commis l'ignominie, je me suis enfui. Pour sauver ma vie, j'ai franchi le deuxième mur avant qu'il ne fût achevé : j'ai abandonné nos *ébionim*... Et en Samarie, Rabbi, j'ai tué. Tué pour protéger ma vie. Par trois fois. » Il avait gardé son poignard. Je dis : « Jette cette arme, fils. Prends le sac, jeûne, et repens-toi. Tu as péché, humilie-toi devant Dieu, frappe ta poitrine, et prie : notre Père sait par quelles épreuves tu es passé, et sa miséricorde est sans bornes. »

Siméon se rasa la tête, il jeûna pendant quarante-neuf jours sans rien prendre que de l'eau et des baies sauvages, nous priâmes ensemble, et, à la fin, je lui imposai les mains.

Ce fut par lui que je sus la mort de mon frère José, qui n'avait pas connu l'ultime famine. Siméon me dit : « Il est mort en saint du Seigneur et Jésus s'est montré à lui : José l'appelait et notre bien-aimé accourait, José le voyait et lui parlait sans cesse. Ils ne se séparaient plus. »

Alors je dis dans mon cœur : « Serai-je donc le dernier à n'avoir pas été visité par l'Élu ? Qu'a-t-il contre moi ? M'en veut-il encore de n'avoir pas entendu la dernière parole qu'il m'a dite, sur le Golgotha ?

Était-elle vraiment la seule qui importât ? Au Jour de Dieu, me reprochera-t-il : “Les *logia* que tu as rassemblées sont inutiles, homme léger ! Car tu n'as pas écouté la Parole véridique qu'il te fallait garder. Tu as déçu mon espérance” ? » Encore une fois, j'implorai le pardon de Jésus, puis, du fond de mon âme, je lui rendis grâce d'avoir visité José.

De Joël, l'enfant de ma vieillesse, mon fils Joël élancé comme le cyprès, Joël à la tête d'or, Joël aimé de sa mère, Siméon ne savait rien, si ce n'est que, au moment où il l'avait abandonné, Joël était le seul homme encore debout dans notre maison du mont Sion. Quand était-il mort ? comment ? « Il nous l'apprendra lui-même, dis-je à Siméon, puisqu'il sera bientôt parmi nous. Nos tribulations touchent à leur terme, petit : la *Désolation*[1] est là, le Royaume ne saurait tarder. »

Cependant, après les récits que m'avait faits Siméon, je fus persécuté de mauvais songes et de terribles visions. Je n'avais plus de sommeil : sous mes paupières fermées, les démons massacraient, pillaient, dévastaient, ravageaient.

Et quand on nous dit enfin : « Voici, l'armée du César se retire du pays, vous pouvez rentrer chez vous », je ne voulus pas repasser le Jourdain.

Car, sur l'autre rive, la misère restait extrême ; les Romains étaient tombés sur le pays comme des sauterelles : quand le soleil paraît et qu'elles s'envolent, on ne reconnaît plus le lieu où elles étaient. Tout ce

1. Synonyme de « ruine du Temple ».

qui avait été semé auprès du fleuve était maintenant desséché ; les pêcheurs qui jetaient l'hameçon dans les eaux n'en remontaient plus de poissons ; les palmiers de Jéricho avaient été coupés ; les forteresses orgueilleuses, réduites en poussière comme pierre à chaux ; et, au dire des voyageurs, Jérusalem, la cité pleine de mouvement et de tumulte, était devenue l'antre de la vipère et le repaire du hérisson.

Ce fut Siméon, seul avec quelques jeunes compagnons, que j'envoyai vers cette ville ruinée pour voir si nous pourrions rebâtir notre maison ou sauver quelque chose des débris : quel refuge restait-il là-bas pour le faible ? quel abri contre la tempête ? quel ombrage contre la chaleur ?

Revenant vers moi, mon neveu me dit : « Certains de ceux qui avaient fui la ville avant l'écroulement du Saint sont rentrés, ils creusent des trous, couchent parmi les ronces et les épines. Leur peau est noircie et ils vivent comme des bêtes : l'incendie du Temple leur a fermé les portes de la prière. Nous devons leur porter la parole du Messie. » Je demandai : « Où sont les prêtres ?

— Il n'y en a plus, dit-il.

— Pas même un lévite ?

— Non. Ni *Kohanim* ni lévites. Il n'y a plus de sadducéens, plus d'esséniens, plus de zélotes, plus d'hérodiens[1].

— Et les baptistes, qui enseignaient près du Jourdain ?

---

1. Hérode Agrippa II ne retrouva pas son royaume, Bérénice n'épousa pas Titus : la dynastie des Hérodes et le parti des hérodiens disparurent ensemble.

— Les rives du fleuve sont ravagées...

— Et les Parfaits du désert ?

— Brûlés avec leur village... Ne reste que nous, avec les pharisiens.

— Les pharisiens reviennent-ils dans la ville ?

— Leurs Anciens sont à Jamnia, car leurs rabbis y prospèrent. Mais quelques-uns sont revenus dans les faubourgs, où ils relèvent des murs pour y réunir leurs synagogues. Dans toute la Judée, les fils d'Abraham gémissent sur la ruine du Temple, ils se demandent où se prosterner, mais les docteurs de Jamnia leur enseignent à prier sans sacrifier, et beaucoup vont vers eux, ne sachant où aller. »

Je dis : « Nous, *ébionim* de Jérusalem, savons depuis longtemps que notre Temple, c'est notre *qéhila.* Peu importe la ville où nous nous trouvons. Ici ou à Jérusalem, Dieu nous entend pareillement. » Et je dis : « Maintenant qu'il n'y a plus de brigands sur les routes, je veux prêcher dans la Galilée et à Kokhaba, où demeurent mon fils Daniel et ses enfants ; les enfants des fils ne sont-ils pas la couronne des vieillards ? Je rentrerai dans Jérusalem quand Rabbi ben-Zaccaï[1] y rentrera. Toi, retourne, et relève notre maison pour le jour où nous y monterons. »

Il est écrit : *Il dira à celui qui est au fond de la maison : Y a-t-il encore quelqu'un avec toi ? Et cet homme répondra : personne.*

---

1. Chef intellectuel des pharisiens, qui refonda le judaïsme.

Personne… J'étais comme un oiseau solitaire sur un toit : au-dessus de moi plus un apôtre, auprès de moi plus un frère.

Pourtant, j'enseignais encore, et, chaque jour, je cherchais du pain pour les plus démunis de notre communauté. Mais, avec les chagrins, l'huile de la vieillesse s'infiltrait dans mes os. Depuis la ruine de Jérusalem, la maladie de ma fille Ruth, dont je devais sans cesse chasser les démons, et celle de ma femme Tabitha, qui se mourait de la mort de Joël, j'étais languissant au-dedans de mon cœur. Je disais au Seigneur : « Maintenant que mes forces s'en vont, *Abba,* ne m'abandonne pas ! »

Mais l'Éternel, béni soit Son Nom !, me jugea digne d'une nouvelle épreuve.

Dès que je fus dans la Galilée, je compris qu'une autre guerre commençait, et non plus contre les Romains : contre nos frères. Quand nous étions encore retenus dans la Décapole par les combats, il était venu en effet, dans les assemblées de la haute Galilée et du pays de Golân, des hommes du nord, émissaires des *ekklesiaï* de Tyr et de Damas ; et ces *christianoï,* hommes de division, avaient prêché une parole de folie. Ils disaient : « Christ est Fils de Dieu », « Christ est Seigneur ». Quelques-uns disaient même : « Christ n'est pas de ce monde, il n'a pas été engendré, son corps n'était qu'une apparence, il est le Fils, descendu tout droit des Cieux dans la ville de Képharnaüm pour enlever avec lui, dans la Lumière, ceux qui sont nés de la Lumière[1]. »

---

1. Ces croyances annoncent le gnosticisme, principale hérésie des IIe et IIIe siècles.

La plupart de nos adeptes galiléens n'y entendaient rien. Mais moins ils comprenaient, plus ils disputaient entre eux.

Troublés dans leur croyance, certains me montrèrent des lettres que les émissaires « messianistes » avaient copiées pour les leur laisser. Je reconnus que certaines étaient de Paul – qui d'autre aurait pu s'en prendre avec tant d'outrance et d'orgueil à la *qéhila* de Jérusalem ? « Ils sont hébreux ? disait-il. Moi aussi. Ils sont israélites ? Moi aussi. Ils sont fils d'Abraham ? Moi aussi. Ils sont ministres du Christ ? Moi plus qu'eux ! Plus qu'eux par les travaux et par les coups ! Ils ont été choisis par le Seigneur Jésus lorsqu'ils jetaient leurs filets dans le lac ? Moi j'ai été choisi par Christ dès le sein de ma mère. Ne consultez donc plus la chair et le sang[1] ! Imitez-moi ! Et si quelqu'un vous annonce un autre évangile que le mien, même si c'est un ange du Ciel, ne l'écoutez pas. Car tous ceux qui parlent contre moi sont des serviteurs de Satan qui veulent vous ensorceler[2]. »

Comblé d'injures depuis longtemps et absorbé dans ma misère, je prêtai peu d'attention à ce nouvel outrage, me demandant seulement, encore une fois, où se trouvait le petit homme : qui prêchait-il désormais, les Maures, les Espagnols, ou bien les *damans*[3] des sépulcres ?

D'autres lettres m'alarmèrent davantage. Paul, ou l'un des faux prophètes qui suivaient sa voie, avait

1. La famille de Jésus. Pour tout ce passage, rapprocher de *II Corinthiens* 11, 22-23.

2. *Galates* 1, 8, et *II Corinthiens* 11, 13-15.

3. Sorte de rats ou marmottes.

écrit : «La loi de Moïse est le ministère de la mort gravé sur des pierres[1].» Ministère de la mort ? Les enfants d'Israël réchappés des massacres allaient nous lapider !

Irrité, je dis : «Détruisez ces lettres ! Dieu m'a donné la clé de la maison de David, à moi, le dernier de la lignée. Et quand je fermerai la porte, nul ne l'ouvrira ! » Puis, poursuivant ma marche de la Galilée jusqu'à Kokhaba, je fis écrire à toutes les communautés d'Israël et de la Diaspora : «Bien-aimés, la foi nous a été transmise une fois pour toutes et il n'y a pas de confusion dans l'enseignement du Messie. Or il s'est glissé parmi vous certains hommes dont la condamnation est écrite depuis longtemps, des impies qui cherchent à vous diviser. Ce sont des écueils dans vos *agapes* ; des nuées sans eau poussées par le vent ; des arbres d'automne deux fois morts ; des vagues furieuses de la mer, rejetant l'écume de leurs impuretés ; des astres errants auxquels l'obscurité des ténèbres est réservée pour l'éternité[2]. Chassez-les ! Et le Seigneur, quand il viendra, exercera son jugement contre eux.»

Cependant j'ignorais qui, dans les pays lointains, entendrait ma voix : où parviendrait-il, ce petit rouleau que, faute de *scriptor,* j'écrivis moi-même ? Dans quelles villes serait-il lu, glissant d'une ceinture à l'autre ? Y avait-il encore des *ekklesiaï* à Césarée, à

1. *II Corinthiens* 3, 7-8.

2. Voir *Épître de Jude* 3-4 et 12-13.

Cyrène, à Rome, à Éphèse ? Et à quelle autorité obéissaient-elles désormais ? J'étais le dernier de ceux qui avaient entendu de leurs oreilles la parole de Jésus, le dernier de ses disciples et, de tous, le plus faible…

Dans mon cœur je dis : « Sion[1] est déserte, et Babylone est heureuse. Sion avait beaucoup péché, mais Babylone était-elle innocente ? Mon jugement hésite et trébuche… Loué soit le Messie qui nous tient à l'écart des vains combats et garde nos Pauvres dans l'attente du vrai Royaume ! Car il vient, ce Jour du Seigneur ! Réjouissons-nous : Jérusalem est tombée, c'est le signe qui nous est donné, la délivrance approche ! »

Cependant, en revenant vers le Jourdain après avoir prêché et baptisé dans le pays de Golân, j'appris que d'autres émissaires, envoyés cette fois par l'Église d'Antioche, étaient venus semer l'ivraie jusque dans mon propre champ. Parlant deux fois dans la synagogue de notre ville pendant le sabbat, ils avaient exhorté nos *ébionim* à confesser que *Christos* était Fils de Dieu, et Dieu lui-même par l'Esprit. Il était Dieu descendu parmi les hommes ! Descendu dans la chair ! Éternel devenu mortel ! Quand nos Pauvres entendirent ces choses, ils s'écrièrent, indignés : « Le Messie notre Maître est Jésus bar-Joseph, de la maison de David, que Dieu choisit parmi tous les hommes d'Israël lorsque Jean le baptisa[2]. »

---

1. Jérusalem.

2. Thèse « adoptianiste », qui concurrença celle de la conception virginale : Jésus devient « fils de Dieu » par élection divine lors de son baptême ou de sa Transfiguration.

Mais ces querelles et ces rivalités entre *ébionim* et *christianoï* ayant commencé à troubler la synagogue, les pharisiens[1] mirent tout le monde à la porte en disant : « Allez, entre païens, vous disputer comme des chiens le corps de votre Ressuscité, allez manger sa chair et boire son sang, impies ! Et que vos péchés retombent sur vos têtes ! » Et voici : ils ne voulurent plus, dans cette ville, laisser les Israélites de la voie de Jésus lire et prier au milieu d'eux. C'est dans cet état d'abandon que, revenant de Galilée, je trouvai mon petit troupeau.

Pour rassurer mes brebis, je dis : « Toujours le vent du nord enfante la pluie. D'Antioche et du Liban, nous viennent toujours les froidures et la grêle : qui cela peut-il étonner ? »

Mais j'étais abattu au-delà de mes forces, ne souhaitant même plus conserver la vie. Car ce fut dans ce temps aussi que mourut Tabitha, mon lys au milieu des épines ; et, sur cette terre du Dehors, je dus la mettre dans une sépulture d'étrangers. Des Grecs de notre *qéhila* la prirent dans leur tombeau, car nos Israélites les mieux établis dans la ville, des convertis de Jacques de Zébédée, me dirent : « Ta femme, notre sœur dans la Voie, n'était pas née juive, nous lui laissions partager notre *agape,* mais nous ne pouvons partager la mort avec elle. »

Et moi, en entendant ces choses, j'étais comme de la paille foulée dans une mare à fumier.

---

1. Les pharisiens commençaient alors à remonter vers la Galilée.

Ayant demandé à nos frères qui, parmi les Anciens d'Antioche, avait envoyé vers nous ces émissaires du désordre, ils me dirent : «*L'homme ennemi.*» Je demandai : «Ces gens avaient-ils une lettre ?» Ils me répondirent : «Celle du démon.»

Certes, Paul avait été pour nous une pierre d'achoppement, une cause de scandale ! Pour autant, était-il le démon ? Je le sentais encore, parfois, accroché à mon bras comme la teigne s'accroche au vêtement, mais je savais qu'il n'y avait jamais eu en lui de perversité. Il était seulement comme un homme qui se regarde dans un miroir, s'observe, part et oublie aussitôt comment il était[1]. Se regardant ainsi lui-même, il arrivait pourtant que, de l'autre côté du miroir, il vît un instant Jésus face à face. Il le voyait, lui, ce frère béni que je ne voyais jamais...

Une dernière fois, avant de monter à Jérusalem où m'appelait mon neveu Siméon, j'exhortai nos *ébionim* : «Je sais de qui le Messie Jésus est fils, car moi, le vieil homme aux cheveux de laine, je suis son frère selon la chair. Je sais aussi qu'il est le Serviteur, il n'est pas le Maître, il est le chemin, il n'est pas le terme du chemin. Il est parti en avant pour nous ouvrir le Royaume, et déjà il sollicite pour nous afin que, dans ce Jour de Dieu si terrible et si désiré, personne, ni les anges ni les astres, n'ose nous condamner. Car grand est l'amour de Jésus pour nous, et grand l'amour du Père pour Jésus. Mes frères, ne vous laissez plus troubler par des trompeurs à la langue perfide. Souvenez-vous que le Messie

1. Rapprocher de l'*Épître de Jacques* qui, selon Jude, viserait ici Paul.

nous a dit : “Soyez des changeurs éprouvés, repoussez la mauvaise monnaie !” Restez vigilants, mes frères, et gloire à Dieu notre Père ! Qu'il soit notre appui ! »

Quelques-uns des nôtres repartirent pour la Judée avec moi, et ces Pauvres portaient le même bagage qu'ils avaient sept ans plus tôt en descendant : leur manteau et leur gourde. Mais la plupart des *ébionim* restèrent dans notre refuge au-delà du Jourdain, espérant y élargir leur couche car ils étaient las des exodes. Quelques adeptes allèrent à Kokhaba ; d'autres encore quittèrent pour Béroë[1], Ninive ou la Babylonie.

La fille de Sion est délaissée comme une cabane dans une vigne, dit l'Écriture. Depuis que l'armée de César et la colère de Dieu avaient réduit Jérusalem à un monceau de ruines, livrant les cadavres des Israélites aux vautours, des chiens hurlants rôdaient chaque soir autour de la ville. Les légionnaires campés sous les débris de la muraille leur jetaient des pierres.

Peu de fils d'Israël revenaient dans ces lieux désertés. Ceux qu'on voyait le jour gratter les décombres étaient épuisés de maigreur, leurs os s'attachaient à leur chair, et il n'y avait parmi eux ni femmes, ni vieillards, ni enfants. Au déclin du soleil, ces fouilleurs de ruines disparaissaient comme des ombres, et les bêtes du désert envahissaient les palais. Alors, au-dedans de moi, j'entendais résonner la voix de Jésus : « En vérité, je vous le dis : les jours viendront où, de ces grandes constructions, il ne restera pas pierre sur pierre… »

1. Alep en Syrie, où il y eut une grosse communauté judéo-chrétienne.

Siméon et les siens avaient rebâti pour nous une petite maison dans les débris de la grande, dont les pans de murs calcinés s'élevaient au-dessus de notre abri comme des chicots dans une bouche édentée… Ayant fait dix parts de la beauté du monde, l'Éternel en avait, disait-on, donné neuf à Jérusalem : de ces neuf, rien ne restait…

Cependant, quelques Judéens des campagnes, parmi les plus misérables, commencèrent à s'installer dans les caves des maisons détruites, d'autres édifiaient des cabanes sur le mont des Oliviers, certains travaillaient à réparer l'aqueduc sous les ordres des Romains : de nouveau on entendit le ronflement de la forge, le bruit de la scie et du maillet.

Sur le mont Sion, notre communauté restait peu nombreuse. Pour nous nourrir, nous cultivions les jardins abandonnés. Je récitais les commandements de la Loi, nous lisions le recueil des paroles du Messie, nous chantions le *Shéma Israël* et répétions les prières que le Béni de Dieu nous avait enseignées. En disant « Père », j'étendais les bras comme lorsque j'avais huit ans et que mon frère le charpentier prenait mes mains dans les siennes pour les élever…

Depuis ce temps, qu'avais-je appris ? que la voie de Jésus est un chemin difficile qui progresse entre deux abîmes ? Sur cet étroit sentier, j'avançais comme l'aveugle qui tâtonne du bout du bâton.

Dans ces jours-là, je donnai à Siméon autorité sur notre *qéhila* : il était rempli de sève et verdoyant ; moi, le temps m'avait dépouillé de mon écorce, tous mes rameaux étaient blancs ; j'étais si chargé d'ans que même le *gazam*[1] me devenait pesant... Tous nos frères approuvèrent le choix que j'avais fait.

Cependant, je descendais encore dans les villages, appuyé sur le bras de ma fille Ruth, pour guérir les malades et annoncer la Bonne Nouvelle aux affligés. Et si, dans les faubourgs, j'entendais chanter les Hymnes, je menais aussitôt nos frères dans cette assemblée pour témoigner auprès d'Israël et chanter avec les autres.

Mais, de plus en plus souvent, lorsque nous parvenions aux maisons où des enfants d'Abraham faisaient synagogue et que nous disions : « Israélites nos frères, louons le Seigneur tous ensemble, puis disputons entre nous », les pharisiens criaient à plein gosier : « Voici les *mînim* ! Honte aux nazôréens, aux anathèmes, aux païens ! Allez vous souiller au-delà du fleuve, chez les mangeurs de porc ! » ou bien : « Courez vous laver la bouche, qui mâche chaque jour la langue des Grecs ! » Et quand les disciples des rabbis de Jamnia, qui avaient le glaive sur les lèvres, nous demandaient : « Est-ce l'Éternel qui engrosse les vierges pour qu'elles enfantent des demi-dieux ? », nous devenions un objet d'opprobre et de dérision. Au peuple, ceux du nouveau Sanhédrin[2] disaient : « Pour l'homme poursuivi par un assassin, mieux vaut chercher asile dans un temple d'idolâtres que dans le logis des *mînim* ! », et les petits s'écartaient de nous, épouvantés. Alors ma fille Ruth se mettait à trembler, l'Esprit l'agitait avec violence, elle se frappait le

1. En hébreu dans le texte : ver du palmier.

2. Les pharisiens avaient recréé un Sanhédrin à Jamnia.

visage avec les mains, et nos sœurs n'arrivaient plus à la calmer.

Nous revenions à la maison abattus et humiliés, étrangers dans notre pays même. Et, dans mon cœur, Jésus s'élevait contre la faiblesse de mon commandement : « Serviteur fidèle, tu as gardé mon trésor, mais, serviteur timide, tu ne l'as pas fait fructifier… Je t'avais confié une vigne excellente, mon frère, comment as-tu pu la laisser dégénérer ? »

Bientôt, d'Hébron à Guiscala, les synagogues d'Israël ajoutèrent aux dix-huit bénédictions de la prière une malédiction, la *birkat ha-mînim,* que nous devions prononcer contre nous-mêmes si nous voulions rester parmi les Juifs : « Pas d'espérance pour les traîtres ! Maudits soient les hérétiques ! Que la puissance de leur orgueil soit brisée et humiliée. Maintenant ! Tout de suite ! De nos jours ! »

Et si, dans ce moment, nos *ébionim* gardaient les lèvres closes, ils se dénonçaient devant tous. Quelques-uns de nos adeptes qui avaient trouvé asile dans les petits villages de la Judée avant le siège de la ville furent ainsi contraints de renier leur foi et d'oublier jusqu'au nom du Messie Jésus.

À peu près dans ce temps-là, le fils d'un négociant chrétien d'Alexandrie vint à nous. Ce *christianos* désirait voir Jérusalem. Comme il ne voulait pas loger chez les Juifs et que les Juifs ne voulaient pas le loger, de pauvres villageois, ayant entendu dire que nous étions grecs, l'envoyèrent dans notre maison. Ce jeune homme fut dans l'étonnement en découvrant que des adeptes de la voie de Jésus pouvaient aussi être fils d'Israël et respecter la loi de Moïse.

Voyant que je lisais le grec, il me montra un petit livre qu'il nommait *codex* : c'étaient, dans une pochette en cuir, deux douzaines de feuillets qu'il portait sur lui. On y trouvait, dans la langue des hellénistes, la vie du précurseur, Jean le Baptiste, et le récit de la mort du Messie. Au milieu étaient des paroles de Jésus, mises sans ordre. Il s'y trouvait aussi quelques justifications de nos coutumes juives, écrites pour des païens ignorants.

Le voyageur me dit : « Celui qui a écrit ce livre est un chrétien romain du nom de Marcus[1]. Aujourd'hui il n'est plus, mais ouvre tes oreilles, frère, et que ton cœur s'émerveille : ce Marcus avait connu un serviteur de la Parole, qui, lui-même, avait connu le Seigneur ! Sur ma tête, je te le jure : ce témoin précieux avait vu un homme qui avait vu le Seigneur en chair et en os ! » Pour parler du Serviteur de Dieu, il disait « le Seigneur », comme ceux de Paul. Mais, pour prier l'Éternel, il disait *Abba,* comme moi.

Il demeura chez nous plusieurs jours : son père commerçait avec l'armée romaine ; fournissant déjà du vin de Maréotis aux chefs de la légion d'Alexandrie, il voulait maintenant en vendre aux officiers du camp établi en bas de nos ruines.

---

1. Le plus ancien Évangile, celui de Marc, fut écrit en 70-80. Destiné aux Romains, il fut moins diffusé en Palestine que l'*Évangile selon Matthieu.*

Pendant que ce jeune chrétien buvait la *posca*[1] avec des centurions, je lus plusieurs fois le livret qu'il appelait *Marci euangueliôn,* «la Bonne Nouvelle de Marcus».

Le voyageur disait vrai : si l'homme qui rendait témoignage du Messie n'avait pas été un témoin oculaire des événements qui s'étaient accomplis parmi nous, des choses lui avaient été transmises, qu'il avait écrites, et je reconnus que les plus véridiques provenaient de Pierre. D'autres m'étaient inconnues, et je ne les trouvai pas exactes. Quant aux paroles que ce Romain mettait dans la bouche de Jésus, beaucoup provenaient de mon propre livre de *logia,* et j'en éprouvai, étonné, le vain orgueil d'un enfant qui remporte la course sans s'être exercé... Cependant, la plupart des paroles que Marcus citait n'avaient été placées ni en leur lieu ni en leur temps, elles étaient mal cousues ensemble, et ce chrétien romain, qui ne connaissait pas la terre d'Israël et n'était guère instruit du détail de nos usages, les entourait de circonstances fausses et de noms erronés[2].

Pourtant, en lisant ce petit livre fait comme un manteau rapiécé, ce pauvre récit auquel manquaient tant de justes lumières, je fus transporté d'allégresse et touché aux larmes – comme celui qui, au terme du

---

1. Eau vinaigrée qui était la boisson ordinaire des légionnaires romains.

2. Allusion aux barbarismes et latinismes dont est émaillé le grec de l'évangéliste Marc. Ce Marc romain ne peut être le cousin de Barnabé, Jean dit Marc, helléniste chypriote, dont le grec était la langue maternelle.

voyage, retrouve la maison de sa mère et le frère qu'il croyait perdu.

Alors je dis : « Moi aussi, comme Marcus, je remonterai jusqu'à la source. Et je creuserai un canal pour amener l'eau de vérité jusqu'aux enfants de mes entrailles, les fils de mon fils Yeshua qui sont dans la ville de Cyrène où notre Église bienheureuse n'a pas gémi[1]. Car la génération de ces enfants-là verra le Royaume ! »

Et voici, mes fils : aujourd'hui ce canal creusé dans ma mémoire est devenu un fleuve, ce fleuve est devenu la mer. Je soupire après le souvenir du Bien-Aimé, mais, dans mon cœur, sa Parole s'élargit comme la plaine marine et, en s'éloignant du rivage, sa vie s'étale à l'infini.

Ma vie à moi, bien que chargée d'ans, fut comme une figue hâtive qu'on aperçoit avant la récolte et qui, sitôt dans la main, est avalée : le Royaume n'y trouva pas à mûrir…

Mais il approche enfin, ce Jour où chaque épi portera mille grains, où les enfants ne naîtront plus pour périr, où tous les pauvres seront comblés d'amour. Et mon frère Jésus sera parmi nous ! Il me portera sur ses bras, il me caressera sur ses genoux ; à mon oreille, il redira cette dernière parole que je n'ai pas entendue ; et j'enlacerai son cou, et je baiserai ses lèvres.

1. Dès le début de la révolte, les Juifs de Cyrène avaient livré leurs zélotes aux Romains.

Fils, écoutez-moi : mes yeux s'obscurcissent, mon cœur vacille, ma tête se courbe comme le jonc, mais, dès que Jésus sera là, mes os reprendront la vigueur de l'herbe et je sortirai du tombeau. Je contemplerai son visage. Je l'attends.

Quand je m'endors et quand je me réveille, je l'attends. Pendant la nuit mon âme le désire ; dès l'aurore mon cœur le cherche ; je l'attends. Comme la fleur espère la rosée, comme le désert espère l'eau, je l'attends.

Quand il viendra, qu'il ne me trouve pas désaltéré ! Je garde la soif.

L'atelier de l'auteur

Ce livre est un roman, bien sûr. Non pas un roman sur Jésus (il y en a beaucoup), ni sur la «femme de Jésus» (pure extravagance), ni sur les premiers chrétiens (c'est déjà fait) : un roman sur les frères de Jésus. Mais, bien que j'aie traité Jacques, José, Simon et Jude comme des personnages de roman, ils ne sont pas une invention romanesque : tous quatre appartiennent à l'Histoire.

Comme disent les historiens, ils sont «documentés», et fort abondamment. Qu'on en juge : sur les onze textes – ou ensembles de textes – qui forment le Nouveau Testament, socle de la doctrine chrétienne, huit font allusion aux frères de Jésus ou se présentent comme émanant d'eux.

Il s'agit d'abord des Évangiles canoniques, qui, chacun, mentionnent deux ou trois fois les quatre frères ; les plus anciens de ces Évangiles (*Marc* et *Matthieu*) donnent même leurs noms et ajoutent qu'il y avait «des» sœurs. Nous nous trouvons donc devant une fratrie d'au moins sept enfants, dont Jésus semble avoir été le premier-né.

Les *Actes des Apôtres* mentionnent également ces frères, qui entouraient leur mère au lendemain de la Crucifixion. En outre, à trois reprises, les *Actes* présentent de manière circonstanciée le rôle du deuxième de la fratrie, Jacques, qui fut chef de l'Église de Jérusalem.

Dans deux des *Épîtres de Paul*[1] considérées comme authentiques, l'apôtre cite les « frères du Seigneur » : il précise que l'un d'eux, Jacques, surnommé le Juste, qu'il a rencontré personnellement et qu'il qualifie de « colonne » de l'Église au même titre que Pierre, avait bénéficié d'apparitions de Jésus ; quant aux autres, ils allaient en mission, toujours avec leur femme et aux frais des Églises locales.

Deux autres Épîtres enfin, l'*Épître de Jacques* et l'*Épître de Jude*, sont expressément attribuées à deux des frères. L'une, hostile à certaines des idées prêchées par Paul, se présente comme émanant de Jacques et aurait été rédigée entre 60 et 85 de notre ère. L'autre, mise sous la plume de « Jude, frère de Jacques », aurait, selon le groupe d'exégètes qui procéda à la *Traduction œcuménique de la Bible*[2], été écrite et diffusée dans les années 80. Cette épître fut ensuite largement reprise dans la *Deuxième Épître de Pierre* qui, de l'avis des mêmes exégètes, n'est sûrement pas de Pierre et ne fut écrite qu'au début du IIIe siècle.

Répétons-le : tous ces textes sont des textes canoniques, c'est-à-dire que, dès la fin du IIe siècle, ils

1. *I Corinthiens* et *Galates*.

2. *Traduction œcuménique de la Bible* (*TOB*), Éditions du Cerf, 1975.

ont été officiellement choisis par l'Église pour leurs qualités d'authenticité ou de spiritualité, tandis que, dans le même temps, les Pères écartaient comme peu sérieux les écrits que nous appelons « apocryphes ».

Naturellement, parmi les quelque cent cinquante écrits apocryphes qui nous sont parvenus, plusieurs font aussi une place aux frères de Jésus, à Jacques surtout. C'est ainsi que l'*Évangile de Thomas*, un apocryphe du IIe siècle découvert en 1945, prête à Jésus, interrogé par ses disciples, le conseil de « se tourner vers Jacques le Juste » lorsqu'il aura disparu. De même les *Reconnaissances pseudo-clémentines*, qu'on date, dans leur version initiale, de la fin du IIe siècle, soulignent-elles le rôle éminent de Jacques à la tête de l'Église, sa supériorité hiérarchique sur Pierre, et la violence du conflit qui l'opposa à Paul. L'*Évangile des Hébreux* (fin du Ier siècle) présente l'apparition de Jésus à son frère Jacques comme la première de toutes les apparitions. Beaucoup d'autres apocryphes font de Jacques un héros ou un prétexte : ainsi les deux *Apocalypses de Jacques,* l'*Évangile de Jacques*, la *Passion de Jacques frère du Seigneur*, les *Montées de Jacques au Temple*[1], la *Dormition du pseudo-Jacques*, le *Protévangile de Jacques*, etc.

Chez les historiens étrangers au christianisme, Flavius Josèphe, un Juif rallié aux Romains dès 67, détaille les circonstances politiques de la mort, en 62, de Jacques « frère de Jésus appelé Messie » ; les

1. Ce texte, qui serait d'origine ébionite, est maintenant rattaché aux *Reconnaissances pseudo-clémentines* (*Écrits apocryphes chrétiens*, vol. 2, Gallimard, « Bibliothèque de la Pléiade », 2005).

exégètes contemporains considèrent ces lignes de Josèphe comme authentiques[1].

Quant aux Pères de l'Église, pendant plus de trois cents ans ils n'éprouvèrent aucun embarras à parler des frères de Jésus. Cité par Eusèbe, évêque de Césarée en Cappadoce, Hégésippe, auteur vers 150 d'une *Histoire de l'Église,* raconte longuement, comme Clément d'Alexandrie à la même époque, le martyre de Jacques le Juste «le frère du Seigneur», lapidé sur l'ordre du parti sacerdotal. Il peint également la médiocre situation matérielle de deux petits-fils de Jude, vers 90-95, Jude dont il rappelle qu'il était lui aussi «le frère du Seigneur selon la chair». À la fin du IIe siècle, le théologien Tertullien, dans son *Contre Marcion,* affirme que les frères de Jésus étaient «ses vrais frères», et, à propos de la scène des Évangiles où Jésus, prêchant chez Pierre à Capharnaüm, refuse de rejoindre sa mère et ses frères venus le chercher, il écrit : «C'étaient sa mère et ses frères véritables qui l'attendaient à la porte, et il les avouait pour mère et frères par là même qu'il refusait de les reconnaître.»

Le revirement ne se produisit qu'à la fin du IVe siècle lorsque, vers 370, l'évêque de Chypre, Épiphane de Salamine, suggéra que ces frères pourraient n'être que des demi-frères, issus d'un premier mariage

---

1. *Les Antiquités judaïques* (trad. Arnauld d'Andilly, 1667, rééd. Lidis, 1997), résumé de l'Ancien Testament avec reprise de l'ouvrage de Nicolas de Damas sur le règne d'Hérode le Grand et aperçus sur l'histoire des Hérodes ultérieurs. Flavius Josèphe est aussi l'auteur de *La Guerre des Juifs* (Les Belles Lettres, 2003), récit couvrant les années 65 à 70.

de Joseph. Son hypothèse s'appuyait sur l'un des nombreux « évangiles de l'Enfance » (enfance de Marie ou de Jésus), connu sous le nom moderne de *Protévangile de Jacques.*

Dans ce texte apocryphe oriental qui date de la fin du IIe siècle, l'auteur anonyme n'hésite pas à marier un Joseph de quatre-vingt-dix ans, déjà pourvu de grands enfants (sans doute ont-ils dépassé la cinquantaine !), à une petite Marie de douze ans. Évidemment, entre eux il ne se passe rien de charnel ; et quand Marie accouche dans une grotte, cette grotte qui, dans la légende, a remplacé l'étable évangélique, deux sages-femmes viennent vérifier qu'elle est *virgo intacta.* Voici ce que fait et dit l'une de ces dames, nommée Salomé : « "Aussi vrai que vit le Seigneur mon Dieu, s'écria la sage-femme, si je ne mets pas mon doigt dans cette femme et n'examine sa nature, je ne croirai nullement qu'une vierge ait enfanté." Et la sage-femme dit encore : "Marie, dispose-toi, car un débat se présente à ton sujet." Et Marie, ayant entendu cela, se disposa. Et Salomé mit le doigt dans sa nature ; et elle poussa un cri : "Malheur à mon incrédulité, voici que ma main est dévorée par le feu[1] !" », etc.

Le succès de ce conte d'un goût douteux, écarté du canon de l'Église comme tant d'autres du même acabit, dépassa dans l'Antiquité celui du *Da Vinci Code* aujourd'hui : ce fut alors, sur Marie et la naissance de Jésus, le texte le plus répandu dans la chrétienté. Nous disposons encore de cent cinquante copies rédigées

1. *Écrits apocryphes chrétiens,* vol. 1, Gallimard, « Bibliothèque de la Pléiade », 1997.

dans le grec d'origine et de nombreuses versions dans toutes les autres langues de l'époque (latin, copte, araméen, éthiopien, arabe, arménien, etc.).

À l'évidence, il existait aux Iᵉʳ et IIᵉ siècles une forte demande populaire pour une déesse-mère éternellement vierge ou veuve, demande qu'il faut sans doute relier, d'une part, à la fortune du culte d'Isis, une déesse souvent représentée en « mère à l'enfant », et, d'autre part, au développement pendant cette même période, à l'intérieur du christianisme, des hérésies marcionite, docète, puis encratite[1]. Tous ces mouvements prônaient la mortification et faisaient de l'abstinence sexuelle la principale voie du salut. Dans le droit fil des gnostiques, ces « castors mutilateurs d'eux-mêmes », comme les nomme Tertullien, poussaient la haine de la chair jusqu'à supprimer le mariage et nier la réalité humaine de Jésus, resté « pur esprit ».

L'enthousiasme soulevé par le *Protévangile de Jacques* amena d'autres auteurs orientaux à exploiter le filon : l'*Évangile de l'Enfance du pseudo-Matthieu* fait aussi intervenir deux sages-femmes, Rahel et Salomé, qui, à leur tour, procèdent à l'examen gynécologique après que l'accouchement s'est effectué « sans douleur » ni « souillure de sang ». Dans l'*Ascension d'Isaïe*[2], légèrement plus tardive, c'est en la seule présence de son mari que Marie met au monde Jésus, mais le bébé naît au bout de deux mois de grossesse seulement. Et si Marie l'a (brièvement) porté dans son sein, elle ignore comment il en est sorti, car

1. Du grec *enkratès* : chaste, continent.

2. *Ascension d'Isaïe* 11, 6-14.

elle le trouve soudain posé devant elle. «Et elle en fut effrayée», précise l'auteur – on le serait à moins ! Heureusement, mis au sein, cet enfant «tombé du ciel» tète aussitôt de bon cœur.

Dès 248, le théologien Origène, dans son *Commentaire de l'Évangile selon Matthieu,* s'était fait l'écho de la vigueur de cette croyance spontanée dans la virginité perpétuelle de Marie ; il y était d'autant plus sensible lui-même qu'il s'était châtré volontairement... Un siècle plus tard, alors que les communautés monastiques se multipliaient, Basile de Césarée, évêque de Cappadoce, constatait lui aussi l'attraction exercée sur les foules par une Marie éternellement vierge.

C'est sans doute à cette pression populaire de plus en plus forte qu'Épiphane de Salamine, ancien moine, céda vers 370 en rattachant les «frères de Jésus» à Joseph seul (les frères n'étaient même plus, dans cette hypothèse, des demi-frères, puisque Joseph n'avait aucune part à la conception de Jésus). Un lettré romain, Helvidius, s'insurgea aussitôt contre cette théorie et réaffirma qu'à s'en tenir aux textes saints les frères de Jésus étaient bien des frères, non des demi-frères, et que Marie avait eu, après la naissance de Jésus, des relations conjugales «normales» avec Joseph.

En 383, le moine Jérôme intervint dans la querelle en publiant un *Contre Helvidius, ou Traité de la virginité perpétuelle.* Farouche partisan de la continence pour les chrétiens des deux sexes, il ne se ralliait pas pour autant à la thèse d'Épiphane, car, selon lui, Joseph aussi était resté vierge depuis sa naissance... Le futur traducteur de la Bible en latin fournit donc une nouvelle explication, linguistique cette fois : les quatre « frères du Seigneur » n'auraient été que des cousins, le mot « frère » ayant été inscrit dans le Nouveau Testament par suite d'une mauvaise traduction de l'hébreu, ou de l'araméen, vers la langue grecque. Quant à ce que les textes saints disaient de Jacques, « évêque » de Jérusalem, il y aurait eu confusion : selon Jérôme, il s'agissait simplement d'un des douze apôtres, Jacques d'Alphée, dit le Petit, fils d'une autre Marie ; on l'aurait surnommé « frère du Seigneur » en raison de sa « grande force de caractère »...

Trois cent cinquante ans après la mort de Jésus, Jérôme levait ainsi le seul obstacle qui empêchait encore de proclamer Marie « toujours vierge » : l'existence des frères, si constamment affirmée dans le Nouveau Testament. Il le fit habilement, puisqu'il ne s'appuya pas sur ces apocryphes rejetés par l'Église, qui popularisaient depuis deux siècles la figure d'une Marie pure de tout contact et d'un Christ né lui-même sans contact avec la chair de sa mère : *ex utero clauso* (« d'un utérus fermé »). Ne se fondant que sur les textes canoniques, Jérôme prétendait seulement en proposer une nouvelle « traduction »... Augustin emboîta le pas à Jérôme, tandis que son maître Ambroise, évêque de Milan, en restait aux « demi-frères » d'Épiphane.

La théorie de Jérôme fut consacrée, incidemment, par l'Église lors du concile de Constantinople en 553 : on y qualifia Marie de « toujours vierge », sans qu'il s'agît explicitement d'un dogme. En 649 (soit plus de six siècles après la naissance de Jésus), le synode du Latran rassemblé par le pape Martin Ier proclama toutefois : « Si quelqu'un ne confesse pas que [...] la vierge et immaculée Marie a conçu du Saint-Esprit sans semence et enfanté sans corruption, sa virginité demeurant inaltérée après l'enfantement, qu'il soit condamné ! »

Aujourd'hui, la position des Églises chrétiennes reste fort diverse. À la suite des études historico-critiques menées depuis le XVIIIe siècle, la plupart des Églises protestantes, tout en admettant la conception virginale, rejettent la virginité perpétuelle : elles ne font aucune difficulté pour admettre l'existence de « vrais » frères de Jésus. De leur côté, les Églises orthodoxes en sont restées à la proposition d'Épiphane : puisque Marie était encore vierge *post partum* (« après l'accouchement »), les frères n'étaient que des « demi-frères », fils d'un premier mariage de Joseph. L'Église catholique, elle, s'en tient à Jérôme : Jésus n'eut ni frères ni demi-frères, il n'avait que des cousins.

Admirable solidité d'une Église qui campe depuis quatorze siècles sur une position intenable ! Car elle s'appuie toujours sur l'hypothèse d'une traduction erronée, alors qu'aujourd'hui tout le monde reconnaît que les quatre Évangiles ont été écrits directement en grec.

À la différence de l'Ancien Testament (écrit en hébreu), il n'existe, en effet, aucun original hébraïque ou araméen du Nouveau Testament. L'analyse exégétique et historique du texte grec montre d'ailleurs qu'il n'y eut pas de version antérieure écrite dans une langue sémitique.

Dès lors, il est inutile de se référer – comme le font encore certains – aux quelques erreurs commises, trois siècles plus tôt, par les « Septante » d'Alexandrie lorsqu'ils traduisirent en grec la Bible hébraïque. Pour le Nouveau Testament, pas de traduction ; tout juste pourrait-on alléguer que l'évangéliste Marc, dont le mauvais grec reste émaillé de latinismes et d'araméismes, était susceptible de se tromper sur le sens de tel ou tel mot qu'il employait ; mais on ne saurait invoquer la même imprécision de vocabulaire pour Jean ou Luc, dont le grec était la langue maternelle. Luc écrit d'ailleurs dans un grec classique excellent. Et ce qui vaut pour Luc en tant qu'auteur du troisième Évangile vaut aussi pour Luc en tant qu'auteur (ou compilateur) de ces *Actes des Apôtres,* qui citent fréquemment « Jacques le frère du Seigneur ». Quant à Paul, qui, né et élevé dans une ville grecque, n'écrivit qu'à des Grecs et pour des Grecs, ses *Épîtres* n'eurent évidemment pas à être traduites ! Or qui oserait soutenir que ce Juif helléniste a pu confondre le mot *adelphos* (frère) avec *anepsios* (cousin) ? Paul connaît et distingue parfaitement les deux termes : dans ses *Épîtres,* il qualifie Jacques de « frère » de Jésus, tandis qu'il désigne Marc comme un « cousin » de Barnabé[1].

Dans l'ensemble du Nouveau Testament, on trouve employé trois cent quarante-trois fois le mot *adelphos,* et pas une fois, contrairement à ce que soutenait Jérôme, ce mot n'y est confondu avec *anepsios* : trois cent quarante-trois fois, il désigne soit un frère au sens métaphorique (membre de la communauté chrétienne), soit un frère *biologique,* rien d'autre[2].

---

1. Voir *I Corinthiens* 9, 4-5, *Galates* 1, 19 et *Colossiens* 4, 10.

2. Cf. John P. Meier, *A Marginal Jew : Rethinking the Historical Jesus*, Doubleday, New York, 4 vol., 1991-2009.

Ajoutons que l'historien juif Flavius Josèphe, qui écrit lui aussi en grec, qualifie Jacques de « frère du Seigneur », et non pas de « cousin ».

Enfin, si l'on examine le sens même des phrases dans lesquelles est employé ce mot « frère », on voit le ridicule qu'il y aurait à vouloir lui substituer le mot « cousin ». Par exemple, quand Jean, cherchant à montrer dans son Évangile l'incrédulité initiale de la famille de Jésus, s'exclame : « Même ses frères ne croyaient pas en lui ! », sa surprise aurait-elle la même force s'il avait écrit : « Même ses cousins ne croyaient pas en lui » ? Et que faire de cette phrase que Jésus prononce dans les trois Évangiles synoptiques au moment où, à Capharnaüm, on lui annonce l'arrivée de ses frères : « Qui sont [...] mes frères ? Celui qui fait la volonté de Dieu, celui-là est mon frère. » Si l'on « traduit » ce texte de la manière que souhaitait Jérôme, la phrase devient : « Qui sont [...] mes cousins ? Celui qui fait la volonté de Dieu, celui-là est mon cousin. » N'est-ce pas un peu faible ? Dans la pratique d'ailleurs, sinon dans la doctrine, l'Église catholique a elle-même renoncé à cette « traduction » saugrenue : dans le texte liturgique officiel établi par les évêques de France pour les Évangiles, ce n'est nulle part le mot « cousin » qui figure...

Quant à l'identification de « Jacques frère de Jésus » avec l'apôtre Jacques d'Alphée, elle a fait long feu : la *Bible de Jérusalem,* œuvre des dominicains, qui bénéficie, comme telle, de l'imprimatur, reconnaît dans une note de bas de page qu' « on ne doit pas identifier l'apôtre Jacques fils d'Alphée avec Jacques frère du Seigneur[1] ».

1. Note sous *Actes des Apôtres* 1, 13.

Pour ceux qu'intéresseraient à la fois le détail des subtilités familiales imaginées au IVe siècle par Jérôme et leur réfutation contemporaine, il existe d'excellents ouvrages : *Jacques, frère de Jésus* de Pierre-Antoine Bernheim[1], *Jude and the Relatives of Jesus in the Early Church* de Richard Bauckham[2], et la somme exégétique de John Meier, *A Marginal Jew,* à ce jour plus de trois mille pages remarquables[3]. Le pape Benoît XVI, dans la bibliographie de son *Jésus de Nazareth*[4], présente l'ouvrage de Meier comme un « modèle d'exégèse historico-critique ». Or que dit John P. Meier à propos des frères de Jésus ? « D'un point de vue purement philologique et historique, l'opinion la plus probable est que les frères et sœurs de Jésus étaient vraiment ses frères et sœurs[5]. »

Ces frères et sœurs biologiques attestés par de multiples auteurs au cours des deux premiers siècles de notre ère, et dont l'un au moins eut un rôle essentiel dans les débuts de l'Église, furent pourtant peu à peu sortis de l'Histoire pour laisser la place à la « virginité

---

1. Éditions Noésis, 1996 ; Albin Michel, 2003.

2. T&T Clark, New York, 2004.

3. *Op. cit.* En français, pour les quatre premiers volumes : *Un certain juif, Jésus, les données de l'histoire,* Éditions du Cerf, 2004-2009. John Paul Meier est un prêtre catholique, qui fut professeur de Nouveau Testament au séminaire de New York, à l'Université catholique de Washington, puis à l'université Notre-Dame de l'Indiana.

4. Librairie éditrice vaticane. En français, Flammarion, 2007.

5. John P. Meier, *op. cit.,* vol. 1, pp. 189-203.

perpétuelle»[1]. Dans ce développement désordonné du culte marial, où la piété, toujours, a précédé la doctrine, l'Église semble s'être reniée elle-même : abandonnant ses propres textes sacrés, ceux qu'elle avait initialement regardés comme les plus fidèles, elle se laissa influencer par de médiocres apocryphes, plus délirants les uns que les autres. Et cette folie ne se limita pas à la période du Bas-Empire romain ou du haut Moyen Âge, elle se poursuivit par la suite : n'est-ce pas en 1854 que fut décrété le dogme de l'«Immaculée Conception»[2] ? Cette croyance était elle aussi issue, indirectement, de quelques apocryphes, le *Protévangile de Jacques,* l'*Évangile du pseudo-Matthieu,* l'*Évangile de l'enfance du pseudo-Thomas* et le *Livre de la Nativité de Marie.*

Ces textes, qui se copient les uns les autres, affirment qu'Anne (personnage qu'ils sont les seuls à nommer) resta stérile pendant vingt ans et conçut Marie après la visite annonciatrice d'un ange, à une époque, d'ailleurs, où Joachim, son mari, était absent depuis cinq mois... Y avait-il vraiment urgence, au milieu du XIXe siècle, à imposer à tous les fidèles ces

1. Il convient de distinguer la «virginité perpétuelle» (après l'accouchement, *post partum*) de la «conception virginale» (*ante partum*), laquelle est affirmée par deux des quatre Évangiles canoniques (même s'il pourrait, selon certains, s'agir d'ajouts introduits au début du IIe siècle).

2. Il s'agit non pas de la conception de Jésus par le Saint Esprit, mais d'une «extension» à la génération précédente : Marie est elle-même conçue sans la tache du péché originel; elle est, selon le Vatican (*Lumen Gentium,* 1964), directement «pétrie par le Saint-Esprit».

fables élaborées, pour la plupart, à Byzance entre le VIe et le IXe siècle de notre ère[1] ?

Plus grave peut-être, ou moins excusable encore : en 1950, le pape Pie XII, agissant seul en vertu de son infaillibilité pontificale, érigea en dogme l'Assomption de Marie – depuis longtemps, il est vrai, fêtée dans les églises. Dans les attendus de sa décision, il indiqua qu'il s'était appuyé sur « des textes anciens » et sur « la foi populaire ». La foi populaire n'est sans doute pas le meilleur guide en histoire ni en théologie. Quant aux textes anciens, il ne s'agit ici ni du Nouveau Testament ni des Pères de l'Église, mais uniquement, encore une fois, d'apocryphes, et d'apocryphes relativement tardifs : la *Dormition de Marie du Pseudo-Jean* (Ve siècle), le *Discours sur la Dormition de la Vierge* (fin du VIe siècle) et l'*Assomption de Marie* (VIIe siècle), fantaisies byzantines qui furent, certes, des « best-sellers » en leur temps, mais qui sont à ranger dans la même catégorie que *La Légende dorée*…

Fallait-il, à une époque où l'on n'imposait déjà plus aux catholiques d'adorer les reliques des saints, sacrifier ainsi la vérité historique à des contes orientaux ? Était-il indispensable d'effacer des mémoires ces frères et sœurs de Jésus dont l'un au moins, Jacques dit « le Juste », avait eu un rôle déterminant pour la suite des événements ?

---

1. La théorie de l'Immaculée Conception fut unanimement rejetée par les théologiens occidentaux, dont saint Bernard de Clairvaux, jusqu'au début du XVe siècle. Elle fut ensuite écartée, bien sûr, par les protestants. Aujourd'hui, la plupart des catholiques continuent à la confondre avec la « conception virginale ».

En vérité, avant même d'adopter le dogme de la « virginité perpétuelle », l'Église romaine primitive s'était employée à affaiblir le souvenir de Jacques, le « frère du Seigneur », au profit de son rival Paul, dont l'influence fut d'autant plus grande que ses *Épîtres* circulaient déjà partout en un temps où n'existait encore aucun Évangile. Ces *Épîtres* pleines d'émotion étaient lues dans les assemblées et inspiraient les homélies : victoire de l'écrit et triomphe du beau style ! Au point qu'il fallut quelque temps aux premiers chrétiens pour rendre à Pierre, sur lequel ils étaient moins renseignés, son importance dans l'histoire de leur mouvement. Au IIe siècle, Irénée de Lyon dut rappeler que, sans Pierre, la prééminence de l'Église romaine ne se justifiait pas. Parions en effet que si, après la chute de Jérusalem, l'Église était devenue alexandrine ou éphésienne plutôt que romaine, le souvenir de Pierre se serait perdu avant même que l'*Évangile de Matthieu* n'en fît le fondateur de l'Église.

Paul, puis Pierre éclipsèrent donc Jacques. On alla jusqu'à dire que Pierre avait été l'« évêque des évêques », comme s'il n'avait pas été précédé par Jacques le Juste, évêque de Jérusalem, dans un temps où l'Église romaine n'existait même pas.

En faisant du « frère du Seigneur » un simple cousin, Jérôme avait, à la satisfaction des tenants de la virginité perpétuelle, amorcé sa disparition progressive. Mais on franchit une étape de plus en le confondant avec un apôtre des plus obscurs, sur lequel personne ne savait rien : Jacques d'Alphée, dit Petit-Jacques, dit aussi Jacques le Mineur.

Ainsi « le Juste », chef de l'Église et martyr, devenait-il, une fois confondu avec ce Petit-Jacques, un quasi-inconnu, un apôtre *lambda* dont on retenait seulement qu'il était mineur, « secondaire » par rapport à un autre Jacques : Jacques de Zébédée, frère de Jean, qui, lui, fut qualifié de Majeur et fêté le 25 juillet. À Compostelle et dans toute la chrétienté, on honora Jacques de Zébédée – ce « Majeur » dont on ne savait pas grand-chose, sinon qu'il avait été la victime d'Hérode Agrippa. Joli tour de passe-passe : le frère de Jean devenait « majeur », le frère de Jésus, « mineur ».

Jacques le Juste, qui avait eu autrefois sa propre fête dans le calendrier liturgique, la perdit. L'Église catholique décida de le célébrer avec le fils d'Alphée, sous une appellation syncrétique au martyrologe : apôtre, fils d'Alphée, surnommé le Juste, qui dirigea la première Église de Jérusalem. Puis ce saint hybride, l'Église l'associa avec l'apôtre Philippe. Non pas le diacre helléniste du même nom, qui fut un missionnaire très actif, mais un apôtre dont la personnalité et le destin sont aussi obscurs que ceux de Petit-Jacques. On fêta le 3 mai ce conglomérat d'inconnus…

Les Églises orientales résistèrent à cet amalgame et à cette rétrogradation injustifiés : elles fêtent toujours Jacques d'Alphée le 9 octobre, et Jacques, frère de Jésus et évêque de Jérusalem, les 23 octobre et 25 décembre. Les protestants, peu soucieux de décerner des médailles, ne fêtent rien, mais continuent à distinguer parfaitement ces deux personnages du Nouveau Testament.

Cependant, la plupart des exégètes catholiques ont depuis longtemps rejoint cette position des protestants et abandonné les inventions de Jérôme. Un ancien directeur de l'école biblique de Jérusalem peut écrire : « Pour l'exégète et pour l'historien, les frères et sœurs de Jésus sont, selon toute probabilité, des frères et sœurs de sang[1] », et la rédactrice en chef de *Témoignage chrétien* reconnaît : « Bien que l'explication par les cousins soit la version officielle et traditionnelle (de l'Église catholique), il faut reconnaître qu'elle tient difficilement[2]. » De fait, l'existence des frères et sœurs de Jésus est devenue, même dans le milieu des historiens catholiques, un « secret de Polichinelle ». Aucun de ceux qui en parlent avec liberté dans leurs ouvrages ne s'est d'ailleurs, et heureusement, trouvé excommunié ! Néanmoins, au commun des fidèles, on continue à raconter cette histoire de cousins et à enseigner le dogme de la virginité perpétuelle.

Serait-ce que les autorités ecclésiastiques ont adopté le prudent principe de Fontenelle : « Si j'avais la main pleine de vérités, je me garderais bien de l'ouvrir » ? Mais Jésus n'enseignait-il pas que « tout ce qui est caché sera dévoilé » ? Sur la longue ou la très longue durée, je n'en doute pas. C'est pourquoi j'ai voulu écrire ce roman sur Jacques et Jude.

Roman en effet, car même si l'existence de la famille nombreuse de Jésus est bien attestée, on ne sait rien

---

1. François Refoulé, *Les Frères et sœurs de Jésus,* Desclée de Brouwer, 1995.

2. Christine Pedotti, *Jésus, cet homme inconnu,* XO Éditions, 2013.

sur ses sœurs et peu de choses sur deux de ses frères, José et Simon.

À s'en tenir aux quelques indices trouvés dans le Nouveau Testament, les filles s'étaient mariées dans le village de Galilée où tous étaient nés, et les garçons vivaient dans ce même village avec leur mère ; ils firent sans doute partie de l'« expédition » collective à Capharnaüm destinée à ramener Jésus à la raison ; ils étaient présents à Jérusalem (avec Marie et les disciples) entre la Crucifixion et la Pentecôte ; ils se marièrent et effectuèrent avec leurs épouses des missions de prédication dans la Diaspora. C'est tout. J'ai donc dû imaginer la personnalité de José et Simon, et faire mourir l'un d'eux prématurément.

Sur Jacques et Jude, respectivement deuxième et benjamin de la fratrie, nous sommes en revanche beaucoup mieux renseignés. Jacques est un personnage de tout premier plan : il fut, comme je l'ai dit, le fondateur et le chef de l'Église de Jérusalem dans un temps où celle-ci était la mère de toutes les Églises. « Évêque » de Jérusalem, il fut, comme tel, le vrai « premier pape ». Nous connaissons les grandes lignes de son action : Juif pieux, estimé du bas clergé du Temple, il consacra sa vie aux « petits », c'est-à-dire aux pauvres, et y gagna probablement son surnom de Rempart du peuple. À Jérusalem, il lutta contre les chefs de l'aristocratie sacerdotale, ce qui, probablement, causa sa mort. Il tenta surtout d'éviter, dans la Diaspora, la rupture entre christianisme et judaïsme, s'opposant souvent à Paul, qui, à cause de son génie et de sa vocation propres, était à peu près aussi « ingérable » que je l'ai montré dans le roman. À Pierre, en revanche, Jacques ne s'opposa jamais ; mais Pierre semble avoir lui-même compris assez vite qu'il n'y avait pas place pour deux chefs à Jérusalem. C'est pourquoi il gagna bientôt Antioche de Syrie, où il fut le maître, puis Corinthe, province romaine, puis Rome même, tout en restant en bons termes avec le frère de Jésus, qu'il craignait.

À la différence de son aîné, de Paul et, dans une certaine mesure, de Pierre, Jacques, lui, n'était pas un « charismatique itinérant », c'était un casanier ; mais, sans bouger de Jérusalem, il fut un grand organisateur et un prédicateur talentueux. Il sut en effet prêcher avec vigueur une doctrine dont l'*Épître* qui lui est attribuée permet de se faire une idée : on y trouve, notamment, une glorification de la pauvreté et une condamnation des riches encore plus violente que celle de Jésus. Cette *Épître* comporte aussi une belle analyse des rapports entre la foi et les œuvres (manifestement une réplique aux thèses de Paul), et elle révèle la persistance de l'attente apocalyptique : tout est provisoire, la Fin des temps approche, le Juge suprême est « à la porte »...

Pourquoi certains doutent-ils que cette *Épître,* adressée aux Juifs de la Diaspora, puisse être l'œuvre de Jacques alors même que la datation qu'en proposent les exégètes (entre 60 et 85) n'est pas incompatible avec la durée de sa vie ? Uniquement parce qu'elle est en grec, et le meilleur grec de tout le Nouveau Testament.

Mais cet argument unique est-il convaincant ? Nous savons que Pierre, qui ne parlait pas le grec (sauf, peut-être, quelques mots usuels de la *koïné)* et ne savait sans doute pas écrire, utilisait à Rome des secrétaires (dont peut-être un certain Marcus), lesquels faisaient à l'occasion fonction de traducteurs. Paul, bien qu'il sût écrire, dictait aussi ses lettres et eut plusieurs secrétaires. Tout laisse à penser que Jacques procédait de la même façon : il avait des secrétaires et, le cas échéant, des interprètes. Certains exégètes avancent que son *Épître* serait une mise en forme par un tiers d'instructions orales qu'il aurait données ou de petits écrits disparates (peut-être en araméen) rassemblés après sa mort. Pourquoi pas ? En tout cas, l'*Épître* correspond en tous points à ce que nous savons, d'une part, de la période et, d'autre part, des idées de Jacques.

Jacques le Juste, « frère du Seigneur » et Rempart du peuple, m'apparaissait donc comme un personnage trop important sur les plans politique et théologique, et peut-être trop admirable, pour laisser un espace suffisant à la création romanesque.

Jude se prêtait mieux à l'exercice. Que sait-on de lui, en effet ? Qu'il écrivit une courte *Épître* (devenue, elle aussi, canonique), assez connue en son temps pour avoir été imitée. Le ton de ce texte reste étonnamment proche de celui de l'Ancien Testament (son auteur connaît même des textes juifs apocryphes, alors très populaires en Judée). Exception faite d'un paragraphe d'une qualité littéraire éblouissante, l'*Épître de Jude* développe en termes convenus une thématique assez banale : exhortation à la paix des communautés, condamnation des débauchés et de « faux frères diviseurs » allusivement désignés. Mais la conservation de cette *Épître,* qu'on date de 60-70 de notre ère, et son intégration dans le Canon dès la fin du IIe siècle prouvent, en tout cas, que Jude jouissait d'une légitimité suffisante dans l'Église de Jérusalem pour admonester et conseiller *urbi et orbi* les adeptes de la « Voie ».

Il est donc permis de supposer qu'il joua un rôle à côté de son aîné Jacques, ou qu'il exerça un magistère après lui. Certes, la liste des évêques de Jérusalem, telle qu'elle figure dans l'*Histoire ecclésiastique* d'Eusèbe de Césarée (un texte du IVe siècle), fait passer le « siège épiscopal » directement de Jacques à l'un de ses cousins germains nommé Siméon, puis, après la mort de Siméon, à un autre Jude, « fils de Jacques, frère du Seigneur ». Mais, en regardant de près les dates qui figurent sur cette liste, on s'aperçoit que Siméon (si, du moins, il s'agissait bien d'un cousin germain) aurait dû exercer sa fonction jusqu'à l'âge d'environ cent vingt ans... Pour permettre à Siméon d'achever son mandat dans un délai plus raisonnable, j'en ai fait quelqu'un de plus jeune (un petit-neveu) et j'ai attribué à Jude l'intérim de la fonction épiscopale pendant les quelques années qui furent décisives.

Pour le surplus, les Pères de l'Église[1] nous apprennent que Jude, marié, eut, tout comme Jacques, une postérité : au début du règne de Domitien, deux de ses petits-fils, Zôker et Jacob, vivaient encore en Galilée (ou en Batanée) où ils exploitaient ensemble quatre hectares de terre; responsables de la petite

1. Eusèbe de Césarée, reproduisant un texte d'Hégésippe, dans son *Histoire ecclésiastique,* 3, 19-1 et 20-27, Éditions du Cerf, 2003.

église locale, ils étaient pauvres, avaient les mains calleuses, et les autorités romaines, les jugeant peu dangereux, ne les poursuivirent pas.

Tout cela contribuait à faire de Jude, benjamin de la fratrie, un homme ordinaire – un peu écrasé par deux frères exceptionnels, resté plus immature que ses aînés, mais ayant eu la chance, peut-être, de pousser plus loin qu'eux ses « études », comme il arrive souvent aux benjamins des familles pauvres : dans le roman, il saurait lire, écrire, connaîtrait les anciens textes bibliques, et apprendrait même la *koïné,* ce sabir grec international que les Juifs de Judée-Palestine se flattaient de mépriser. J'ai voulu, enfin, un Jude conscient que, dans cette histoire, bien des choses lui échappent (à nous aussi), conscient qu'il ne comprend pas tout (nous non plus) ; mais je l'ai voulu également sensible, sensuel, curieux des choses et des gens, compatissant, et désireux de bien faire quand il se trouve porté par les événements à exercer des responsabilités qu'il n'a pas souhaitées.

En vérité, s'il n'avait été le « petit frère » de Jésus, Jude, tel que je l'ai imaginé, se serait sans doute accommodé de cette *vallée de larmes.* À la différence de Jean l'évangéliste, déjà contaminé par un certain docétisme, il n'éprouve aucune haine pour ce *bas-monde* et pour la création divine. C'est, en somme, un homme « comme vous et moi »... Mais les aventures extraordinaires gagnent à être racontées par des témoins ordinaires ; « un chat peut bien regarder un roi », comme disent les Anglais... Bien entendu, quand je parle de Jude comme d'un témoin ordinaire, il s'agit d'un témoin de cette époque-là – où chacun voit des anges aussi naturellement que, plus tard, Jeanne d'Arc en verra, où tous croient aux démons, aux spectres, aux exorcismes, et attendent avec impatience l'Apocalypse.

Pour restituer la mentalité d'un homme ordinaire de ce temps-là, rien n'était plus opportun que de lui donner la parole. Opportun, mais difficile.

D'abord parce que avant les *Confessions* d'Augustin, les autobiographies sont courtes et rares[1]. Rare aussi, l'usage de la première personne dans un récit ; mais ni incongru ni inconnu – même dans la littérature religieuse – puisque plusieurs apocryphes, placés sous des patronages usurpés, furent rédigés à la première personne du pluriel ou du singulier (l'un d'eux fait même directement raconter les événements par Jésus !).

Le même procédé fut utilisé par les *Actes des Apôtres,* dont deux longs passages sont introduits par « nous » : ce sont les compagnons de Paul qui racontent eux-mêmes l'histoire. Quant à Luc, pour décrire l'enquête qu'il a menée sur le Christ, il commence son Évangile à la première personne du singulier.

Par ailleurs, le roman d'apparence autobiographique est tôt connu des romanciers (le *Satiricon* de Pétrone ou *Les Métamorphoses* d'Apulée), et cette façon d'écrire n'est pas plus gréco-romaine que juive, puisque les *Psaumes* de David, comme les poèmes

1. Dans la Palestine de l'époque de Jude, nous connaissons par exemple celles de Flavius Josèphe et de Nicolas de Damas.

lyriques grecs, sont, eux aussi, écrits à la première personne du singulier.

L'usage de la première personne dans le roman implique, cependant, que le langage et la « psychologie » attribués au narrateur paraissent vraisemblables : c'est pour cette raison – et parce que la langue structure la pensée et forme la sensibilité – que j'avais écrit *L'Allée du Roi* dans le style du XVIIe siècle. Mais ce qui est assez aisé pour le Grand Siècle l'est moins pour l'Antiquité. Marguerite Yourcenar, consciente du problème, ne prétendait-elle pas avoir écrit une première version de *Mémoires d'Hadrien* en latin avant de traduire son roman en français ? Galéjade, je suppose…

Pour ma part, je ne prétends pas écrire en grec ancien. Par chance, il existe, en français comme en anglais, un style propre aux récits bibliques : l'Ancien et le Nouveau Testament, même traduits, conservent un ton particulier, des tours grammaticaux spécifiques, et un système de références qui leur est propre. C'est encore plus vrai de la partie hébraïque (Ancien Testament) que de la partie grecque (Nouveau Testament), mais cela reste, dans tous les cas, très sensible.

Bien sûr, cette originalité de la langue est mieux rendue dans les traductions patinées par le temps que dans les traductions dites « modernes » qui modifient la composition des phrases et transposent formules, mots et gestes, pour faciliter leur compréhension par le lecteur contemporain.

Sans remonter à Lemaître de Sacy au XVIIe siècle, ni à Lamennais au XIXe, je reste pour ma part très attachée à la traduction de Louis Segond de 1910 (révisée en 1975) qui est celle de la *Bible de Genève,* version la plus répandue aujourd'hui chez les protestants francophones. Cette traduction est celle qui, littérairement, me touche le plus[1]. Cependant, j'aime aussi, et j'ai également utilisé, la *Bible Osty*[2], qui a le mérite de respecter les hébraïsmes de l'Ancien Testament ainsi que la structure de la phrase grecque du Nouveau. J'apprécie par ailleurs l'honnêteté et la précision de la TOB *(Traduction œcuménique de la Bible)*[3], dont les notices de présentation sont remarquables. Ce sont les trois traductions avec lesquelles j'ai le plus souvent travaillé pour faire comprendre et parler Jude.

Poursuivant jusqu'au bout le parti que j'avais pris, j'ai imité, dans la présentation du texte, les notes érudites que comportent les « vraies » Bibles. Des notes étaient d'ailleurs nécessaires pour éclairer les allusions, changements de sens, emprunts, détails historiques et autres. Bien que procédant elles-mêmes du pastiche, ces notes ne sont pas « fausses » : les unes, en indiquant que le récit en cause n'apparaît que chez Jude ou bien que Jude se trompe, visent à prévenir le lecteur que j'ai laissé courir mon imagination ; les autres apportent toutes des renseignements exacts.

---

1. En 2007 est sortie une *Bible Segond 21,* dont les notes, qui intègrent maintenant les apocryphes et les manuscrits de Qumrân, sont excellentes. Mais le texte, modernisé, s'y trouve aplati.

2. *Bible Osty,* Éditions Rencontre, Lausanne, et Le Seuil, 1973. Textes traduits par le chanoine Osty, professeur à l'Institut catholique.

3. Établie par une équipe mixte d'exégètes catholiques, protestants et orthodoxes, elle a paru en 1975, a été révisée en 1988 et augmentée en 2010.

Rester aussi proche que possible des textes d'origine, n'était-ce pas aussi le moyen d'entrer dans l'esprit de ceux qui les avaient écrits ? Pour nous aider à comprendre ces gens qui habitent un lointain pays – le passé –, l'auteur d'un récit ou d'un roman historique doit choisir entre deux voies : tirer ces étrangers vers nous, ou aller vers eux.

Les tirer vers nous – traduire leur pensée dans notre vocabulaire, chercher des équivalents modernes aux événements, définir les personnages par référence à des héros d'aujourd'hui, bref les actualiser – rend la lecture et l'écriture plus aisées : c'est *L'Histoire pour les nuls,* qui peut avoir ses mérites.

Aller vers eux, tenter de s'approprier – sans les juger – leurs déconcertantes façons de vivre, de sentir, de raisonner, bref, s'immerger comme au baptême, c'est au contraire exiger un grand effort de l'auteur comme du lecteur. Mais cet effort est recompensé par une connaissance plus intime et par le plaisir du dépaysement : « le monde actuel », n'est-ce pas déjà le pays que nous habitons toute l'année ?

C'est pourquoi j'avais, au départ, l'intention de caler la syntaxe et le vocabulaire de ce roman sur ceux de Marc, le plus ancien des évangélistes : on date son Évangile des années 70 à 80 de notre ère – ce qui, du coup, rendait possible, dans mon roman, sa découverte par un frère cadet de Jésus. Mais l'imitation de Marc, et de Marc seul, impose des limites stylistiques très contraignantes. Doit-on pousser la manie jusqu'à reproduire ses maladresses et ses fautes de grammaire ?

Structure parfois boiteuse des phrases, erreurs dans la concordance des temps… Son vocabulaire réduit, ses passages intempestifs du passé au présent, ses impropriétés et sa rugosité font son charme – de même que les détails concrets dont il parsème son texte et qui sonnent vrai –, mais tout cela le rend tellement spécifique qu'il n'est guère imitable. Au reste, je voulais faire un pseudo-apocryphe, pas un faux Évangile !

J'ai donc finalement pris pour modèle les trois Évangiles synoptiques et les *Actes des Apôtres* (ainsi, bien sûr, que les Épîtres de ceux qui devenaient des protagonistes du récit).

Reste que les caractéristiques de ce style paléo-chrétien, et celui de la Bible juive dont ces premiers chrétiens sont nourris (*Psaumes*, *Prophètes),* tiennent l'imitateur fort éloigné des techniques actuelles de narration. Jamais de discours indirect, par exemple. Tout propos rapporté est au style direct : « Il dit » (le *éphê* grec), et citation. En français, le verbe introductif est toujours « dire » ou « s'écrier », dont les traducteurs ne s'écartent parfois que pour risquer un timide « répondre »… Répétitif ? En effet. Les évangélistes n'avaient pas lu Flaubert.

Il se trouve, par ailleurs, que la langue grecque abuse des mots de liaison. Rien n'est juxtaposé. Tout est lié, coordonné – soit parce que les Grecs sont les rois du raisonnement, soit, plus banalement, parce qu'il n'y a pas de ponctuation et que le meilleur moyen de signaler au lecteur qu'on change de phrase consiste à introduire la nouvelle proposition par l'un de ces *kaï* (et) ou *gar* (car) qui fonctionnent comme des marqueurs. Les auteurs grecs disposent, à cet effet, d'un grand nombre de conjonctions de coordination. Mais trois de nos évangélistes, bien qu'écrivant en grec, n'ont pas eu le pur grec attique pour langue maternelle : ils ne connaissent qu'un petit nombre de mots de liaison, qu'ils utilisent sans cesse, abusant des « et », « voici », « car », « mais »... Pour coordonner ses phrases, chacun d'eux a, d'ailleurs, ses manies : chez Marc, c'est « aussitôt », qu'il glisse partout ; chez Matthieu, « alors » ; et chez tous « or », parfois employé à contretemps. Je me suis efforcée de garder ces constructions devenues caractéristiques du style évangélique, quitte à les alléger de temps en temps, à moderniser une tournure ou à changer un terme que beaucoup ne comprennent plus aujourd'hui, tel ce « Gentil » qu'il m'a bien fallu remplacer par un « païen » plus anachronique... En revanche, j'ai conservé le participe présent que les auteurs modernes apprécient peu, mais que les évangélistes utilisent systématiquement lorsqu'ils veulent juxtaposer les actions.

Chez tous, peu de retours en arrière à l'intérieur du récit ; s'il y en a, ils sont amenés par un « voici », directement suivi de l'exposé des faits. J'ai, à mon tour, utilisé parfois cette technique sommaire, mais j'ai eu recours au plus-que-parfait plus souvent que ne le fait le Nouveau Testament – nous ne savons plus « dérouler » toute une histoire comme le faisaient les gens de cette époque : de manière quasi linéaire, sans interversion chronologique ni expression marquée de l'antériorité. Le temps d'alors était étrangement lisse et plat...

Révélatrice aussi d'une mentalité, l'absence d'adverbes ou de verbes nuançant les affirmations, alors qu'ils existent chez les Grecs : ici, pas de « sembler », « paraître », « peut-être », « sans doute »... Pour les quatre évangélistes, les choses ne « semblent » pas : elles « sont », c'est tout.

Fort peu de métaphores enfin, bien qu'elles soient courantes chez les poètes grecs et romains de la même époque. Les images sont toujours des comparaisons, introduites par « comme » : n'est-ce pas déjà ainsi que procédaient les auteurs de l'Ancien Testament ?

Le seul aspect de la narration qui nous semble moderne – l'abondance de dialogues, de discours – n'est pas moderne. Cette profusion de « choses dites » vient seulement de ce que, sauf dans les chapitres relatifs à la Passion et à la Résurrection, les Évangiles ne sont que des « mises en scène » des paroles de Jésus, paroles connues par des *agrapha* (transmission orale) ou des *logia* (transmission écrite).

C'est d'ailleurs à Jude que j'ai décidé d'attribuer le premier recueil de ces *logia,* dont on pense qu'il apparut vingt-cinq ou trente ans après la mort de Jésus. Grâce à la découverte, en 1945, de l'*Évangile de Thomas,* nous possédons maintenant un exemple typique de ce que furent les *logia.* Il suffit en effet de lire ce pseudo-Thomas pour voir comment ont procédé les évangélistes, et pourquoi ils se contredisent si fréquemment : les *logia* qu'ils connaissaient, ils ne les ont pas groupées de la même façon, ils ne les interprètent pas de manière similaire, et ils n'inventent pas, pour amener ces paroles, la même saynète.

En fait, il est probable qu'une fois la génération des premiers disciples disparue, plus personne ne savait rien de précis sur la vie de Jésus (à l'exception des circonstances de sa Passion, qui furent tôt ordonnées en un récit assez détaillé, transmis oralement). Peut-être même aucun disciple n'avait-il su d'où venait le Rabbi avant son baptême par Jean et le commencement de ses actions publiques à Capharnaüm ? Ajoutons que la plupart des groupes qui furent à l'origine des Évangiles étaient issus de la Diaspora ou du paganisme et connaissaient peu – ou, même, pas du tout – la Palestine.

Prendre pour narrateur un frère de Jésus, qui serait, lui, familier de la Galilée et des provinces d'Orient, me donnait la possibilité de montrer plus concrètement la vie des Juifs en ces temps d'occupation romaine.

Sur les conditions matérielles de la vie d'alors, de même que sur les querelles religieuses internes au judaïsme ou les conflits politiques, les Évangiles ne s'attardent jamais, en effet. D'abord, parce que les évangélistes cherchaient moins à écrire l'Histoire qu'à transmettre une vérité théologique ; ensuite, parce qu'ils ignoraient totalement le procédé de la description ; enfin, parce qu'ils s'adressaient à des gens de leur époque qui, pour la plupart, savaient déjà (ou savaient encore, ou croyaient savoir) à quoi s'en tenir. Bien souvent cependant, comme les évangélistes eux-mêmes, ces gens projetaient leur présent sur le passé proche : ainsi en fut-il des luttes entre judéo-chrétiens et pharisiens, lesquelles, en vérité, ne s'intensifièrent qu'après la destruction du Temple et la disparition des autres « sectes » – donc après la mort de Jésus.

Si l'on veut être historiquement plus précis que les rédacteurs des Évangiles, ou plus didactique, à quelle source puiser ? Sur cette période et dans cette région, les sources écrites sont rares : la plupart des écrits juifs du Ier siècle et du début du IIe ont été détruits soit lors de la première guerre contre les Romains, soit lors de la seconde, en même temps qu'étaient rasés Jérusalem et les villages de Judée.

Par la suite, si la « Loi orale », la *Mishna,* codifiée et commentée par les pharisiens *(Talmuds* des IIe au VIe siècles) contient quelques allusions discrètes et voilées aux premiers chrétiens, elle ne donne guère de renseignements explicites sur la vie et les idées dans la Palestine d'avant la destruction du Temple : celle du Ier siècle. Comme l'ont montré des historiens contemporains[1], ces textes sont extraordinairement lacunaires sur les guerres contre les Romains : la guerre de 66-70 y est parfois confondue avec celle de 131-135, et la destruction du Temple d'Hérode, avec celle du Temple de Salomon, cinq siècles plus tôt. Tous les événements semblent déjà s'enfoncer dans un brouillard épais.

Quant aux « Manuscrits de la mer Morte », découverts à Qumrân entre 1947 et 1956, ils ont certes permis de révéler toute une littérature juive apocryphe[2]

---

1. Voir notamment Mireille Hadas-Lebel, *Jérusalem contre Rome,* Cerf, CNRS, 2012.

2. *Psaumes de Salomon, Paraboles d'Hénoch, Légende hébraïque de Melkhisedek, Oracles pseudo-sibyllins, Écrit de Damas,* etc. Ces apocryphes de Qumrân ne sont pas nécessairement esséniens.

et de jeter une lumière nouvelle sur les évolutions du judaïsme pré-rabbinique et sur les attentes messianiques de la population, plus fortes et précoces qu'on ne le croyait encore il y a cinquante ans[1] ; mais il s'agit de copies effectuées avant le début de notre ère, donc antérieures à la période du judéo-christianisme et peu utilisables dans le cadre d'une *Vie de Jude.*

Sur cette période, il nous reste heureusement l'historien Flavius Josèphe[2], qui a montré avec précision l'escalade de la violence sur une vingtaine d'années et fut un témoin direct de l'insurrection de 66 et de la destruction du Temple en 70. Il est aussi le seul à décrire un peu le pays et à nous donner une définition claire (sinon exacte) des quatre principaux « partis » politico-religieux d'alors : sadducéens, esséniens, pharisiens, zélotes. Jean le Baptiste est mentionné, mais sans que le soit la secte de ses disciples qui, pourtant, survécut à sa mort. Quant à la secte de Jésus, ignorée de Josèphe ou restée très marginale à ses yeux, il n'en est pas fait mention dans le texte authentique des *Antiquités judaïques*[3], lequel contient, en revanche, des lignes assez détaillées sur les tenants et aboutissants de l'exécution de Jacques le Juste par le Grand Prêtre Hanân.

---

1. Voir Mireille Hadas-Lebel, *Une histoire du Messie,* Albin Michel, 2014, et Daniel Boyarin, *Le Christ juif,* Cerf, 2014.

2. *La Guerre des Juifs* et *Les Antiquités judaïques (op. cit).*

3. Le passage, dit Testimonium Flavianum, figurant dans certaines copies à partir du IVe siècle, est considéré par les exégètes comme un ajout partiel ou total au texte original, tant en raison de la nature, trop évidemment chrétienne, du propos que de l'emplacement inadéquat de cette « attestation » dans le récit.

Chez les historiens grecs ou romains encore proches de l'époque des faits, l'occupation de la Palestine et la guerre des Juifs sont à peine mentionnées. L'intérêt se porte presque exclusivement sur le beau triomphe organisé à Rome pour Vespasien et sur les amours de Titus et Bérénice.

Aussi, paradoxalement, l'un des principaux écrits exploités par les historiens contemporains pour peindre la Palestine de cette époque reste-t-il… le Nouveau Testament ! Certes, on doit le prendre avec précaution : *Évangiles, Épîtres, Actes des Apôtres, Apocalypse* ne sont pas des ouvrages d'Histoire. Mais, dans la mesure où la plupart de ces textes furent rédigés à la fin du Iᵉʳ siècle de notre ère, leur ensemble constitue, indirectement, l'une des sources historiques exploitables quant aux manières de vivre et de sentir dans cette région du monde entre le règne de Tibère et celui d'Hadrien.

Un exemple parmi d'autres : s'il veut écrire une histoire des voyages à l'époque romaine, l'historien le plus sceptique quant à l'existence même de Jésus ne pourra faire l'impasse sur le récit du naufrage de Paul tel qu'il figure dans les *Actes des Apôtres*… De même, un historien travaillant sur la peine de mort dans l'Antiquité ne trouvera nulle part, sauf dans les Évangiles, une description détaillée du supplice de la pendaison au bois (que nous appelons « crucifixion »), car les auteurs romains, s'ils mentionnent souvent la croix, ne s'attardent guère sur la manière de procéder – qu'à l'époque tout le monde connaissait.

En dehors de ces textes, trop rares, sur la Judée-Palestine du Iᵉʳ siècle, certains renseignements indispensables à une reconstitution nous sont heureusement fournis par les fouilles archéologiques entreprises en Israël depuis une cinquantaine d'années.

Ces découvertes tantôt infirment, tantôt confirment les détails donnés dans les Évangiles. Ainsi de l'utilisation d'un ou plusieurs clous dans la crucifixion : alors que les textes romains ne parlent que d'« attacher » ou « suspendre » au bois, et que les clous ne semblaient avoir été introduits dans les Évangiles que pour faire écho au psaume 22 de David (« Ils ont percé mes mains et mes pieds »), on a récemment trouvé à Jérusalem le squelette d'un crucifié aux tibias brisés ; un très long clou, encore fiché dans une planchette, transperçait ses deux talons posés l'un sur l'autre[1]...

Reste que bien des détails de la vie quotidienne nous échappent. Et parfois les plus simples. Ainsi, comment les habitants de la région étaient-ils coiffés ? Les femmes portaient-elles encore le voile comme au temps du *Cantique des cantiques,* et, si oui, quelle sorte de voile ? Les hommes se couvraient-ils la tête d'un keffieh, d'un turban, d'un chèche, d'un bonnet, ou bien allaient-ils tête nue ? Portaient-ils la barbe, ou étaient-ils imberbes à la manière romaine ? Nous l'ignorons.

En revanche, ce qui apparaît de plus en plus clairement à la lumière des éléments dont nous disposons,

---

1. Un texte municipal récemment mis au jour en Campanie réglemente le recours des personnes privées au bourreau municipal et indique quel « matériel » les particuliers doivent fournir à l'exécuteur : outre les poutres et les cordes, les clous sont mentionnés. (Voir Eva Cantarella, *Les Peines de mort en Grèce et à Rome,* Albin Michel, 2000.)

c'est que la population de la Judée-Samarie et de la Galilée était moins strictement judaïque et plus « multiculturelle » qu'on ne l'imaginait. Outre les occupants romains (surtout présents à partir de la mort d'Hérode le Grand), des Grecs syriens et phéniciens s'étaient installés en nombre croissant sur la côte ainsi que dans la partie nord du pays.

Dans tous les domaines (langue, modes de vie, emprise économique), l'hellénisation, violemment rejetée deux siècles plus tôt par le peuple, avançait maintenant à grands pas. De la naissance de Jésus (en 4 environ avant notre ère) jusqu'à la mort de Jude (que j'ai située vers 80-85), se développa, à la fois chez les pauvres endettés et chez les riches restés pieux, un vigoureux mouvement de réaction contre l'impôt, l'immigration et la collaboration avec les autorités étrangères, tandis que s'amorçait un retour aux enseignements fondateurs et aux rituels anciens du judaïsme, tel le naziréat.

Ce mouvement, qu'on aurait sûrement analysé dans les années 1960 comme une « résistance indigène à la colonisation[1] », pourrait aussi bien être interprété aujourd'hui comme un réflexe identitaire, « fondamentaliste » ou « intégriste », de la part des habitants les plus anciens. Il faut convenir, d'ailleurs, qu'au Ier siècle on ne trouvait nulle part autour de la Méditerranée une société qui, sur un espace aussi réduit,

---

1. C'était alors la mode. Jusque chez les historiens connus, on trouve des exemples de ces « rétroprojections » : ainsi, l'ouvrage de Marcel Bénabou sur *La Résistance africaine à la romanisation*, Maspéro, 1976.

comptât autant de « communautés » que la Palestine. Même très mêlée elle aussi, la population d'Alexandrie et de sa région était moins composite ; surtout, elle était habituée à la cohabitation depuis plus de trois siècles (ce qui n'empêchait d'ailleurs pas des massacres épisodiques).

En Palestine, non seulement la « nation juive » privée d'État s'opposait aux envahisseurs romains et aux immigrants gréco-syriens, mais les Juifs se divisaient violemment entre eux. La cause de ces divisions était tantôt religieuse (prolifération des sectes et « voies » à l'intérieur d'un judaïsme en pleine effervescence, ou en lente décomposition), tantôt ethnique : les Judéens méprisaient les Galiléens (soupçonnés de s'être métissés avec des Grecs), mais s'entendaient avec eux pour humilier les impurs Samaritains (mâtinés, eux, d'Assyriens), lesquels répliquaient d'ailleurs sans mollesse par des embuscades et des assassinats...

Certes la Palestine d'aujourd'hui n'a rien d'une région paisible, mais celle du Ier siècle bouillonnait comme un chaudron de sorcière : affrontements religieux, guerres civiles et étrangères, « purifications ethniques » diverses et variées...

En racontant la vie imaginaire de Jude bar-Joseph, ai-je voulu aussi montrer cet échec d'une société éclatée, éparpillée comme les pièces d'un puzzle dont le découpage hâtif n'aurait obéi à aucun dessin préalable ? Je n'ignore pas, pourtant, que ce fut de cette absence de projet, de ce désordre sanglant, que naquirent alors deux grandes philosophies morales : le judaïsme rabbinique et le christianisme...

Dans cette Palestine déchirée d'il y a deux mille ans, qui fut réellement celui que ses disciples surnommèrent *Mashiah,* « Messie » ?

Les Évangiles nous apprennent que les frères de Jésus ne le suivirent que peu, ou pas, dans sa prédication. Je pouvais donc ne faire apparaître « le Messie » que par intermittence, et d'assez loin, dans la vie de son plus jeune frère, dont l'écart d'âge avec lui devait d'ailleurs être important. Néanmoins, la question restait posée : à travers Jude, quel Jésus montrer ?

Je ne souhaitais pas un Jésus « harmonisé », comme celui que proposa, au début du IIe siècle, Tatien le Syrien dans son *Diatessaron* (« À travers les Quatre ») : rabotage des contradictions et des aspérités, et rédaction d'une « concordance », c'est-à-dire d'un Évangile unique. Ce fut l'honneur des Pères de l'Église que de refuser cette unification pour garder les quatre Évangiles tels qu'ils étaient, avec leurs divergences embarrassantes.

J'espérais néanmoins, en cherchant bien, pouvoir revenir au plus près du Jésus historique, dont je savais déjà qu'il ne pouvait être tout à fait le Christ de la foi, fruit d'une maturation dans laquelle Paul et Jean prirent une part essentielle.

C'est pourquoi je ne tins aucun compte de l'avertissement qu'avait donné en son temps Albert Schweitzer, remarquable théologien : la quête du Jésus historique est vouée à l'échec, disait-il, il reste et restera toujours multiple et insaisissable. Mais, depuis Albert Schweitzer, l'exégèse, l'archéologie et la science historique n'avaient-elles pas progressé ? J'allai donc à la rencontre du «Jésus historique» proposé dans les ouvrages exégétiques ou historiques les plus récents : John P. Meier, Gerd Theissen, John Dominic Crossan, Étienne Nodet, Graham Stanton, ou Daniel Marguerat[1]. M'appuyant sur ces bons auteurs, je choisis dans un premier temps de ne garder pour sources que l'*Évangile selon Marc,* archaïque et naïf, la *Source Q* antérieure aux Évangiles[2], dont se seraient inspirés Matthieu et Luc, et quelques *logia* de l'*Évangile de Thomas.*

Or à quoi arrivais-je ? À un Jésus sociologiquement vraisemblable, certes : Juif pieux, qui ne prêchait que pour les Juifs, tout en voulant les libérer de la classe des prêtres ; rabbi galiléen ancien baptiste, peut-être ancien *nazir*[3], qui sait même ? ancien essénien ; «marginal» itinérant, à la manière de certains philosophes grecs ; guérisseur charismatique ; et prédicateur eschatologique

1. John P. Meier, *op. cit.* ; Gerd Theissen, *Le Mouvement de Jésus. Histoire sociale d'une révolution des valeurs,* éditions du Cerf, 2006 ; John Dominic Crossan, *The Historical Jesus. The Life of a Mediterranean Jewish Peasant,* HarperCollins, San Francisco, 1991 (voir aussi les conclusions, parfois discutables, de son *Jesus Seminar)* ; Étienne Nodet, *Histoire de Jésus. Nécessité et limites d'une enquête,* Desclée de Brouwer, 2001 ; Graham Stanton, *Parole d'Évangile ?,* éditions du Cerf, 1997 ; Daniel Marguerat, *Jésus de Nazareth, nouvelles approches d'une énigme* (coll.), Labor et Fides, 2003.

2. Frédéric Amsler, *L'Évangile inconnu*, Labor et Fides, 2006.

3. Étymologiquement, ce serait de *nazir* (ou de *netzer,* rejeton) que viendrait l'adjectif grec *nazarenios* ou *nazôraios* appliqué vingt-deux fois à Jésus dans les Évangiles (et souvent traduit, abusivement, par «de Nazareth», ville dont l'existence au temps d'Hérode n'est pas prouvée). Les Évangiles les plus anciens, *Marc* et *Matthieu*, ne précisent d'ailleurs pas le nom du village d'origine de Jésus, qu'ils désignent seulement comme «sa patrie».

comme le furent avant lui tous les prophètes de la tradition juive… C'est beaucoup ? C'est peu. Car, une fois tracé ce portrait-robot, on pouvait faire indifféremment du personnage, et avec d'aussi bons arguments, un révolutionnaire zélote[1] ou un prêcheur de paix, un autodidacte ou un «docteur» instruit, un pauvre ou un riche volontairement apauvri[2], un hellénisant ou un hébraïsant, etc. À ce Jésus discontinu, cette figure en pointillé, manquait en tout cas l'essentiel de ce qui fait le Christ : l'universalité du message, la compassion sans limites, l'Amour…

Renonçant alors à me rapprocher d'un Jésus historique qui s'éloignait à mesure que j'avançais vers lui, j'ajoutai, dans le récit de Jude, un peu de Matthieu, de Luc, et même de Jean.

Comment d'ailleurs traiter sans eux l'épisode de la Résurrection ? Jamais, en effet, Marc, dans son Évangile, ne nous montre Jésus ressuscité. Comme tous les spécialistes le savent, le récit primitif de Marc s'arrêtait en 16, 8 – sur la découverte par les femmes du tombeau vide, et sans autre apparition que celle d'un «jeune homme en blanc[3]». La fin du chapitre 16 fut

1. Voir notamment Samuel George Frédérik Brandon, *Jésus et les Zélotes,* Flammarion, 1975, et Réza Aslan, *Le Zélote,* Les Arènes, 2014.

2. Cette interprétation repose sur une phrase de Paul dont on ne sait s'il faut la prendre au propre ou au figuré («De riche qu'il était, il se fit pauvre») et, accessoirement, sur la connaissance que Jésus avait de l'administration des grands domaines et du commerce de l'argent, alors qu'il ne se réfère jamais aux techniques des métiers du bois.

3. *Traduction œcuménique de la Bible,* Marc 16, 9-20.

ajoutée tardivement, sans doute pour harmoniser le texte avec celui des Évangiles plus tardifs.

Or si les disciples, ces paysans galiléens, restèrent tout de même à Jérusalem et si, après s'y être terrés, ils reprirent la prédication, c'est sans doute parce que certains virent, ou crurent voir, Jésus vivant après sa mort. Leur conviction fut en tout cas assez forte pour renverser la situation : ils furent crus parce qu'ils croyaient. Comme l'écrivait Ernest Lavisse, que ce constat n'empêchait pas de rester athée : « Moi, historien, je ne sais pas ce qui s'est passé le matin de Pâques. Mais la face du monde en a été changée. On ne change pas la face du monde avec rien... » Je ne pouvais donc, dans le récit supposé d'un proche, taire cet épisode central pour la foi des chrétiens.

Mais puisque Jude n'avait rien vu par lui-même (dans la famille de Jésus, Paul et les apocryphes ne mentionnent en effet qu'une seule apparition : à Jacques), il fallait nécessairement recourir aux Évangiles canoniques. Je choisis Luc et Jean dont les récits permettent aussi bien une lecture surnaturelle des apparitions qu'une lecture psychologique : il s'agit des trois rencontres où Jésus n'est pas reconnu immédiatement, où son apparence a changé, rencontres dont celle d'Emmaüs est le prototype.

Peut-être s'étonnera-t-on, en lisant ce roman, que je n'aie pas montré Marie-Madeleine, personnage qui a beaucoup inspiré les peintres, les cinéastes et les romanciers.

Si je ne l'ai pas montrée, c'est qu'il ne s'agit, précisément, que d'un personnage romanesque : aucun Évangile canonique ne parle d'une Madeleine prostituée qui, sauvée de la lapidation par Jésus, lui aurait essuyé les pieds avec sa chevelure avant d'accompagner ses disciples et de devenir le premier témoin de sa résurrection. Ce personnage composite est une construction : sous le nom de Marie-Madeleine, l'Église de Rome amalgama, à la fin du VIe siècle, Marie de Magdala (éminente disciple galiléenne que Jésus avait guérie ou exorcisée), Marie de Béthanie (disciple judéenne qui cassa un vase coûteux pour parfumer la tête de Jésus au cours d'un dîner), la prostituée anonyme qui fit irruption chez Simon le Pharisien pour laver les pieds de Jésus et les essuyer de ses cheveux, enfin la femme adultère de l'*Évangile selon Jean,* épisode inséré très tardivement[1].

Les protestants et les orthodoxes n'ont jamais pratiqué un tel amalgame. Du reste, en 1969, Paul VI déclara que Marie de Magdala devait être fêtée non comme une pénitente, mais comme une disciple. C'est l'option que j'ai retenue : dès lors qu'elle n'est plus une pécheresse éplorée, pourquoi la Magdaléenne ne serait-elle pas une robuste veuve, douée d'une autorité virile ? Au moins ne la mariera-t-on plus avec Jésus (autre légende, contemporaine cette fois) !

Quant à la figure de Marie, essentielle à mes yeux ou, plutôt, à mon cœur, elle ne me paraît pas diminuée

1. Voir Jean 8, 1-10, note r, dans la *Traduction œcuménique de la Bible.*

par l'existence de frères et sœurs biologiques de Jésus. Car enfin, à qui fera-t-on croire qu'une mère de famille nombreuse est, par nature, moins sainte, moins aimante, moins secourable et moins « médiatrice » qu'une vierge perpétuelle ?

Cette chasteté éternelle peut avoir été perçue par le clergé comme un élément positif au moment de l'essor du monachisme en Occident. Elle fut surtout un gage donné aux encratites qui, avec les gnostiques, menaçaient l'unité de l'Église primitive. Ces adeptes d'un dualisme forcené, qui opposaient l'âme à la chair comme la Lumière aux Ténèbres, condamnaient tout en ce « bas monde », un monde créé selon eux non par Dieu, mais par un démiurge inférieur. Leurs adeptes proscrivaient donc le mariage et refusaient la procréation, qui perpétue l'espèce humaine et, partant, la puissance de Satan. De nombreux apocryphes, tels les *Actes grecs d'André,* les *Actes de Thomas,* les *Actes de Philippe,* portent la trace de cette conception manichéenne de l'univers et de la surenchère ascétique qui l'accompagnait : certains chrétiens n'allèrent-ils pas alors jusqu'à supprimer le vin de la célébration eucharistique de peur que la chair n'y prît plaisir ?

Avant de réprimer ces fanatiques de la mortification, il semble que les autorités ecclésiastiques durent leur faire quelques concessions. Ce fut à cette époque, en effet, que la virginité en général, et la « virginité perpétuelle » de Marie en particulier, furent mises en avant par l'Église et facilitèrent sans doute le ralliement de certains égarés.

Mais les raisons compréhensibles, quoique conjoncturelles, qui poussèrent ainsi un Jérôme ou un Augustin à proposer une nouvelle « interprétation » des textes sont-elles encore valables aujourd'hui ? Risque-t-on de ternir l'image de Marie, mère universelle, en reconnaissant que, si l'aîné de ses fils fut « unique », elle mit au monde et éleva d'autres enfants ? En écrivant ce roman, j'ai eu à la fois le désir de rétablir une vérité que je crois « historique » et le souci de respecter la belle figure de la Madone : celle « qui sourit et pardonne », comme on chantait autrefois dans les églises.

La mère de Jude pardonne et console. Peut-être apparaît-elle moins confiante, plus inquiète, que celle des Évangiles de l'enfance, mais, après tout, Marie était une « mère juive »... Enfin c'était une mère – et tout est dit. C'est ainsi, joyeuse et triste, aveugle et clairvoyante, généreuse et entêtée, fragile mais secourable, que je la vois et que je l'aime ; le nombre des enfants nés de sa chair n'y change rien.

Supposer une longue vie au plus jeune fils de Marie permettait de peindre l'évolution politique de la Palestine et celle du christianisme primitif après la mort de Jésus.

Car ceux qui lisent les *Épîtres de Paul* et les *Actes des Apôtres* ignorent le plus souvent l'histoire mouvementée de la région, et ils ne savent rien du cataclysme qui emporta, en tant que « secte » juive, la plus ancienne communauté chrétienne, celle de Jérusalem.

Pour mesurer la brutalité des événements successifs qui bouleversèrent et affaiblirent cette communauté, il faut dépasser un peu les limites possibles de la vie de Jude. Car le séisme de 70 relaté dans le roman fut suivi de répliques pendant cinquante ans. Ces répliques affectèrent d'abord la Diaspora orientale et les Églises restées proches des nazôréens de Jacques : à Cyrène, à Alexandrie et à Chypre, entre 115 et 117, les Juifs se révoltèrent, tuant des milliers de Grecs avant d'être eux-mêmes exterminés. Bientôt, on put assurer qu'il ne restait plus un seul Juif en Cyrénaïque… Au cours de ces massacres, les soldats romains n'avaient évidemment pas fait le tri entre les Juifs de stricte observance et les judéo-chrétiens.

Quinze ans plus tard, en 131, l'insurrection reprit en Judée, à l'initiative d'un certain Bar-Kokhba qui se présentait comme le Messie et souleva le pays. Cette nouvelle guerre dura quatre ans. L'empereur Hadrien dut envoyer contre les rebelles une dizaine de légions, qui brûlèrent les récoltes et les villages. Selon l'historien grec Dion Cassius, cinq cent mille Juifs trouvèrent alors la mort et la Judée tout entière « devint un désert ». Jérusalem, rebaptisée Aelia Capitolina et désormais dominée par un grand temple à Jupiter, fut interdite aux Juifs et repeuplée exclusivement de Grecs, de Syriens, et de vétérans des légions. Les Judéens survivants durent se réfugier en Galilée ou rejoindre la Diaspora.

Comme en 66, la petite communauté des chrétiens judaïsants s'était trouvée prise entre deux feux : Bar-Kokhba tuait les judéo-chrétiens qui refusaient de combattre les Romains[1], et les Romains tuèrent

1. C'est ce qu'affirme Eusèbe de Césarée, après Justin, dans son *Histoire ecclésiastique, op. cit.*

ensuite, ou expulsèrent, ces « circoncis » qui, à leurs yeux, restaient juifs.

Par leur ampleur, ces massacres furent sans commune mesure avec les persécutions que subirent à la même époque les chrétiens issus du paganisme. Si l'on excepte en effet la condamnation collective comme incendiaires d'un certain nombre de chrétiens romains sous Néron, ces persécutions restèrent le plus souvent occasionnelles, individuelles, et fondées sur des accusations judiciaires de droit commun. Il fallut attendre l'empereur Dèce, et surtout Dioclétien au début du IVe siècle, pour assister dans tout l'Empire à une répression systématique des chrétiens.

Ce qu'avaient subi, en trois fois moins de temps, les judéo-chrétiens de Palestine était pire : dès le début, les persécutions individuelles qui les frappèrent furent plus fréquentes – elles se produisaient à l'initiative non seulement des autorités païennes, mais aussi des autorités religieuses locales et des rois autochtones. Plusieurs grandes figures du mouvement furent successivement exécutées (Étienne, Jacques de Zébédée, Jacques le Juste) ou contraintes à l'exil, comme Pierre.

Par la suite, et alors que la communauté avait été plusieurs fois décapitée, elle fut privée de contact avec ses Églises « filles », exilée en Transjordanie grecque[1], et partiellement détruite par les deux guerres juives dans lesquelles elle se trouva prise en tenailles. Car,

---

1. L'installation à Pella, qui avait pu paraître judicieuse pendant la période des combats, se révéla par la suite, du fait de l'éloignement, préjudiciable au développement du mouvement judéo-chrétien.

bien que déclarés hérétiques par les pharisiens dès 80-90 (lorsque furent connus l'ensemble de la prédication paulinienne et la divinisation de Jésus), les judéo-chrétiens chassés des synagogues continuèrent à être traités en Juifs et en rebelles par les Romains vainqueurs : ils durent, eux aussi, quitter la Judée. Pour aller où ? En Galilée, le judaïsme réformé de Ben-Zaccaï et des pharisiens se dressait devant eux. Ils semblent avoir une fois de plus passé le Jourdain et s'être établis pour un temps sur le plateau du Golân – où les archéologues ont retrouvé plusieurs synagogues judéo-chrétiennes ; peut-être poursuivirent-ils ensuite jusqu'en Mésopotamie.

Aussi ne fut-ce pas seulement parce que Paul avait du génie, ni parce qu'il sut prêcher les païens, que Rome, à la fin, l'emporta sur Jérusalem, et la voie paulinienne du christianisme sur la voie jacobite, plus traditionnelle : la communauté fondée par les Douze et par les frères de Jésus s'effondra sous le choc d'événements étrangers à l'évolution intrinsèque et aux mérites respectifs des deux courants.

Plus tard, le christianisme se réimplanta en Palestine sous l'influence de païens convertis : Grecs de Césarée et colons « romains » de Jérusalem. Cependant, le mouvement judéo-chrétien subsista à l'état de traces dans des régions périphériques, des pays éloignés de la mer, au nord ou à l'est de la Palestine : Alep et Damas dans l'actuelle Syrie, Pella et la vallée du Yarmuk dans l'actuelle Jordanie. Les Pères de l'Église y signalaient encore au début du IVe siècle deux sectes qu'ils qualifiaient d'hérétiques : les nazôréens et les ébionites.

Les nazôréens disposaient de leur propre Évangile (en hébreu[1]), ils considéraient Jésus, Messie ressuscité, comme un être d'origine divine, mais ils observaient la Loi. Ils ne semblent s'être distingués des pagano-chrétiens que par la langue, quelques rites, dont le sabbat, et la pratique de la circoncision.

Les ébionites, nés, croit-on, d'une scission des nazôréens survenue à Pella entre les deux guerres, avaient repris (ou gardé) le nom de « Pauvres », *ébionim,* qui avait sans doute été celui de la première communauté. Ils appelaient leurs lieux de culte « synagogues », et non « églises ». Ils surnommaient Paul l'« homme ennemi », allant jusqu'à prétendre qu'il n'était pas un Juif d'origine mais un Grec converti au judaïsme ; ils lui attribuaient nombre d'actions hostiles, dont la mort de Jacques.

Respectant la loi de Moïse, ces ébionites, qui baptisaient leurs adeptes et célébraient l'eucharistie, refusaient la conception virginale et considéraient Jésus, « prophète véritable » et Messie, comme un homme que Dieu n'avait choisi pour « Fils » qu'au moment de son baptême par Jean. En outre, c'était à leurs yeux blasphémer que de considérer la mort du Messie comme un sacrifice expiatoire, car la suppression du sacrifice avait été précisément l'une des missions de Jésus : ce n'était pas son sang répandu qui purifiait

---

1. Il s'agit sans doute de l'apocryphe appelé *Évangile des Hébreux,* dont il ne nous reste, en grec, que de courts lambeaux *(Écrits apocryphes chrétiens,* vol. 1, *op. cit.).*

les pécheurs, mais l'eau du baptême[1]. Jérôme, à la fin du IVe siècle, porta sur eux un jugement définitif : « Ils veulent être à la fois juifs et chrétiens, et ils ne sont ni l'un ni l'autre. »

Les descendants de Jude, fils ou petits-fils de Jacob et Zôker, appartenaient-ils à cette communauté d'ébionites ? Vers la fin du IIe siècle, Julius Africanus, historien pagano-chrétien né en Judée, mentionnait encore la présence, à Kokhaba en Batanée, « à gauche de Damas », de plusieurs familles d'ébionites se présentant comme des *desposunoï* de Jésus : ces gens montraient, paraît-il, des copies de leurs livres généalogiques, brûlés à Jérusalem en 66 dans l'incendie du bâtiment des archives.

Le choix de ce mot *desposunoï* est en lui-même curieux : habituellement, il signifie « proches du maître », et on l'emploie pour désigner certains courtisans

1. Sur ces judéo-chrétiens, voir Simon Claude Mimouni et Pierre Maraval, *Le Christianisme. Des origines à Constantin,* PUF, 2006 ; Simon Claude Mimouni, *Les Chrétiens d'origine juive dans l'Antiquité,* Albin Michel, 2004 ; Marie-Françoise Baslez, *Comment notre monde est devenu chrétien,* Éditions CLD, 2008, et *Saint Paul,* Fayard, 1991 ; François Blanchetière, *Enquête sur les racines juives du mouvement chrétien, 30-135,* Cerf, 2001 ; Daniel Boyarin, *La Partition du judaïsme et du christianisme,* Cerf, 2011 ; Étienne Trocmé, *L'Enfance du christianisme,* Noésis, 1997 ; ainsi que les analyses de France Quéré, *Les Pères apostoliques,* Le Seuil, 2002, et l'excellente vulgarisation de Jérôme Prieur et Gérard Mordillat, *Jésus, de la Crucifixion au christianisme*, Le Seuil, 2008. Enfin, bien que certaines de ses connaissances historiques soient aujourd'hui dépassées, on lira toujours avec plaisir, pour la vivacité des récits et du style, Ernest Renan, *Histoire des origines du christianisme,* Robert Laffont, 1995, 2e vol.

lorsqu'on parle de l'entourage d'un roi (ainsi faisait-on à la cour des Ptolémées d'Égypte). Ces prétendus « proches du Seigneur-Roi » étaient-ils de la lignée des frères de Jésus ? de celle des premiers disciples ? ou bien de simples, mais ardents, croyants ? Même si j'ai gardé dans le roman le nom de Kokhaba, je conserve de grands doutes sur ce qu'affirmaient ces pauvres gens, de même, d'ailleurs, que sur l'authenticité du témoignage de Julius Africanus tel que le rapporte Eusèbe de Césarée.

Rejetés à la fois par les Juifs « réformés » de Ben-Zaccaï et par les chrétiens de Paul, déclarés hérétiques des deux côtés, ces derniers représentants de la lignée des frères de Jésus disparurent sans doute vers la fin du IVe siècle, dans la misère et l'anonymat.

Mais il y avait alors longtemps que l'Église de Rome les avait marginalisés, puis effacés de la mémoire des hommes…

[illegible] la façon des [illegible] [illegible]

[illegible] de Paris [illegible]

[illegible]

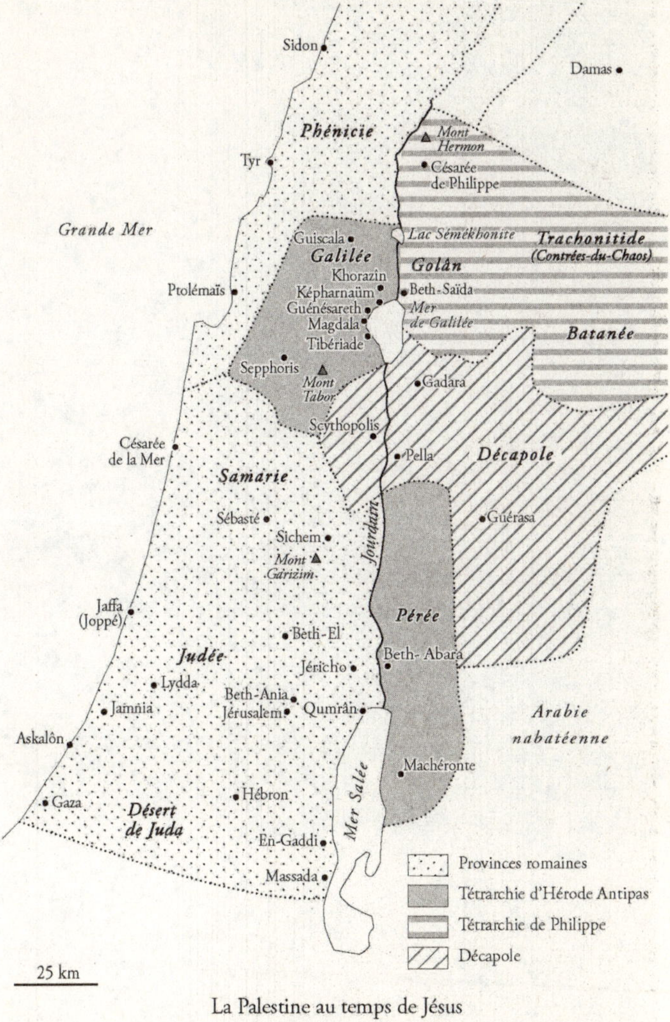

La Palestine au temps de Jésus

Le monde romain oriental au Ier siècle

Généalogie simplifiée

- HÉRODE
  roi usurpateur de Judée, Galilée,
  ép. neuf femmes
  - ANTIPATER
    (assassiné par son père)
  - ALEXANDRE
    (assassiné par son père)
  - ARISTOBULE
    (assassiné par son père)
    – ép. sa cousine germaine BÉRÉNICE «l'Ancienne»
    - HÉRODE DE KHALKIS
      (seigneur de la Bekaa)
      – ép. sa nièce BÉRÉNICE «la Jeune»
    - HÉRODIADE
      – ép. HÉRODE PHILIPPE, son oncle
      – ép. HÉRODE ANTIPAS, son oncle et beau-frère
    - HÉRODE AGRIPPA Ier
      (roi « protégé » de Batanée, Gôlan, Judée, Galilée)
      – ép. sa petite-cousine CYPROS
      - DRUSILLA
        – ép. AZIZ, prince arabe d'Émèse
        – ép. FÉLIX, procurateur romain de Judée
      - HÉRODE AGRIPPA II
        (roi « protégé » de Judée)
  - ARCHÉLAOS
    (choisi par son père, déposé par les Romains)

des Hérodes

LE GRAND
Samarie, Pérée, Idumée, etc.)

HÉRODE PHILIPPE
(sans emploi)
– ép. sa nièce HÉRODIADE

SALOMÉ
« la danseuse »

HÉRODE ANTIPAS
(nommé par les Romains tétrarque de Galilée-Pérée)
– ép. PHAESÉLIS, princesse arabe
– ép. sa nièce et belle-sœur HÉRODIADE, divorcée

PHILIPPE
(nommé par les Romains tétrarque de Gôlan-Batanée)
– ép. sa nièce SALOMÉ « la danseuse »

BÉRÉNICE
« la Jeune »
– ép. MARCUS ALEXANDRE, juif d'Alexandrie
frère de Tibère Alexandre, procurateur romain de Judée
– ép. HÉRODE DE KHALKIS, son oncle
– séduit TITUS, empereur de Rome

Du même auteur :

L'ALLÉE DU ROI, *roman*, 1981.
LEÇONS DE TÉNÈBRES, *romans* :
LA SANS PAREILLE, 1988.
L'ARCHANGE DE VIENNE, 1989.
L'ENFANT AUX LOUPS, 1990.

L'ALLÉE DU ROI (en collaboration avec Jean-Claude Idée), *monologue pour le théâtre*, 1994.
L'ENFANT DES LUMIÈRES, *roman*, 1995.
LA PREMIÈRE ÉPOUSE, *roman*, 1998.
MAINTENON (en collaboration avec Georges Poisson), *essai*, 2001.
LA CHAMBRE, *roman*, 2002.
COULEUR DU TEMPS, *roman*, 2004.
LA VOYAGEUSE DE NUIT, *roman*, 2007.
LIBERTÉ POUR L'HISTOIRE (en collaboration avec Pierre Nora), *essai*, 2008.
LA REINE OUBLIÉE, *roman* :
LES ENFANTS D'ALEXANDRIE, 2011.
LES DAMES DE ROME, 2012.

PAPIER À BASE DE FIBRES CERTIFIÉES

Le Livre de Poche s'engage pour l'environnement en réduisant l'empreinte carbone de ses livres. Celle de cet exemplaire est de :
330 g éq. CO_2
Rendez-vous sur www.livredepoche-durable.fr

Composition réalisée par Datamatics

Imprimé en France par CPI
en mars 2017
N° d'impression : 3021994
Dépôt légal 1re publication : avril 2017
LIBRAIRIE GÉNÉRALE FRANÇAISE
21, rue du Montparnasse - 75298 Paris Cedex 06

37/3645/7